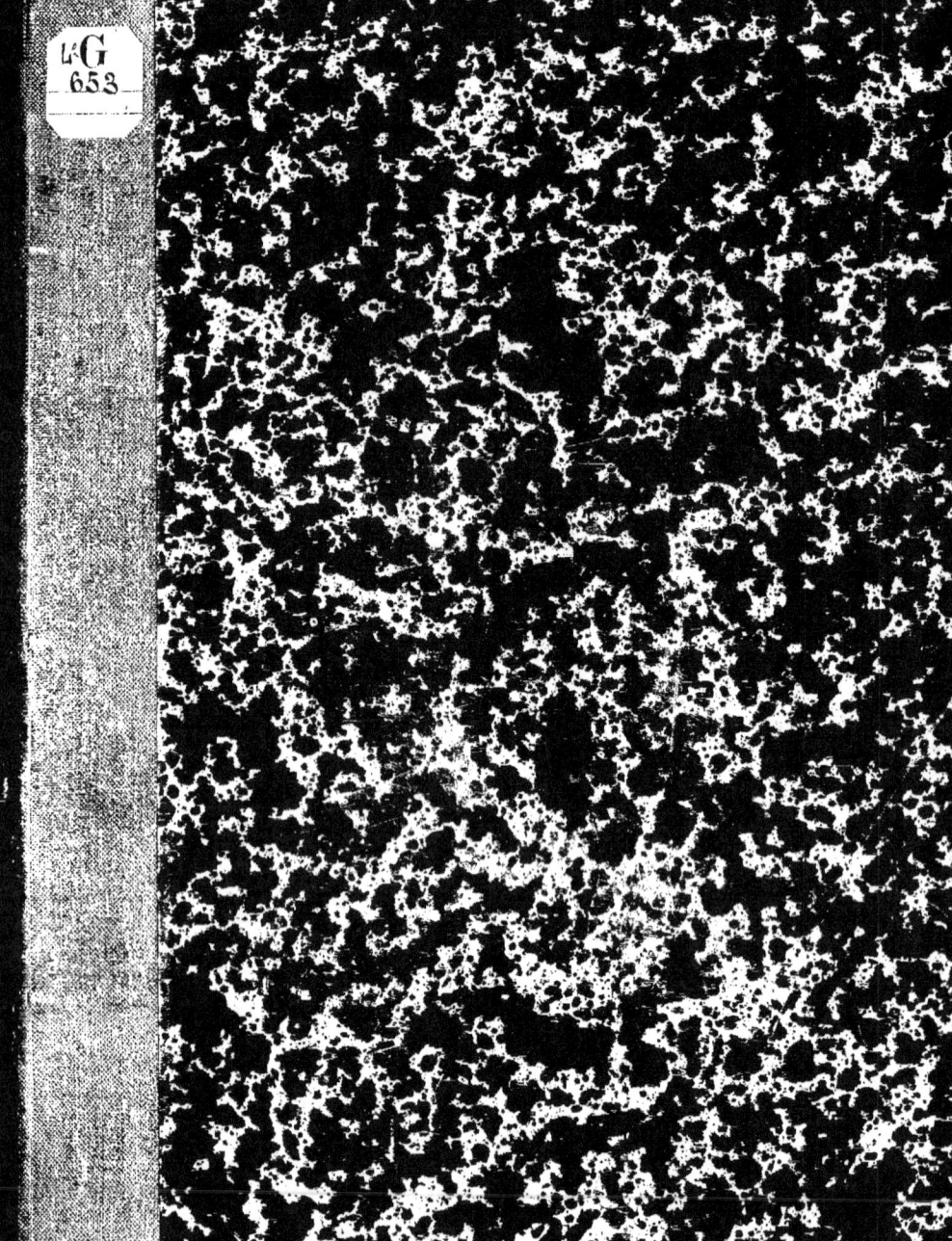

ALLIANCE DES MAISONS D'ÉDUCATION CHRÉTIENNE

ABBÉ JOUSSET

NOUVEL ATLAS
DE GÉOGRAPHIE ET D'HISTOIRE

A L'USAGE DES CLASSES SUPÉRIEURES DE L'ENSEIGNEMENT

LE MONDE
MOINS L'EUROPE
HISTOIRE GÉNÉRALE, DES ORIGINES A 1270

CARTES ET TEXTE

PRÉPARATION AUX BACCALAURÉATS, AUX GRANDES ÉCOLES
ET AUX BREVETS SUPÉRIEURS

PARIS
LIBRAIRIE CHARLES POUSSIELGUE
RUE CASSETTE, 15

1897

ALLIANCE DES MAISONS D'ÉDUCATION CHRÉTIENNE

NOUVEL ATLAS

POUR L'ÉTUDE

DE LA GÉOGRAPHIE ET DE L'HISTOIRE

A L'USAGE DES CLASSES SUPÉRIEURES
DE L'ENSEIGNEMENT SECONDAIRE, CLASSIQUE ET MODERNE

PAR

M. L'ABBÉ JOUSSET

CARTES ET TEXTE

PARIS

LIBRAIRIE CHARLES POUSSIELGUE

RUE CASSETTE, 15

1897

AVERTISSEMENT

Les Atlas complets ne manquent pas à l'enseignement géographique, mais l'abondance même de leurs renseignements est trop souvent un embarras pour l'élève qui veut étudier et se noie dans les détails. On a doté l'enseignement *élémentaire* d'atlas pratiques, d'une efficacité reconnue : pourquoi les élèves de l'enseignement *secondaire* ne profiteraient-ils pas de cette expérience?

Voici un Atlas fait expressément pour eux : il s'adresse aux classes de quatrième, troisième, seconde, rhétorique et philosophie, et s'adapte à chaque programme. On s'est efforcé de le rendre aussi clair que possible; toute étude importante comporte une *carte* spéciale avec un *texte précis* qui la résume.

La *carte* a été dégagée de tout ce qui encombre, sans grand profit pour l'élève, le terrain géographique. Nous avons écarté, surtout dans l'étude de la géographie physique, les hachures employées d'ordinaire pour dessiner les montagnes, et dans lesquelles il entre nécessairement une part d'incertitude; elles ont été remplacées par une figuration plus simple et plus scientifique, la courbe hypsométrique, dont une ou deux teintes marquent la valeur pour un relief déterminé.

Nos *cartes orographiques* indiquent encore, par des traits noyés dans la masse, les hauteurs dominantes : cette figuration tient plus du croquis que de la carte; mais son efficacité reconnue pour fixer les choses dans la mémoire et sous la main de l'élève, lui donnait une place d'exception dans un ouvrage qui veut être avant tout un instrument de travail.

L'élève devra s'exercer à reproduire ces *traits* directeurs sur son cahier et au tableau (nous ne saurions trop recommander cet exercice), et il sera surpris lui-même de la clarté que les choses prendront dans sa mémoire pour n'en plus sortir.

Bien que *précis*, notre texte n'en offre pas moins un *ensemble complet* des choses utiles à connaître. C'est une erreur de croire que les gros livres forment les bons élèves, et qu'il faille un cours bourré de documents pour apprendre sa géographie. Le contraire est vrai le plus souvent. Car l'encombrement de nos programmes laisse si peu de place aux études géographiques, malgré leur utilité tous les jours croissante, que le temps et l'expérience font encore défaut même aux meilleurs élèves pour extraire rapidement d'un cours compliqué ce qu'il convient d'en retenir.

Ce travail de sélection que les élèves ne peuvent faire, nous l'avons fait pour eux ou plutôt *avec eux*, car le texte que nous leur offrons ici est l'œuvre commune d'une longue série de classes. Tout n'y est pas, au sens absolu du mot, mais toute la *substance utile* s'y trouve, et c'est l'essentiel. Il suffira que le professeur développe les points principaux par quelques détails intéressants ou quelque bonne lecture géographique. Ainsi la clarté des choses à retenir se trouvera complétée par l'intérêt qu'elles comportent.

Tel qu'il est, ce texte est donc un vrai *cours résumé*, également éloigné de la sèche énumération et des développements superflus. Malgré sa sobriété voulue, nous avons dû insister sur certains points particuliers. Il y a des choses qu'on ne peut résumer sous peine de ne rien dire; d'autres aussi que les meilleurs auteurs copient les uns sur les autres sans en contrôler suffisamment l'exactitude. Ainsi s'accréditent des erreurs incroyables. L'*Inde*, par exemple, est toujours divisée par nos auteurs en 3 présidences, et il y a plus de 30 ans que cela est faux. Nous avons aussi rectifié *sur place*, comme pour beaucoup d'autres pays, certaines notions erronées relatives à l'*Égypte*.

Si nous avons fait œuvre utile pour les *élèves* en leur rendant relativement facile une étude trop souvent compliquée à plaisir, leur approbation sera notre meilleure récompense; car nous avons travaillé, non pour ceux qui savent, mais pour ceux qui veulent *voir clair* dans les choses qu'ils apprennent, et surtout les *retenir*.

P. J.

PROPRIÉTÉ DE

LE MONDE MOINS L'EUROPE

NOTIONS GÉNÉRALES DE GÉOGRAPHIE

AMÉRIQUE — AFRIQUE — ASIE — OCÉANIE

HISTOIRE GÉNÉRALE DEPUIS LES ORIGINES JUSQU'A LA MORT DE SAINT LOUIS (1270)

---

17 CARTES, 17 CARTONS ET TEXTE POUR L'ÉTUDE DE LA GÉOGRAPHIE
17 CARTES, 24 CARTONS ET TEXTE POUR L'ÉTUDE DE L'HISTOIRE

CLASSES DE QUATRIÈME ET DE TROISIÈME
Préparation aux grandes écoles, brevets supérieurs

TABLE DES CARTES

CARTES GÉOGRAPHIQUES

Planisphère horaire. 4	Afrique orientale et région des grands lacs 29
Planisphère physique 7	Système orographique de l'Asie. 33
Hauteur des montagnes et profondeur des océans 8	Asie physique. 35
Amérique septentrionale physique. 13	— centrale, pour la lutte des Anglais et des Russes. 37
— — politique. 17	— politique. 39
— méridionale physique 19	— occidentale et Asie orientale. 41
— — politique 21	Australie 45
Afrique physique 23	Océanie. 46
Afrique politique. 27	

CARTES HISTORIQUES

Palestine 52	Méditerranée romaine. 64
Égypte 53	Empire romain 65
Empire des Perses. 55	Gaule au temps de César. 67
Monde connu des anciens 56	Empire franc de Clovis, puis de Clotaire. 68
Colonies grecques 58	Empire de Charlemagne. 71
Grèce ancienne 59	Empire germanique. 72
Empire d'Alexandre 61	France féodale. 74
Italie ancienne 63	Europe des croisades 75

NOTIONS DE GÉOGRAPHIE GÉNÉRALE

La **Géographie** (γῆ, terre, γράφω, je décris) a pour objet l'étude de la terre.

Considérée *dans l'espace*, comme partie intégrante du *monde*, la terre relève d'une science spéciale, la *cosmographie* (description du monde). Mais il appartient à la géographie d'indiquer les conditions générales de son existence au milieu des autres astres, sous peine de ne rien comprendre aux phénomènes terrestres.

L'objet propre de la géographie est la *terre considérée en elle-même*. Lorsqu'elle en décrit la nature (φύσις), la Géographie s'appelle *géographie physique* : on donne le nom spécial d'*orographie* à la description des montagnes (ὄρος); celui d'*hydrographie* à la description des eaux (ὕδωρ). La *géographie économique* étudie les produits du sol. Quant aux habitants, la *géographie ethnographique* en fait connaître les races (ἔθνος); la *géographie politique* (πόλις, cité) en décrit les États.

LA TERRE DANS L'ESPACE

LA TERRE DANS L'ESPACE n'est qu'une dépendance du soleil, et le soleil lui-même une des étoiles qui peuplent l'immensité de l'univers.

Les **étoiles** sont en nombre incalculable; leur éloignement est si grand que beaucoup d'entre elles se distinguent à peine, et paraissent dans l'infini du ciel comme une traînée lumineuse : telle, cette poussière d'étoiles qu'on nomme la *Voie lactée*, ou *Chemin de saint Jacques*. La voie lactée est une *nébuleuse* (*nebula*, nuée, amas d'étoiles) : on compte au moins 5000 nébuleuses.

Afin de se reconnaître dans la multitude des étoiles, on a groupé les plus brillantes en *constellations*, désignées par des noms mythologiques ou des noms d'animaux : la *Grande-Ourse*, *Hercule*, etc. Et pour mieux limiter encore, dans ce monde déjà restreint, l'espace au milieu duquel nous vivons, on a tracé par le ciel un large chemin semé de douze constellations appelées les *signes du Zodiaque* : le *Bélier*, le *Taureau*, les *Gémeaux*, l'*Écrevisse*, le *Lion*, la *Vierge*, la *Balance*, le *Scorpion*, le *Sagittaire*, le *Capricorne*, le *Verseau*, les *Poissons*. Telles sont les étapes lointaines qui paraissent successivement à notre regard. Car, loin d'être rivés au même spectacle, nous marchons, et si la plupart des astres semblent fixes à cause de l'éloignement, leur mouvement n'est pas douteux.

Mouvement des astres. — On a expliqué de diverses manières le mouvement des astres. Pour les anciens, rien n'est plus simple, à juger du moins par l'apparence. La terre est immobile au centre du monde, et tout le ciel tourne autour d'elle; tel était le *système de Ptolémée*, au IIe siècle. Avant lui, le pythagoricien *Philolaüs* (Ve siècle av. J.-C.) avait entrevu le système du monde adopté de nos jours. Toutefois sa doctrine ne prévalut pas contre celle de Ptolémée, jusqu'au jour où un chanoine de Thorn, *Copernic*, publia son ouvrage : *De revolutionibus orbis* (1543). C'était l'idée de Philolaüs perfectionnée et complétée, avec de puissantes raisons à l'appui. L'opposition qu'elle souleva fit imaginer un système mixte pour tout concilier, celui de *Tycho-Brahé*; mais cet essai eut peu de succès.

On s'en tient aujourd'hui au *système de Copernic* : les astres sont doués d'un double mouvement de *rotation* sur eux-mêmes, et de *translation* à travers l'espace. La terre tourne sur elle-même et autour du soleil; celui-ci tourne également sur lui-même et autour d'un centre inconnu. Les savants ont recherché la loi qui préside à des mouvements si divers. *Képler* en a formulé les principes; *Newton* la définition : *les corps s'attirent en raison directe de leur masse, et en raison inverse du carré des distances*. Telle est la loi de la *gravitation universelle*, celle qui explique le mieux le mouvement et l'harmonie du monde.

Le **SOLEIL** n'est qu'une étoile de sixième grandeur. On a calculé son diamètre, son volume, sa densité; les chiffres obtenus déroutent l'imagination. Il est vrai que le soleil est éloigné de nous à peu près de 150 millions de kilomètres; cependant nous vivons de sa chaleur et de sa lumière, comme tous les astres qui lui font cortège. Le soleil, en effet, entraîne avec lui dans l'espace *des comètes, des planètes* et leurs *satellites*.

Les **comètes** (κόμη, chevelure) sont des astres dont le *noyau* brillant, entouré d'une sorte de traîne vaporeuse, décrit autour du soleil une

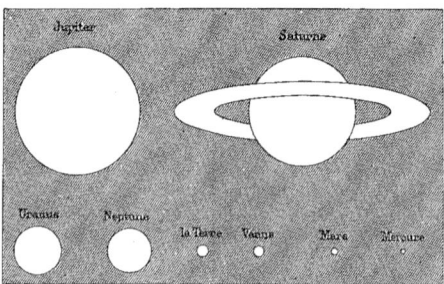

Fig. 1.

ellipse très allongée. On a observé plus de 700 comètes; certaines d'entre elles sont périodiques. La plupart n'ont pas été revues.

Les **planètes** sont des astres opaques qui tournent sur eux-mêmes et autour du soleil. On compte huit planètes principales : *Mercure*, *Vénus*, *la Terre*, *Mars*, *Jupiter*, *Saturne*, *Uranus*, *Neptune*. Les deux dernières ont été découvertes récemment : Uranus par *Herschell* en 1781; Neptune par *Leverrier*, en 1846. Mercure est la plus petite des planètes, Jupiter la plus grosse, Vénus la plus brillante. Saturne est remarquable par son *anneau* formé de particules cosmiques; le Hollandais *Huygens* l'a découvert en 1659. La plupart des planètes ont des *satellites* : la terre en a un, la *lune*; Mars en a deux; Jupiter, quatre; Saturne, huit; Uranus, quatre; Neptune, un seul.

Il convient d'ajouter aux planètes les plus connues quelques centaines (trois ou quatre) d'*astéroïdes*, disséminés entre Mars et Jupiter. Enfin la planète *Vulcain*, annoncée par les calculs de *Leverrier* en 1875, n'a pas été aperçue encore, sans doute parce qu'elle est noyée dans la lumière du soleil. Les *étoiles filantes* qui traversent parfois notre atmosphère paraissent être des particules cosmiques entraînées dans le mouvement général du monde solaire.

FORME DE LA TERRE

La terre est ronde. Les anciens, au temps d'Homère, se l'imaginaient comme un disque entouré d'eau, le ciel étant une voûte appuyée sur des colonnes invisibles. Mais les esprits éclairés ne s'arrêtaient guère à ces fantaisies. *Thalès*, au VIe siècle, croyant que la terre est ronde, portée comme un navire sur les flots. Deux siècles plus tard, *Ératosthène* essayait

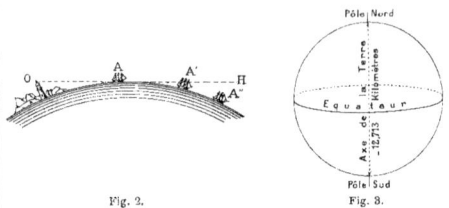

Fig. 2. Fig. 3.

de calculer la circonférence du globe. Enfin *Hipparque* construisit une carte, et divisa la circonférence terrestre en 360 degrés, équivalant à peu près la mesure adoptée aujourd'hui.

La **rotondité de la terre** se prouve de plusieurs manières : 1° Le tour du monde depuis Christophe Colomb et Magellan se fait communément. Partir d'un point pour y revenir en ligne droite, suppose évidemment la sphéricité de la terre. — 2° Lorsqu'un vaisseau (fig. 2) s'éloigne en pleine mer, on voit disparaître successivement le corps du bâtiment, les voiles, les mâts, comme s'il s'enfonçait, ce qui n'aurait pas lieu si la surface qu'il parcourt était plate. De même sur terre, au coucher du soleil, le sommet des montagnes brille encore, quand la plaine est déjà noyée dans l'ombre : tout serait en même temps privé de lumière si la terre n'était pas ronde. — 3° L'espace qui s'étend sous notre regard en pays découvert, et qu'on appelle l'*horizon*, a la forme d'un cercle, et ce cercle grandit à mesure que l'on s'élève : il se verrait mieux, mais ne grandirait pas si la terre était plate.

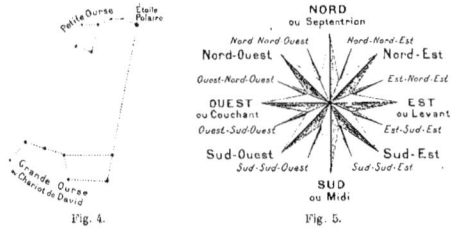

Fig. 4.   Fig. 5.

La terre n'est pas parfaitement ronde : c'est une sphère légèrement aplatie en deux points opposés, que l'on appelle *pôles* (fig. 3). La ligne imaginaire qui va d'un pôle à l'autre en passant par le centre de la terre, et sur laquelle celle-ci paraît s'appuyer pour tourner, comme une roue sur son essieu, s'appelle l'*axe de la terre*. Les deux points extrêmes de l'axe s'appellent : l'un le **pôle nord**, *boréal* ou *arctique* (ἄρκτος, ours); l'autre le **pôle sud**, *austral*, ou *antarctique* (ἀντί, contre; ἄρκτος, l'ours). C'est au moyen de la constellation appelée la *Grande-Ourse* que l'on trouve la direction du nord dans le ciel. Il suffit (fig. 4) de mener une ligne droite par les deux dernières étoiles de cette constellation : le regard, en s'élevant, rencontre d'un autre en passant assez brillant; c'est l'*étoile polaire*, la première en tête d'une constellation semblable à la Grande-Ourse, mais plus petite qu'elle, et tournée en sens opposé. En regardant vers le *nord*, on a le *sud* derrière soi, l'*est* à droite, l'*ouest* à gauche (fig. 5) : ce sont les *quatre points cardinaux*, subdivisés eux-mêmes en points intermédiaires, les *points collatéraux* : *nord-est*, *sud-est*, *sud-ouest* et *nord-ouest* Le *nord* s'appelle encore *septentrion*, à cause des sept étoiles de la Grande-Ourse. L'*est* se nomme aussi le *levant*, l'*orient*, parce que le soleil se lève de ce côté; l'*ouest*, *couchant* ou *occident*, parce que c'est là qu'il se couche. Le *sud* est la région du ciel où le soleil brille lorsqu'il est au milieu de sa course : *sud* et *midi* (*medius*) sont synonymes.

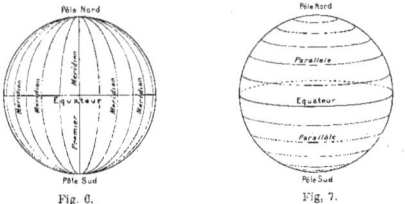

Fig. 6.   Fig. 7.

ÉQUATEUR, PARALLÈLES, TROPIQUES. — L'axe terrestre, ou, si l'on veut, le diamètre qui joint un pôle à l'autre est, à cause de l'aplatissement de la terre en ses deux points extrêmes de rotation, plus court que le diamètre qui lui est perpendiculaire; on estime qu'il a 42 kilom. de moins. Si, par ce dernier diamètre on tranche la masse terrestre vers le milieu de son axe, la sphère se trouve divisée en deux parties, égales ou *hémisphères* (moitié de sphères) : *hémisphère nord* ou *boréal*, *hémisphère sud* ou *austral*. La ligne que détermine cette section sur le pourtour de la terre s'appelle *équateur* : chacun des points en est également éloigné des deux pôles. Ainsi l'équateur *est un grand cercle qui divise la sphère à égale distance des deux pôles*.

A son tour, la distance de l'équateur au pôle a été sectionnée dans l'un et l'autre hémisphère par des cercles successifs *parallèles* à l'équateur. Les principaux *parallèles* (fig. 11) sont les tropiques, à 23° 28' 30" de l'équateur, et les *cercles polaires*, à 23° 28' environ des pôles. Le tropique qui est dans l'hémisphère nord s'appelle *tropique du Cancer*; celui de l'hémisphère sud, *tropique du Capricorne*. L'espace compris entre les deux marque l'écart réservé au soleil dans le cours d'une année. L'astre paraît aller de l'une à l'autre ligne pour revenir ensuite sur ses pas (τρέπω, je tourne) : d'où le mot tropique.

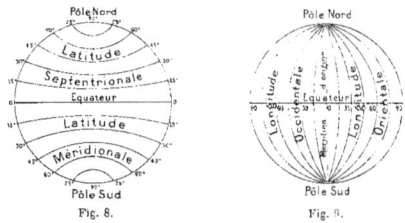

Fig. 8.   Fig. 9.

MÉRIDIENS ET DEGRÉS, LONGITUDE ET LATITUDE. — Les parallèles divisent la terre dans le sens perpendiculaire à son axe, de l'équateur aux pôles. On a pareillement divisé la terre dans le sens de son axe d'un pôle à l'autre, par des cercles perpendiculaires à l'équateur; ces cercles s'appellent *méridiens*. On appelle **méridien** *tout grand cercle qui passe par les pôles*. Chaque méridien partage la terre en deux *hémisphères égaux* : *hémisphère occidental* et *hémisphère oriental*.

Il peut y avoir autant de méridiens que de lignes perpendiculaires à l'équateur. On a dû forcément en limiter le nombre pour fixer par un accord commun les points importants du globe. On compte 360 *méridiens* ou **degrés** sur l'équateur; ces 360 pas ou degrés mesurent le tour du globe.

Le nombre des parallèles est également limité. Si l'on compte 360 parallèles à l'équateur pour faire le tour du globe, il y en a 180 pour une moitié, et exactement 90 de *l'équateur au pôle*.

Compter les parallèles, s'appelle compter en **latitude**; compter les méridiens, c'est compter en **longitude**. Les anciens ne connaissaient guère, du monde, que le bassin de la Méditerranée, plus *long de l'est à l'ouest* que du nord au sud. On a conservé à cette direction l'expression de *longitude*.

DÉTERMINATION D'UN POINT, CALCUL DES DISTANCES. — Il est facile de déterminer la place d'un point sur la sphère, si l'on connaît sa *longitude* et sa *latitude*, c'est-à-dire le numéro d'ordre du méridien et du parallèle auxquels il appartient. Le *méridien*, en effet, dit sur quelle ligne ce point se trouve, d'un pôle à l'autre; et sur cette ligne le *parallèle* fixe l'arrêt, à telle ou telle distance de l'équateur. Tout dépend donc du chiffre du méridien et de celui du parallèle; et ce chiffre lui-même dépend du *point de départ* adopté pour compter.

Les *parallèles* se comptent de l'équateur au pôle : il y en a 90, qui mesurent un quart de cercle. — Pour compter les méridiens, l'accord n'est point aussi facile; chacun veut avoir son point de départ, son *méridien initial* (fig. 9). Les anciens, au temps de Ptolémée, comptaient les méridiens, ou la longitude à partir des *îles Canaries* (Fortunées), parce que c'était alors le dernier point connu. Au XVIe siècle, Mercator voulant que l'on prît pour point de départ les *Açores*; les Hollandais choisirent le *pic de Ténériffe*; Louis XIII, l'*île de Fer*, à 20° 30' ouest de Paris. Depuis, nous avons adopté *Paris* comme méridien d'origine, les Anglais ont *Greenwich*, les Allemands *Berlin*. Il en résulte une complication

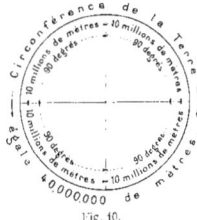

Fig. 10.

fâcheuse, à laquelle on voudrait remédier par l'adoption d'un *méridien unique*. On a proposé l'île de Fer, Jérusalem, la passe de Béring, Paris, Greenwich; mais l'entente n'est pas faite, et chacun continue de compter à sa guise. Les méridiens les plus en usage sont ceux de Greenwich et de Paris.

NOTIONS DE GÉOGRAPHIE GÉNÉRALE

Après avoir divisé la sphère en 360 degrés (360°), du nord au sud et de l'est à l'ouest, chaque degré en 60 minutes (60'), chaque minute en 60 secondes (60"), on a calculé la *valeur du degré*. En 1790, deux savants français, *Méchin* et *Delambre*, mesurèrent la portion (l'arc) de méridien comprise entre Dunkerque et Barcelone. Calculant, d'après le chiffre obtenu, la distance de l'équateur au pôle, ils en prirent la dix-millionième partie, et fixèrent ainsi le *mètre*, qui est pour nous la base de toute mesure. Il y a donc 10 millions de mètres, de l'équateur au pôle, 40 millions pour le tour du monde, c'est-à-dire pour 360 degrés; soit $\frac{40\,000\,000}{360}$ = 111 111 mètres par degré, ou, en chiffre ronds, 111 kilomètres. Il suit de là que, connaissant la différence en degrés d'un point à un autre, on peut facilement en calculer la distance en mètres, chaque degré équivalant à 111 kilomètres.

Le calcul du degré a encore servi de base à d'autres mesures. La *lieue marine* est $\frac{1}{20}$ du degré, soit $\frac{111\,111}{20}$ ou 5556 mètres. Le *mille marin* est le tiers de la lieue marine $\frac{5556}{3}$ = 1852 mètres. Le *nœud* est la 120ᵉ partie du mille marin, environ 15 mètres. Le *mille* des Anglais, de 69 au degré, vaut 1 609 mètres; le *verste* russe 1066 mèt.; la *lieue* commune française 4 000 mètres.

MOUVEMENT DE LA TERRE

Comme les autres planètes, la terre a un double mouvement, de rotation sur *elle-même*, et de translation *autour du soleil*.

1° MOUVEMENT DE ROTATION. — On prouve directement, par l'expérience du pendule de Foucault, que la terre tourne sur elle-même. Mais la preuve manquerait-elle, qu'il serait impossible de comprendre les choses autrement. En effet, chaque jour le soleil, chaque nuit les étoiles se déroulent sous nos yeux : quelque chose tourne évidemment autour de nous, à moins que ce ne soit la terre qui tourne sur elle-même en présentant successivement ses divers points au regard des astres. Comment, en effet, admettre que le soleil, qui est 1 million 300 mille fois plus gros que la terre, tourne avec des myriades d'étoiles, encore plus grosses que lui, autour de notre planète minuscule, perdue comme un point dans l'espace? Et pour accomplir ce tour, il faudrait que le soleil fît 2 400 lieues par seconde; au lieu que la terre, pour tourner sur elle-même, ne parcourt que 464 mètres dans le même temps. Que dire des autres astres répandus dans l'infini du ciel, qui devraient, comme le soleil, décrire autour de nous des cercles d'une immensité fantastique? Ajoutez que ces astres, inégalement éloignés les uns des autres, devraient fournir cette course dans le même temps, ce qui est contraire à toutes les lois de la mécanique et de la pesanteur. Il semble donc impossible d'admettre que le ciel tourne autour de nous; le bon sens veut que ce soit la terre qui tourne sur elle-même. C'est nous qui allons au-devant du soleil, le matin, pour le quitter le soir, et le retrouver le lendemain : tant que nous sommes sous sa lumière, c'est le *jour*; si nous le quittons, c'est la nuit. Le phénomène du *jour et de la nuit* est la première conséquence de la rotation de la terre sur elle-même.

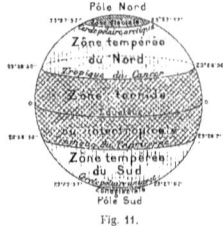

Fig. 11.

Inégalité du jour et de la chaleur. — Il s'en faut que la terre présente également chacun de ses points à la **lumière** du soleil. Sur l'équateur, chaque point recevant directement les rayons solaires, en jouit pendant la moitié d'une révolution terrestre, c'est-à-dire pendant 12 heures, et en reste privé pendant 12 autres, juste le temps qu'il faut au même point pour revenir derrière la masse terrestre, sous le feu du soleil. Ainsi *sur l'équateur, les jours sont égaux aux nuits*.

Mais la terre étant ronde, les rayons du soleil glissent sur sa déclivité, et atteignent diversement les parallèles à mesure qu'ils s'effacent. Les rayons s'allongent, s'écartent, deviennent enveloppants, jusqu'au point où, le pôle en tournant sur lui-même, reste constamment sous le regard solaire. Ainsi, de l'équateur au pôle, les jours augmentent et les nuits diminuent.

La **chaleur**, comme la lumière, est inégalement distribuée à la surface du globe. L'équateur et la région comprise entre les deux lignes des tropiques reçoivent à pic les rayons solaires; c'est la région la plus chaude du globe : on l'appelle la *zone torride*. Du tropique au cercle polaire, les rayons obliques donnent moins de chaleur à mesure qu'ils s'éloignent du foyer, et glissent davantage à la surface, sans la pénétrer : cette région du globe s'appelle la *zone tempérée*. Enfin, du cercle polaire au pôle, les rayons solaires effleurent l'écorce terrestre plutôt qu'ils ne l'échauffent : cette région du globe est la plus froide; c'est la *zone glaciale*.

Ainsi la chaleur et la lumière se trouvent inversement distribuées sur la terre. De l'équateur au pôle, inégalement augmentant et la chaleur diminue; les jours sont moins chauds, mais ils sont plus longs. Il y aurait une sorte de compensation, si la terre tournait simplement sous le soleil; mais elle tourne encore autour du soleil, et dans cette course, elle se porte en avant, comme inclinée sur la route qu'elle doit parcourir.

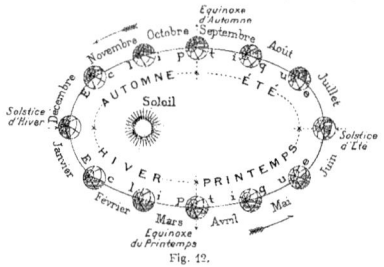

Fig. 12.

2° MOUVEMENT DE TRANSLATION. — La terre ne décrit point un cercle régulier autour du soleil, mais une courbe allongée, une ellipse, qu'on appelle *écliptique*. Sur le plan de l'écliptique, l'axe terrestre est incliné de 23° 27' : c'est l'*inclinaison*.

La vitesse de la terre autour du soleil dépend de son rapprochement ou de son éloignement du foyer d'attraction. A l'extrémité du cercle allongé qu'elle décrit, on dit qu'elle est à l'*aphélie* (ἀπό, éloignement de, et ἥλιος, soleil); lorsqu'elle est au point de son cours où la courbe s'affaisse vers le soleil, la terre est dite au *périhélie* (περί, autour de, ἥλιος, soleil).

Lorsque la terre se présente au soleil de façon que le cercle d'illumination passe par les pôles, il s'ensuit que la moitié de l'équateur et la moitié de chaque parallèle se trouvent dans la lumière tandis que l'autre moitié reste noyée dans l'ombre : il y a égalité de jour et de nuit; c'est l'*équinoxe*. Il y a deux équinoxes : l'équinoxe de printemps (21 mars), et l'équinoxe d'automne (21 septembre).

Au contraire, quand la terre est à l'aphélie, son axe étant toujours incliné vers le même point du ciel, il s'ensuit que l'un de ses deux pôles échappe à la moitié de la surface éclairée, tandis que l'autre est enveloppé de lumière : pour celui-ci, c'est le jour perpétuel; pour celui-là, une nuit sans fin. — Mais la terre continuant son tour, le cercle lumineux se déplace avec elle; il semble, pour les points restés auparavant dans l'ombre, que le soleil revient après s'être arrêté. Cet arrêt apparent du soleil s'appelle le *solstice* (*sol stat*). Il y a deux solstices : le *solstice* d'été (22 juin), et le *solstice* d'hiver (22 décembre). Au solstice d'été, les rayons du soleil tombent verticalement sur le tropique du Cancer; au solstice d'hiver, sur celui du Capricorne. La succession des solstices et des équinoxes, ou mieux, l'inégale distribution de lumière et de chaleur provoquée par le mouvement de la terre autour du soleil, constitue le phénomène des saisons.

On compte quatre saisons d'environ trois mois chacune :
Le *printemps*, du 20 mars au 21 juin, dure 92 jours, 21 heures;
L'*été*, du 21 juin au 20 septembre, dure 93 jours, 14 heures;
L'*automne*, du 20 septembre au 21 décembre, dure 89 jours, 18 heures;
L'*hiver*, du 21 décembre au 20 mars, dure 89 jours, 1 heure.

Le printemps et l'automne ont une chaleur tempérée et commencent aux équinoxes; l'été est la saison la plus chaude, l'hiver la plus froide; ces deux saisons commencent aux solstices. Cependant, le sol mettant un certain temps à s'échauffer et à se refroidir, l'extrême chaud (la *canicule*) et l'extrême froid ne se produisent que trois ou quatre semaines

NOTIONS DE GÉOGRAPHIE GÉNÉRALE

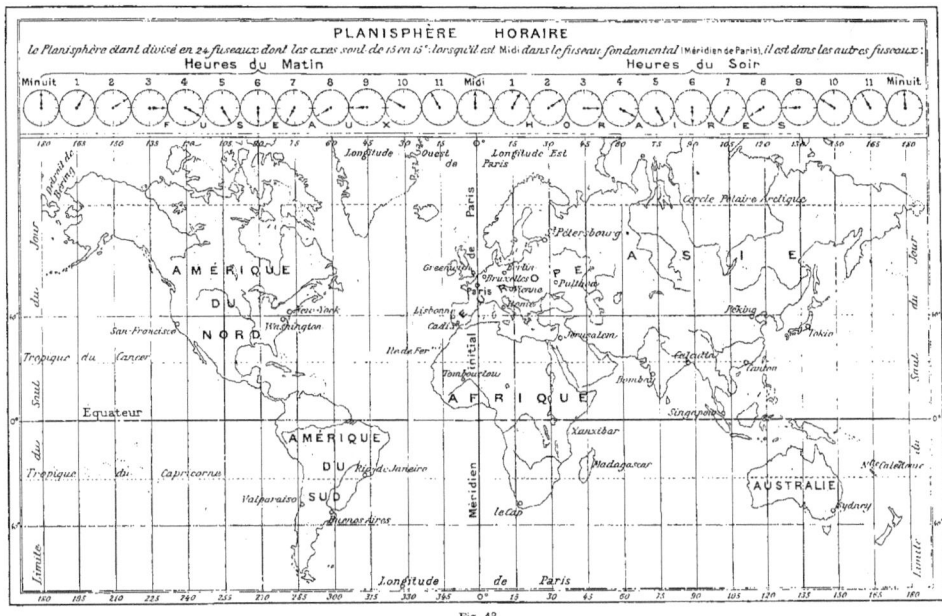

Fig. 13.

après les solstices. Ainsi, chaque jour, le moment le plus chaud ne se produit que deux heures environ après midi.

L'ANNÉE. — Dans sa révolution autour du soleil, la terre marche avec une vitesse variable, suivant qu'elle se rapproche ou s'éloigne de son centre d'attraction : elle fait en moyenne six lieues par seconde, et accomplit son tour en 365 jours, 5 heures, 48 minutes, 48 secondes : cet intervalle de temps constitue l'*année*.

On distingue trois sortes d'années : l'*année sidérale*, temps compris entre deux passages consécutifs de la terre au méridien d'une même étoile ; l'*année tropique*, temps compris entre deux équinoxes de printemps ; enfin l'*année civile*, temps moyen, régulièrement partagé, qui correspond à l'année tropique.

L'accord entre l'année civile et l'année tropique ne s'est pas fait sans peine : la règle adoptée pour l'établir s'appelle le **Calendrier** (du mot latin *calendæ*, premier jour du mois chez les Romains.) — L'*année civile égyptienne* était de 360 jours, c'est-à-dire trop courte d'environ 5 jours et un quart ; il s'ensuit que la nouvelle année commençait tous les ans trop tôt, et reculait ainsi d'une saison à l'autre. Plus tard on compta l'année de 365 jours : elle était encore trop courte. — *Jules César* entreprit de corriger cette erreur (vers 46 av. J.-C.) : il ordonna que chaque quatrième année aurait un jour de plus et serait *bissextile*, c'est-à-dire que l'on compterait deux fois le sixième jour (*bissextus*) avant les calendes de mars : le quart de jour négligé chaque année précédemment se trouvait ainsi compensé par l'appoint d'un jour entier tous les quatre ans. Cette réforme de Jules César prit le nom de **réforme julienne**. Elle était incomplète.

La terre, en effet, accomplit son mouvement de révolution en 365 jours, 5 heures, 48 minutes : en ajoutant à l'année un jour, c'est-à-dire 24 heures, tous les quatre ans, on ajoutait *trop* ; il eût fallu seulement 23 heures et une légère fraction. L'année civile se trouvait donc ainsi trop longue et ne tarda guère à retarder sur l'année vraie : en 1582 c'était l'équinoxe de printemps (21 mars), et l'on datait seulement du 11 mars ; l'année civile était donc de 10 jours en retard. Le pape Grégoire XIII rétablit l'ordre en ordonnant que le 5 octobre devînt le 15 : on devait ensuite, pour prévenir toute erreur, supprimer une année bissextile chaque siècle, sauf la quatrième année séculaire : telle est la **réforme grégorienne**.

Malgré tout, il subsiste une légère erreur dans le compte de l'année civile et de l'année vraie : elles ne correspondent pas encore d'une façon absolue ; mais on s'est approché aussi près que possible de la vérité. Tous les pays catholiques ont adopté la réforme grégorienne ; les États protestants ne l'admettent que depuis 1600 : l'Angleterre depuis 1752 ; les Grecs et les Russes comptent encore d'après l'ancien système, et sont en retard de douze jours sur nous.

POINT DE DÉPART DES ANNÉES ET DE CHAQUE ANNÉE. — L'ère ou *point de départ des années* n'est point la même chez tous les peuples. Les Romains comptaient leurs années depuis la fondation de Rome ; les chrétiens comptent depuis la naissance de Jésus-Christ ; les mahométans depuis la fuite de Mahomet (*hégire*, 622 après J.-C.).

Même diversité pour le *point de départ de chaque année*. Elle commençait en mars chez les Romains, d'où les noms de septembre (7e mois), octobre (8e), novembre (9e), décembre (10e), donnés aux derniers mois de la série, bien qu'ils n'occupent plus aujourd'hui ce numéro d'ordre. En France, jusqu'au XVIe siècle, l'année commença d'abord à Noël, puis à Pâques ; une ordonnance de Charles IX (1564) en fixa le point de départ au 1er janvier.

L'année religieuse comprend des fêtes mobiles et des fêtes *fixes* comme Noël (25 décembre), la Toussaint (1er novembre), l'Assomption (15 août). Les *fêtes mobiles* se règlent sur la date de Pâques. D'accord avec la tradition sur le jour de la résurrection du Christ, le concile de Nicée décida que l'on célébrerait la fête de Pâques *le premier dimanche après la pleine lune qui suit l'équinoxe de printemps* (21 mars). Si la pleine lune de mars tombe le 21 ou après, Pâques est le dimanche suivant ; mais si la pleine lune précède le 21, il faut attendre la pleine lune suivante, c'est-à-dire quatre semaines, pour célébrer la fête de Pâques : cette fête peut ainsi varier du 22 mars au 25 avril.

DIVISIONS DE L'ANNÉE : mois, semaines, jours. — Le calcul du mois se réglait autrefois sur la lune (le mot *almanach* vient de l'arabe *al-măn*, lune). On divise aujourd'hui l'année en douze mois, dont sept de 31 jours, quatre de 30, un de 28 ou 29 si l'année est ou non bissextile. Les mois correspondent, par série de trois, aux quatre saisons de l'année.

La semaine (*septimana*, septem) comprend sept jours : lundi (*lunæ dies*), mardi, jour de Mars ; mercredi, jour de Mercure ; jeudi, jour de Jupiter ; vendredi, jour de Vénus ; samedi, jour de Saturne ; dimanche (*dies magna*, grand jour, jour du Seigneur. On compte cinquante-deux semaines dans l'année).

Le jour est de trois sortes : *jour sidéral*, temps compris entre deux passages d'une étoile au même méridien ; *jour solaire*, temps compris entre deux passages du soleil au même méridien ; enfin le *jour moyen*, temps correspondant au jour solaire, pour la durée, mais d'un développement uniforme, et indépendant des saisons.

Le jour commence à minuit et se divise en deux périodes de 12 heures pour le matin, et 12 pour le soir. En Amérique, on commence à compter sans interruption de une heure à 24 : ainsi on dit 13 heures, 14 heures au lieu de 1 heure, 2 heures après midi. La détermination du *midi vrai* se fait par l'observation du soleil passant au méridien. On mesure la marche du soleil par les *cadrans*, les pendules, les montres, etc. Le *cadran solaire* est la mesure primitive. Si l'on dresse une tige directement sous les rayons du soleil de midi, cette tige ne donne pas d'ombre : à mesure que le soleil s'avance, l'ombre projetée par la tige s'avance avec lui. On peut ainsi mesurer sa marche.

Le calcul de l'heure dépendant du passage du soleil au méridien, il s'ensuit que l'heure varie avec les différents méridiens du globe : il est successivement midi sur chacun des 360 degrés de l'équateur, quand le soleil y tombe à pic. La terre tournant de l'ouest à l'est présente tour à tour au soleil ses 360 degrés dans l'espace de 24 heures ; soit 360 : 24, c'est-à-dire 15 degrés en une heure ; 1 degré en 4 minutes. Chaque différence de 15 *degrés* représente donc une différence d'*une heure*. Ainsi, s'il est midi à Paris, il n'est que 11 heures à 15 degrés à l'ouest de Paris : quand le soleil passera au méridien de ce dernier point, il sera une heure de l'après-midi à Paris. Il est ainsi facile de calculer l'*heure* d'une localité lorsqu'on connaît son degré de longitude, et réciproquement, sa longitude lorsqu'on connaît son heure. On calculerait de même la *distance* d'un point à un autre, d'après la différence d'heure et de longitude, si l'on se souvient qu'il y a 111 kilomètres au degré.

LA LUNE

La Lune est un *corps opaque, satellite de la terre*, qu'elle éclaire durant la nuit, comme un réflecteur, en lui renvoyant la lumière du soleil. La lune *tourne sur elle-même* et, en même temps, *autour de la terre*, qui l'entraîne avec elle. Elle tourne *sur elle-même* en 27 jours et demi environ ; *autour de la terre* en 29 jours, 12 heures, 44 minutes, 2 secondes. Le cercle qu'elle décrit autour de la terre ne se ferme jamais, car lorsqu'un tour est fini, la terre a déjà emporté son satellite bien loin de son point de départ : la lune décrit ainsi une sorte de *pas de vis*, une courbe que l'on nomme *épicycloïde*. D'ailleurs la courbe que la lune décrit ainsi ne serait point un cercle parfait, à supposer qu'il pût se fermer : l'*orbite lunaire*, en effet, est elliptique, comme l'orbite terrestre.

La lune se rapproche de la terre comme celle-ci s'éloigne et se rapproche du soleil : lorsqu'elle est près de la terre, on dit que la lune est au *périgée* (περί, autour ; γῆ, terre) ; quand elle s'en éloigne, c'est l'*apogée* (ἀπό, éloignement de ; γῆ, terre). La *distance moyenne* de la lune à la terre est de 380 000 kilom. — On distingue à sa surface de grandes *taches* que les astronomes, à l'aide de puissants instruments, rapprochent assez pour affirmer que ce sont des dépressions profondes, entourées de bourrelets lumineux ; la lune aurait des montagnes, des cratères, des volcans, des pitons et des plaines. C'est une terre en miniature, mais une terre morte, sans air, sans eau, sans habitants.

PHASES DE LA LUNE. — Pendant qu'elle fait le tour de la terre, la lune (fig. 14) nous apparaît en divers points de sa course et nous renvoie par conséquent de diverses façons la lumière du soleil :

1° Lorsqu'elle se trouve entre le soleil et nous, sa partie éclairée nous échappe, nous n'en avons que le revers : la lune est alors en *conjonction* ; c'est la **nouvelle lune**.

2° Dès le troisième jour, la lune s'étant déplacée reçoit obliquement par rapport à nous, la lumière solaire, et laisse voir une sorte de croissant brillant qui grandit. Après sept jours, la lune est éclairée au quart : c'est le **premier quartier**.

3° Bientôt la moitié de la lune nous apparaît comme un cercle lumineux ; c'est le quatorzième jour, la **pleine lune** : on dit alors qu'elle est en *opposition* avec le soleil ; elle se lève alors qu'il se couche, nous la voyons aussitôt le jour disparu.

4° Pendant sept nouveaux jours, la lune dérobe peu à peu sa partie éclairée, nous la voyons plus tard ; c'est au vingt-deuxième jour le **dernier quartier**. — Enfin le croissant, diminuant tous les jours, finit par disparaître, et, après 29 jours, 12 heures, 44 minutes, 2 secondes, la lune se retrouve entre le soleil et la terre comme à son départ. Une *nouvelle lune* commence. — Les deux quartiers de la lune s'appellent *qua-*

dratures ; la conjonction et l'opposition, *syzygies* : les deux lignes qui réunissent quadratures et syzygies sont perpendiculaires.

ÉCLIPSES. — Le mot éclipse (ἔκ-λειψις, défaillance), veut dire *disparition momentanée* : il y a éclipse de soleil, éclipse de lune, lorsque ces deux astres disparaissent en tout ou en partie. Si le plan suivant lequel la lune accomplit son mouvement autour de la terre était le même que le plan de l'orbite terrestre, il y aurait éclipse de soleil à chaque nouvelle lune, c'est-à-dire quand la lune se trouve entre le soleil et nous, comme un écran ; il y aurait de même éclipse de lune à chaque opposition, quand la lune, se trouvant de l'autre côté de la terre, serait noyée dans son ombre. Mais l'orbite lunaire ne correspond point à l'orbite terrestre. La lune passe tantôt au-dessus, tantôt au-dessous de l'écliptique, et l'éclipse n'a lieu que lorsque le soleil, la terre et la lune se trouvent sur la *même ligne*, ce qui est rare. On peut, en observant la marche des astres, calculer avec précision l'époque des éclipses. Une éclipse de lune complète ne peut durer plus de deux heures ; une éclipse totale de soleil plus de quatre heures et demie.

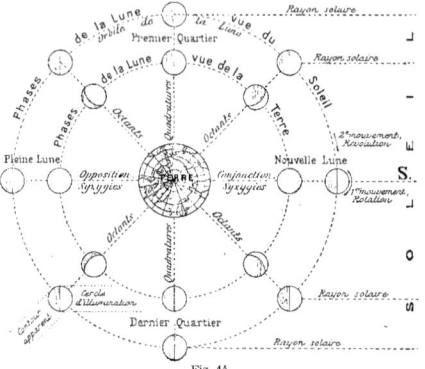

Fig. 14.

Les Marées sont des mouvements alternatifs de la mer dus à l'attraction du soleil et surtout de la lune, qui, étant plus proche de nous, a une action bien plus considérable. En vertu de l'attraction, la mer liquide est attirée plus fortement que le globe solide ; voilà pourquoi elle se soulève : de même le globe étant attiré plus fortement que la mer qui est abritée par sa masse, l'eau reste en arrière, et la mer paraît se gonfler. Il y a donc sur le globe deux soulèvements d'eau opposés : c'est la **marée haute**. Mais, si l'eau monte en un point, il faut qu'ailleurs elle s'abaisse : c'est la *marée basse*. La succession des marées forme le *flux* et le *reflux*.

La plus *haute mer* devrait se produire quand la lune est au méridien, mais par l'effet de l'inertie des eaux ce mouvement n'a lieu que trente-six heures plus tard et même davantage, suivant la configuration des côtes. La *hauteur des marées* est très variable : elle est de 7 m. au Havre, de 12 à 14 m. à Saint-Malo ; les mers fermées n'en ont pour ainsi dire pas, comme les lacs.

L'OCÉAN

Les terres et les eaux sont inégalement distribuées sur le globe ; les eaux en occupent près des trois quarts ; les terres émergées se rencontrent surtout au nord et à l'est.

On appelle **Océan** ou **mer** l'ensemble des eaux salées qui environnent les terres. La *profondeur* moyenne de l'Océan est de 4 000 m. ; mais elle est très inégale. Le Pas-de-Calais n'a qu'une cinquantaine de mètres, la Baltique une centaine, tandis que la Méditerranée mesure 3500 m., le Pacifique jusqu'à 8600 m.

Le **fond de la mer** est inégal et vallonné, il a des plateaux et des chaînes de montagnes, mais ces accidents sont moins brusques et plus étendus qu'à la surface des terres. La mer nourrit à ses *habitants*, des *animaux* de toute sorte et de toute grandeur, depuis les infiniment petits, les polypes et les mollusques, jusqu'à la baleine. Les *végétaux* y pullulent : on trouve entre les Açores et les Antilles un amas d'algues si considérable que la marche des vaisseaux de Colomb en aurait été ralentie : c'est la mer des *Sargasses*.

L'eau de mer contient en moyenne 3 ou 4 % de sel commun; mais elle est plus salée là où l'évaporation est plus grande, comme dans la *mer Morte*, par exemple; moins salée dans les régions pluvieuses et à l'embouchure des fleuves. Sa *température* moyenne est de 15 degrés à la surface; mais plus froide vers les pôles, plus chaude sous les rayons du soleil tropical, elle varie de 40 degrés au-dessous de zéro à 30 degrés au-dessus. Parfois l'eau de la mer est *lumineuse*; on attribue ce phénomène à la présence d'une multitude d'insectes phosphorescents.

Rarement la mer est tranquille : sous l'action des vents ou des courants, ses eaux se précipitent et déferlent en *vagues* qui peuvent atteindre, dans les grandes tempêtes, jusqu'à 14 m. de hauteur. Rencontre-t-elle un obstacle qu'elle ne peut briser, la vague se transforme en *remous, gouffre, tourbillon*. Qui ne connaît *Charybde* à l'entrée du détroit de Messine? A l'embouchure des fleuves, le *flux*, se heurtant au courant qui descend, le relève en une *barre* bouillonnante, et remonte souvent comme une vague furieuse fort loin entre les rives : c'est le *mascaret*.

La mer est sillonnée de *courants* : ce sont comme des fleuves gigantesques dont les bords sont marqués par l'eau plus tranquille. Ils sont dus à la rotation de la terre, à l'action des vents, mais surtout à la différence de niveau et de température des eaux de la mer. L'eau froide, en effet, étant plus lourde, tend à tomber; l'eau chaude, plus légère, monte : il s'établit ainsi entre les régions froides et les régions chaudes un *double courant*. L'eau froide du pôle descend en courant *sous-marin* vers l'équateur, et l'eau surchauffée des régions équatoriales revient en courant *superficiel* vers le pôle. Mais ce double mouvement est modifié par la rotation de la terre, qui, ne pouvant emporter assez vite la masse inerte des eaux, laisse en arrière, comme une traînée, les courants dont l'effort se brise contre les divers continents et se replie sur lui-même.

Ainsi s'est formé dans l'océan Atlantique le grand courant équatorial, dont les eaux arrêtées par la côte du Brésil se divisent en deux branches : l'une, vers le cap de Bonne-Espérance; l'autre qui, emmagasinée dans le golfe du Mexique, en sort avec violence sous le nom de *Gulf-Stream* (courant du golfe). C'est à ce fleuve d'eau chaude que les côtes de France, d'Irlande et de Norvège doivent leur température relativement modérée. L'océan Pacifique a, comme l'Atlantique, son grand courant équatorial dont les eaux échauffées sur la côte occidentale d'Amérique se divisent en deux branches : l'une, le *Kurro-Siwo* des Japonais, vers le détroit de Béring, l'autre vers la côte de la Nouvelle-Zélande.

DIVISION DE L'OCÉAN. — Bien que l'Océan forme un tout ininterrompu, on l'a divisé, pour l'étude, en cinq parties principales :

1° L'océan **Atlantique**, entre l'Europe et l'Amérique : c'est la grande voie commerciale du monde.

2° L'océan **Indien**, qui baigne la côte des Indes, entre l'Afrique et l'Australie.

3° L'océan **Pacifique**, entre l'Asie et l'Amérique. Magellan, qui l'explora le premier, le nomma pacifique à cause du calme qu'il y avait trouvé.

4° L'océan **Glacial arctique** et l'océan **Glacial antarctique**, dans les régions polaires du nord et du sud. Ces mers sont en partie inaccessibles à cause des glaces qui les encombrent : icebergs (*eis*, glace; *berg*, montagnes), banquises, etc.

L'eau de l'Océan, pénétrant les terres, forme de nombreuses *mers particulières*, ainsi, l'océan Atlantique forme la *mer Baltique*, la *mer du Nord*, la *mer d'Irlande*, etc. Quelquefois les eaux de la mer s'engagent comme dans un couloir entre deux côtes qui se regardent : ces passages sont des *détroits* (di-strictus, resserré de deux côtés), ils unissent deux mers. Un détroit s'appelle encore, suivant les pays : *canal, manche, sund, belt, pas, pertuis, phare, bosphore* : ainsi la *Manche* et le *pas de Calais*, entre la France et l'Angleterre; le *phare de Messine*, entre la Sicile et l'Italie; le *Bosphore*, entre la côte d'Europe et celle d'Asie.

Le bord de la mer ou *littoral* (*littus*, rivage) est parfois uni, plus souvent découpé; ses échancrures variées prennent le nom de *golfes* (κόλπος; sein), *baies, anses, fiords, ports, havres* (*hafen* en all.). — Parfois la côte s'abaisse en pente douce dans la mer et forme des *plages* de sable fin, des *grèves* de galets; tantôt elle se dresse à pic au-dessus des flots par des escarpements rocheux, comme les *falaises*, ou des collines sablonneuses appelées *dunes*. Les falaises de la côte normande, les dunes du golfe de Gascogne atteignent 100 m.; les roches des fiords norvégiens surplombent jusqu'à 1 000 m. de hauteur.

Les pointes de terre que le continent projette en avant comme une proue à travers les flots sont des *caps*. A citer en Europe : le cap *Nord*, la pointe *Saint-Mathieu*, à l'extrémité de la Bretagne; le cap *Matapan*, au sud de la Grèce; en Afrique, le cap de *Bonne-Espérance*; en Amérique le cap *Horn*.

Il se fait le long des côtes un travail incessant sous l'action du flot. Ici les falaises se désagrègent; là le rivage se comble par l'apport des fleuves et de la marée, et se transforme en marécages semés d'îlots; ainsi se sont formées à l'embouchure de l'Adige et du Pô les *lagunes* de Venise. — Souvent le flux élève tout le long du rivage de longs cordons de sable ou *cordons littoraux*, derrière lesquels se trouvent emprisonnés des étangs d'eau salée : ainsi se sont formés les étangs de la côte gasconne, au-dessous d'Arcachon, et ceux du golfe de Lion. — Certains rivages s'enfoncent dans la mer, comme la côte allemande de la Baltique et de la mer du Nord; d'autres s'en dégagent, comme la presqu'île Scandinave, les côtes du Chili, celles du Japon. Mais ces phénomènes tiennent déjà moins à l'action particulière de l'Océan qu'à la loi qui régit la vie des continents.

LES CONTINENTS ET LES ÎLES

On appelle continent (*cum tenere*, tenir avec) une grande étendue de terre non interrompue par la mer. L'*épaisseur* de la croûte terrestre est d'environ 60 kilom.; celle de la couche liquide ne dépasse pas 10 kilom. : c'est encore plus que la hauteur des principales montagnes.

Laplace explique la *formation du continent* par le refroidissement d'une croûte primitive due à l'action du feu, et son accroissement par les dépôts successifs de couches sédimentaires.

Les *géologues* ramènent à *deux classes principales* les divers *terrains* qui entrent dans l'épaisseur du sol :

1° **Terrains éruptifs** ou *plutoniens*, granits, porphyres, basalte, quartz, (ce sont les plus anciennes roches et les plus dures); on n'y trouve aucune trace de vie, c'est pourquoi la période qui correspond à ces formations s'appelle *azoïque* (sans vie).

2° **Terrains de sédiment** ou *neptuniens*, aux stratifications multiples dans lesquelles apparaissent par degrés les *êtres organisés*, depuis les plus simples jusqu'à l'homme.

Les terrains de sédiment, à leur tour, sont formés de dépôts successifs : *terrains primaires* (roches de gneiss, schiste, marbre), avec des traces de plantes et d'animaux aquatiques très simples; *terrains secondaires* (roches tendres de calcaire, grès, marnes), riches en mollusques et en reptiles marins (ichtyosaures); *terrains tertiaires*, formés comme les précédents, de calcaires et de marnes, avec du sel, des lignites, mais où l'on trouve déjà des traces de mammifères herbivores (mastodontes); enfin *terrains quaternaires*, formés par l'apport d'alluvions anciennes (limon des fleuves, terres éboulées, poussières de roches, cailloux brisés). On y trouve les premières traces de l'homme.

La couche superficielle du sol monte encore de nos jours; la terre végétale s'épaissit sous l'action du soleil, de la pluie, des eaux courantes et des végétaux. Mais le lent travail de la nature a été plus d'une fois bouleversé : les terrains se sont mêlés, les roches primitives ont été portées par des éruptions violentes jusqu'au sommet des montagnes, ou mises à nu dans les vallées.

DIVISION DES CONTINENTS. — On ramène à *trois continents* principaux les parties solides du globe :

L'ancien continent, qui comprend l'Europe, l'Asie, l'Afrique;

Le nouveau continent, Amérique ou nouveau monde;

Le continent australien.

La *superficie* totale des continents est évaluée à 135 millions de kil. carrés, soit le quart de la surface entière du globe. *Dix millions* appartiennent à l'Europe, 42 à l'Asie, 30 à l'Afrique, 40 à l'Amérique, 10 à l'Océanie. Ainsi l'Europe ne compte que pour un treizième dans la masse totale, l'Afrique pour trois treizièmes, l'Asie pour quatre; l'Amérique n'est pas tout à fait aussi grande que l'Asie.

L'Amérique a la *forme* d'un double triangle, l'Asie celle d'un trapèze, l'Afrique celle d'un cône renversé; l'Europe rappellerait assez un triangle rectangle, dont la base serait l'Oural, le sommet à la pointe du Portugal. Mais ce ne sont là que des comparaisons.

Si l'on revient aux chiffres, l'Europe, qui est une des plus petites parties du monde, a relativement le plus grand *développement de côtes* : après elle vient l'Amérique du Nord, puis l'Asie, l'Amérique du Sud, l'Australie, enfin l'Afrique, qui est un continent massif. Mais le développement *absolu* du littoral met au premier rang l'Amérique.

PRESQU'ÎLES. — Une *presqu'île* ou *péninsule* est une terre entourée d'eau de tous côtés, excepté d'un seul : c'est un morceau de continent projeté au milieu des flots, mais non encore détaché. La plupart des presqu'îles sont au sud, avec des directions symétriques : l'Espagne, l'Italie,

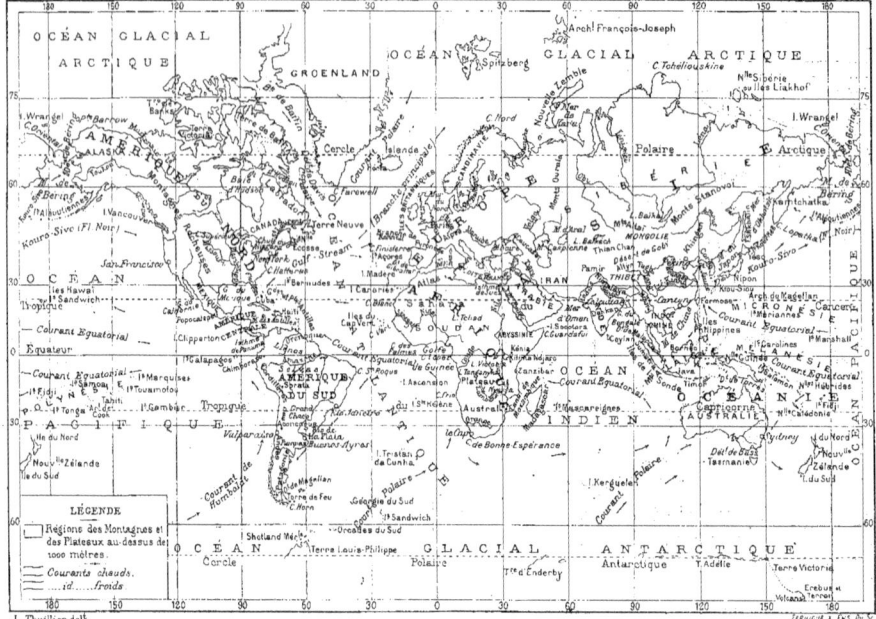

la *Grèce* en Europe; l'*Arabie*, l'*Inde*, l'*Indo-Chine* en Asie; la *Floride* et la *Californie* en Amérique.

La langue de terre qui réunit une presqu'île au continent, ou en général deux terres de dimensions considérables, s'appelle *isthme* (ἰσθμός, col) : les isthmes de *Suez*, de *Corinthe*, ne cessent point d'être des isthmes parce qu'on y a ouvert un canal maritime.

Les ILES sont des terres entourées d'eau de tous côtés : elles représentent la vingt-cinquième partie de la surface des continents. Un groupe d'îles forme un *archipel* (ἀρχή, tête; πέλαγος, mer), parce que la mer Égée, toute semée d'îles, était pour les Grecs la mer principale : un groupement d'îles a pris le nom de cette mer.

Les grands archipels sont en Europe : les *îles Britanniques*, l'*archipel danois*, l'*archipel grec*; en Amérique, les *Antilles*; en Asie, le *Japon*; en Océanie, les *Philippines*, la *Malaisie*, la *Polynésie*; en Afrique les *Açores*, les *Canaries*. Les îles principales du monde sont, par rang de grandeur : la *Nouvelle-Guinée*, *Bornéo*, *Madagascar*, *Sumatra*; la *Grande-Bretagne* est la plus peuplée de toutes.

Les îles doivent leur origine, tantôt à un *affaissement* qui les a séparées d'un continent voisin, comme les archipels danois et britannique; tantôt à une éruption sous-marine qui les a fait surgir du milieu des flots, telles les Açores, les Hawaï, etc. Mais ces causes violentes n'agissent que par intervalles; des îles nouvelles se forment tous les jours par le lent travail de la nature : ce sont les *alluvions* qui s'amassent dans le delta des grands fleuves, comme ceux de la Volga, du Nil, du Gange; ou bien encore ce sont les *polypes*, ces travailleurs de la mer, qui sous le nom de *coraux*, *madrépores*, *astrées*, prennent à l'eau de mer la chaux qu'elle contient, et s'en forment leurs enveloppes calcaires dont les sinuosités se pénétrant, se soudent et finissent par constituer une masse solide qui s'élève lentement du fond de la mer jusqu'au niveau des eaux. Ces pointes de rocher vivant qui affleurent à la surface, constituent des *récifs* dangereux : les coraux peuvent barrer des détroits. Les îles qu'ils élèvent ont souvent la forme circulaire; ce sont des *atolls*, couronnes solides qui abritent au centre une sorte de lagune, dont le calme contraste avec l'agitation du voisinage.

LE RELIEF

Le *relief terrestre* est à peine plus sensible pour toute la surface du globe que les rugosités calcaires à la surface d'un œuf. Cependant certaines montagnes s'élèvent à plus de 8000 m. : vues de près ce sont des colosses; dans l'espace, elles deviennent à peine perceptibles comme la terre elle-même. La hauteur ou *altitude* des montagnes est calculée et figurée par l'*hypsométrie* (ὕψος, élévation). Le terme *orographie* a un sens plus général : c'est la science des montagnes avec leur description.

On appelle *chaîne*, une suite de montagnes : un *système* est un groupement de chaînes dépendantes les unes des autres. La *crête*, l'*arête*, le *faîte* est la partie la plus élevée d'une chaîne : les *versants*, les *revers*, les *flancs* sont les pentes opposées. Les chaînes de montagnes forment rarement un obstacle infranchissable; leurs masses sont traversées par des *passages*, *cols*, *ports*, *pas*, *défilés*, *cañons* (cagñons). Les cols sont plus élevés dans les Pyrénées que dans les Alpes, et en général, dans les empâtements montagneux plus que dans les groupements de massifs.

Les principales montagnes sont :

En **Europe**, les *Alpes* (long. 1000 kil.), les *Pyrénées* (500 kil.), les *Karpathes*, le *Caucase* (1000 kil.).

En **Afrique**, les monts *Éthiopiens*, l'*Atlas* (2000 kil.).

En **Asie**, l'*Himalaya* proprement dit (2500 kilom.), le *Karakoroum*, l'*Indou-Kousch*, l'*Altaï-Stanovoï* (5500 kil.).

En **Océanie**, les chaînes de la *Malaisie*.

En **Amérique**, les *Cordillères*, les *Andes* (chac. 7000 kil.).

Les points culminants du globe sont le *Gaurisankar* (8840 m.) dans l'Himalaya; l'*Aconcagua* (6840 m.) dans les Andes, le *Popocatepetl* (5500 m.) au Mexique; le *Kilimandjaro* (6000 m.) dans la région des grands lacs africains, le mont *Blanc* (4810 m.) dans les Alpes françaises, le plus haut sommet de l'Europe.

VOLCANS. — Le soulèvement des montagnes paraît dû à l'effort d'une masse incandescente encore en activité au centre de la terre. Les vapeurs cherchant une issue, soulèvent la masse terrestre, l'ébranlent, et finissent par s'ouvrir un passage en brisant l'enveloppe qui les retient. Ainsi s'expliquent les volcans et les tremblements de terre. Le *Vésuve*,

NOTIONS DE GÉOGRAPHIE GÉNÉRALE

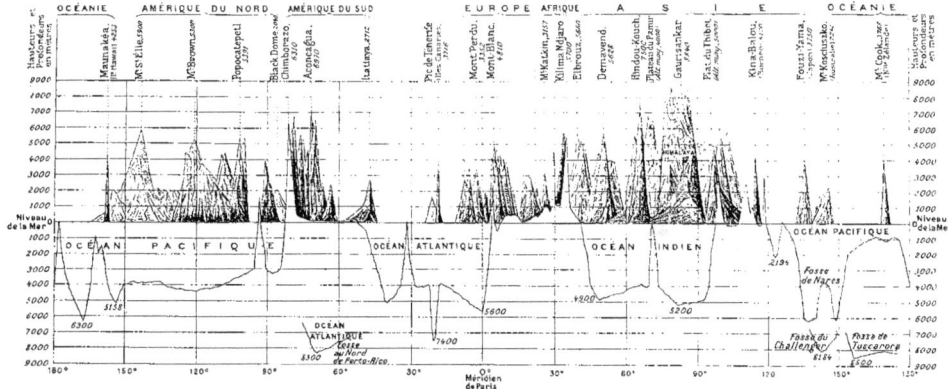

Hauteur des montagnes et profondeur des océans.

l'*Etna*, le *pic de Ténériffe*, sont des volcans actifs : le *Stromboli*, dans les îles Lipari, est en éruption permanente.

Parfois le volcan éclate comme une bombe formidable. En 1883, l'île *Krakatoa*, voisine de Sumatra, s'effondra dans une explosion terrible dont le bruit retentit jusqu'en Chine : la fumée, chargée de cendres, fut portée par-dessus l'océan Indien jusqu'à Madagascar. On a remarqué que les volcans actifs se trouvent presque toujours peu éloignés de la mer. Il y a des volcans sous-marins : plusieurs îlots ont surgi dans le cratère des îles Santorin.

On ne compte pas moins de *trois cents volcans actifs* sur toute la surface du globe. L'Océanie en possède le tiers (Philippines, Sumatra, Java, Polynésie). Certaines régions volcaniques sont entièrement minées. Mais aussi beaucoup de volcans sont éteints, comme ceux d'Auvergne.

L'activité volcanique se manifeste encore par des *dégagements de vapeurs sulfureuses* (*solfatares* de Pouzzoles, près de Naples); des *jets impétueux d'eau chaude* (*geysers* de l'Islande, du parc National aux États-Unis); des *sources thermales* (Aix-la-Chapelle, Chaudes-Aigues en Auvergne); enfin des *sources médicinales* chargées d'acide carbonique, et des *sources de naphte*, de *bitume*, comme à Bakou dans le Caucase.

TREMBLEMENTS DE TERRE. — Quand les vapeurs emprisonnées sous la croûte terrestre ne peuvent trouver de dégagement suffisant, elles ébranlent les murs de leur prison, font trembler la terre. L'*Europe du midi*, l'*Asie occidentale*, les *Indes*, le *Japon*, les *Andes*, l'*Amérique centrale*, sont sujets à des tremblements de terre. On se rappelle celui qui récemment, à Constantinople, engloutit sous les ruines du bazar des milliers de victimes.

La mer se soulève comme la terre : en 1868, toute la chaîne des *Andes* s'ébranla, et une vague immense jeta un navire de guerre à plus de 500 mètres de la côte. On connaît la catastrophe de *Lisbonne* en 1755 : la ville fut submergée par un flot gigantesque, et près de 60 000 personnes périrent en cinq minutes. Les tremblements de terre ont rarement cette violence : ils sont parfois à peine sensibles et durent quelques secondes, deux ou trois minutes au plus.

PLATEAUX. — Les plateaux sont moins élevés, mais bien plus étendus que les montagnes. Le *plateau de l'Asie centrale*, qui est le plus vaste du monde, s'élève au *Thibet* jusqu'à plus de 4 000 m., étayé par les escarpements de l'Himalaya, qui surplombent à 8000 m. la vallée du Gange. En Amérique, la chaîne des Andes appuie le *plateau du Pérou*, qui a près de 4 000 mètres. Le *plateau du Mexique* est moitié moins élevé. En Afrique, le *plateau d'Abyssinie* atteint 2 400 mètres ; le *plateau du Sahara central* environ 800 mètres. En Europe, le *plateau d'Espagne* a 700 mètres, celui de *Bohême* environ 500 m. L'*Australie* n'est qu'un plateau incliné de l'est à l'ouest (500 m.).

PLAINES. — Des Pyrénées à l'Oural, la terre européenne descend vers la mer et forme la grande *plaine occidentale* : son prolongement à travers la *Sibérie*, forme la plus grande étendue de terres basses du monde entier. Le *Canada*, dans l'Amérique du Nord, le *bassin du Mississipi*, les *selvas* de l'*Amazone*, les *pampas* de la *Plata*, sont des plaines immenses, auprès desquelles nos plaines fermées, comme celles de la Hongrie et du Pô, comptent à peine.

Les déserts sont des parties arides de plaines ou de plateaux : ainsi dans le *Sahara*, l'*Arabie*, la *Perse*, le *Turkestan*, la *Mongolie*, l'*Utah* en Amérique, le *Kalahari* dans l'Afrique méridionale. — On appelle *steppes*, *landes*, *bruyères*, des régions désertiques, mais qui ne sont pas sans végétation.

LES COURS D'EAU

ORIGINE DES COURS D'EAU. — L'Océan est le grand réservoir d'eau du globe. Sous l'action de la chaleur solaire l'eau se vaporise, s'élève en nuages que le vent disperse. Au contact de l'air froid les nuages se condensent en *pluies* ou s'entassent en *neiges* sur les hauts sommets. Les pluies coulent à la surface de la terre, suivant la pente naturelle, en *cours d'eau* d'importance diverse ; ou bien elles pénètrent les terres et jaillissent en *sources* (puits artésiens), quand elles ne forment pas de vrais *cours d'eau souterrains*.

GLACIERS. — Il tombe sur les hauts sommets une neige d'aiguilles très légères que le vent soulève, et qui agglutinées par le contact, sous les rayons du soleil, forment de vastes champs glacés appelés *névés*. Dans les vides et les crevasses, les névés se tassent, leurs grains se soudent en blocs transparents comme la glace ordinaire ; ce sont les *glaciers*, véritables fleuves solidifiés dont la masse fondante descend vers la plaine : telle la *mer de glace* du mont Blanc.

Car le glacier marche ou plutôt s'affaisse par l'action de l'eau d'infiltration ou le voisinage d'un sol plus chaud : la masse se tasse sur elle-même, comble les vides ; souvent des fractures (*crevasses*) se produisent. De longues files de blocs (*moraines*) arrachés aux rives jalonnent le lit de ces singuliers fleuves. Certains glaciers avancent de 200, 300, et même 500 mètres par an, mais leur marche est surtout sensible au temps de la chaleur estivale. Alors leur débit d'eau est considérable, et compense pour les fleuves l'évaporation produite par les rayons brûlants du soleil : les glaciers sont ainsi les *régulateurs* des eaux courantes.

La neige qui ne se tasse pas dans les hautes vallées des montagnes se précipite souvent en *avalanches* dévastatrices. Dans les pays d'extrême froid, comme le Groenland, les glaciers descendent jusqu'à la mer et s'y brisent en morceaux gros comme des montagnes (*ice-bergs*), que le flot emporte et dont la rencontre a causé dans les parages de l'Amérique du Nord plus d'un naufrage.

DIVERSITÉ DES COURS D'EAU. — Un *fleuve* (*fluere*, couler) est un cours d'eau considérable ; une *rivière* est un cours d'eau moins important qu'un fleuve ; un *ruisseau*, une eau courante sans importance. On nomme *torrent* toute eau rapide produite par une abondante fonte de neige ou un énorme abat d'eau.

Le point où deux cours d'eau se réunissent se nomme *confluent* (*cum*, avec ; *fluere*, couler) ; le moins important des deux est l'*affluent* de l'autre (*ad*, vers, et *fluere*). La rive *droite* d'un fleuve est à droite en descendant le courant : sa *source*, le point où il surgit ; l'*embouchure*, l'endroit où il se jette dans la mer. S'il s'écarte en cet endroit et multiplie ses moyens d'accès, l'espace compris entre ses bras extrêmes s'appelle un *delta* (de la lettre grecque Δ, delta, qui indique la forme ordinaire de cette embouchure). Si au contraire les eaux du fleuve s'étalent comme un golfe ou une large nappe d'eau, c'est un bras de mer ou *estuaire* (*æstus*), où le flux se fait sentir.

Longueur comparée des principaux fleuves du globe (1 cent. par 1000 kilom.).

Seine
Loire
Rhin
Danube
Saint-Laurent
Volga
Parana
Niger
Congo
Yang-tsé-Kiang
Nil
Amazone
Mississipi-Missouri

Le **domaine d'un fleuve**, son **BASSIN**, est l'ensemble des terres drainées par ce fleuve et ses affluents. Dans un sens plus général, le *bassin d'une mer* est l'ensemble des terres arrosées par les eaux qu'elle reçoit. L'écoulement des eaux suppose une *pente*, par conséquent des *hauteurs* qui séparent l'un de l'autre le domaine des différents fleuves, et leur imposent une *direction*.

Mais il serait contraire à la vérité d'imaginer autour de chaque fleuve une ceinture de montagnes ou de hauteurs *continues*. S'il y a des *bassins fermés*, du moins en partie, comme celui du Pô, du côté des Alpes, la plupart *communiquent* facilement l'un à l'autre comme celui de la *Loire* et de la *Garonne* par le seuil du Poitou; celui de la *Loire* et de la *Seine* moyennes. Il en est même qui n'ont point entre eux de soulèvement de terrain apparent : ainsi, en Russie, le *Dniépr* et la *Volga* confondent presque leurs sources.

Même dans un bassin bien limité, la pente suivie par le fleuve n'indique pas nécessairement toute la déclivité du terrain; il y a des montagnes ailleurs qu'à son pourtour. Les *Vosges*, par exemple, s'élèvent en plein bassin du *Rhin*, entre le fleuve et son principal affluent la *Moselle*; les *Ardennes* barrent la *Meuse* à Givet.

Ce qu'on appelle la *ceinture* d'un bassin fluvial n'est donc point nécessairement marqué par une suite non interrompue de montagnes ni même de plateaux : le meilleur guide pour reconnaître le domaine d'un fleuve est encore la *pente naturelle* suivie par les eaux qui l'alimentent, c'est-à-dire le *versant*.

Le **COURS** d'un fleuve se compte de la source à l'embouchure. Certains fleuves naissent et se jettent aussitôt dans la mer, comme celui qui jaillit dans le *golfe d'Ombla* près de Raguse. D'autres paraissent tout formés et prennent aussitôt leur cours, comme le *Loiret* près d'Orléans, ou la *Sorgues* qui sort de la fontaine de Vaucluse. En général, les fleuves prennent naissance dans un *glacier*, comme le *Rhône* et le *Rhin*, ou dans *des lacs abondants*, déversoirs des hauteurs avoisinantes, comme le *Nil* en Afrique, le *Saint-Laurent* en Amérique.

Souvent les eaux d'un fleuve se perdent dans les fissures du sol, comme le *Rhône* à Bellegarde, pour reparaître un peu plus loin; ou encore elles se précipitent en *cascades*, comme le *Rhin* à Laufen (15 m.). Entre toutes les cataractes, celle du *Niagara*, en Amérique, est la plus célèbre par la masse des eaux qu'elle précipite. Les cataractes du *Nil* ne sont que des bouillonnements sur des récifs à fleur d'eau.

L'**abondance** d'un fleuve dépend surtout des eaux qui l'alimentent, de la pluie et de la nature des terrains qu'il traverse. Les *oueds* (cours d'eau) arabes sont vite desséchés au milieu des sables brûlants, et se perdent souvent avant d'atteindre les lacs ou *chotts* qui leur servent de réservoir; mais on a souvent retrouvé leur nappe d'eau souterraine par des puits creusés dans le lit desséché.

Le **débit moyen** d'un fleuve est la quantité d'eau qu'il écoule par seconde en un point donné. La *Seine* débite 500 mètres cubes par seconde, le *Rhin* 2000, le *Nil* 12000, le *Mississipi* 20000. Tous les fleuves européens réunis ne roulent pas autant d'eau que l'*Amazone* (80000 m. cubes).

Il en faut que le cours d'un fleuve soit régulier : tantôt ses eaux s'abaissent, réduites par l'évaporation, tantôt elles s'enflent par l'abondance des pluies ou la fonte des glaciers. La Loire a des *crues* terribles et subites. Le Nil, grossi par les énormes masses d'eau qui s'abattent sur les hauts plateaux de l'Afrique, a des *crues* régulières : ces crues font la richesse de l'Égypte; elles en seraient la ruine si le fleuve, dépourvu d'affluents dans la deuxième partie de son cours, et réduit par une forte évaporation, n'était encore divisé à l'infini par une multitude de canaux.

Les eaux courantes prennent au pays qu'elles parcourent une plus ou moins grande quantité de *limon* qu'elles entraînent : cela dépend de la nature des terrains et de la rapidité du cours. Ce limon se dépose en partie au fond du lit du fleuve et l'exhausse, comme il arrive pour le *Pô*, dont les rives se trouvent à plusieurs mètres au-dessus de la plaine lombarde. Mais la plus grande partie du *limon* roule avec le courant jusqu'à l'embouchure du fleuve, et forme un *delta*. Chaque année le *Rhône* entraîne plus de 24 millions de mètres cubes : la terre gagne sur la mer. Aussi *Aigues-Mortes*, où saint Louis s'embarqua pour la croisade, est-il aujourd'hui à plus de 6 kilomètres du rivage. Les *deltas* les plus importants sont, en Europe, ceux du *Rhin*, du *Danube*, de la *Volga*; en Afrique, le delta du *Nil*, est le type du genre; en Asie, le delta du *Gange* est le plus grand du monde; avec le limon accumulé par ce fleuve au-dessus des eaux, on aurait construit les Pyrénées.

Les **LACS** sont des amas d'eau retenus par le relief dans une dépression du sol. Les uns s'écoulent par un fleuve qui leur sert d'émissaire, comme le Rhin pour le lac de *Constance*, le Rhône pour le lac de *Genève*; les autres s'évaporent sans écoulement.

Les plus beaux **lacs** de l'Europe sont à la base des Alpes, au sud et au nord; en Italie, les lacs *Majeur*, de *Côme*, de *Garde*; en Suisse, les lacs de *Genève*, de *Lucerne*, etc. Mais c'est dans l'Amérique du Nord, au Canada, que l'on trouve les plus importants (lacs *Supérieur, Michigan, Érié, Ontario*) : la superficie de ces lacs égale la moitié de la France. On compte aussi parmi les plus importants du monde les lacs de l'Afrique équatoriale : *Nyassa, Tanganyka, Victoria Nyanza*; mais ils sont moins groupés que ceux du Canada.

L'Asie a surtout, hors le lac *Baïkal*, des **lacs sans écoulement**, qui sont de véritables mers intérieures : la Caspienne, l'Aral, la mer Morte. Ces lacs sont *salés* et diminuent sans cesse; car, perdant par l'évaporation plus qu'ils ne reçoivent, leurs eaux s'abaissent, laissant déposer les sels qu'elles contiennent en dissolution : ceux-ci s'accumulent à tel point que la mer Morte est *six fois plus salée* que l'Océan. Certains lacs, comme les *chotts* d'Algérie et de Tunisie (lac *Melghir*, chott *El Djérid*) ne sont plus que des croûtes de sel achevant de dévorer une mince nappe liquide.

On trouve des lacs à toutes les hauteurs : *dans les montagnes*, comme ceux qui ont occupé d'anciens cratères ou des anfructuosités de rochers, *dans la plaine*, au-dessous du niveau de la mer. La mer *Morte* est à 400 m.; la Caspienne à 25 m. au-dessous du niveau de l'Océan. Le lac Tchad à 250 mètres d'altitude; le *Tengrinoor* à 4500 mètres. Même variété pour les profondeurs : le lac *Ladoga* n'a guère plus de 15 mètres, tandis que le lac *Baïkal* s'enfonce jusqu'à 1200 mètres. Beaucoup de lacs disparaissent par dessèchement naturel ou artificiel; les Hollandais ont ainsi conquis presque tout leur pays sur les eaux.

L'ATMOSPHÈRE

L'**atmosphère** (ἀτμός, souffle; σφαῖρα, sphère) est la masse d'air qui entoure notre globe : on estime que son épaisseur dépasse 100 kilom. L'air est un mélange d'azote et d'oxygène avec un peu de gaz acide carbonique et de la vapeur d'eau; il est pesant, mais la pesanteur d'une colonne d'air diminue à mesure que l'on monte, c'est-à-dire à mesure qu'elle se raccourcit. A 6000 m. de hauteur l'air est déjà moitié moins lourd; mais il y a des degrés jusque-là. On peut ainsi mesurer l'altitude d'un lieu au poids de sa colonne d'air. Le *baromètre* est l'instrument dont on se sert pour cela.

Cette précision atmosphérique est nécessaire à l'équilibre général; lorsqu'un trouble s'y produit, il est le signal de phénomènes divers : *tempête, pluie, vent*. De là vient que le baromètre, en marquant la pression de l'air, peut jusqu'à un certain point servir aux pronostics du temps. Nous n'échappons pas nous-mêmes à l'influence de l'air, et la suppression totale de sa pression amènerait la mort; on sait comment d'imprudents aéronautes s'élevant trop haut, dans les couches supérieures de l'air, eu firent la triste expérience, il n'y a pas longtemps encore : l'équilibre de leur organisme fut rompu, le sang jaillit, et le ballon qui les avait emportés ramena deux cadavres.

Les phénomènes atmosphériques de l'air s'appellent *météores* (μετέωρος, élevé en l'air) : une science spéciale, la **météorologie**, en recherche les causes et en discute les effets. Ces *phénomènes* sont de plus d'un genre : météores *ignés, lumineux*, etc. Ils sont dus principalement à l'action de l'*électricité*, de la *lumière*, de la *chaleur*, des *vents*, de l'*humidité*. Les *éclairs* sont des **météores électriques**, la déviation de la *boussole* vers le nord, un **phénomène magnétique**; l'*arc-en-ciel*, les *aurores boréales*, le *mirage*, des **météores lumineux**.

LA **CHALEUR** est un agent actif de l'air. Elle diffère suivant les zones et diminue de l'équateur aux pôles. Elle s'abaisse encore avec l'*altitude*. On mesure la chaleur de l'air par le thermomètre (θερμός, chaud; μέτρον, mesure).

C'est au Sahara et sur le littoral de la mer Rouge (65°) qu'on trouve les plus fortes chaleurs; en Sibérie, les plus grands froids : — 63°. La moyenne de la France est de 12° dans le Midi, 15° en Algérie, 25° au Sénégal. — Si l'on réunit par une ligne tous les points qui ont la même température moyenne, cette ligne est dite isotherme (ἴσος, égal; θερμός, chaud). — Les lignes *isothères* (ἴσος, égal; θέρος, été) et *isochimènes* (ἴσος, égal; χειμών, hiver) indiquent l'égalité de température pour divers points pendant ces deux saisons.

LES VENTS ont pour cause première l'échauffement de l'atmosphère. Il se produit dans l'air le même phénomène que pour les eaux de l'Océan. L'air chaud, plus léger, s'élève des régions équatoriales vers le pôle, et l'air froid, plus lourd, descend du pôle vers l'équateur. Mais la rotation de la terre fait dévier ce double courant et produit ainsi les vents alizés : ce sont les grands courants équatoriaux de l'air; ils sont constants. — Au contraire, les moussons sont des vents périodiques dus à l'échauffement particulier des continents : asiatique en été, africain en hiver, et qui soufflent surtout dans l'océan Indien, du N.-E. en automne, du S.-O. au printemps. Le passage d'une mousson à l'autre est le signal de violentes tempêtes : *typhons* en Chine et au Japon, *cyclones* (κύκλος, cercle) aux Indes et dans l'Amérique centrale.

Chaque jour la différence de température produit de la terre à la mer et réciproquement un courant d'air léger, une brise. Le *mistral* est un vent violent qui souffle du nord sur la Provence; la *bora*, un vent du N.-E. qui se déchaîne sur l'Adriatique; le *simoun* est le vent brûlant du désert; on le nomme *khamsin* en Égypte : la poussière impalpable qu'il entraîne obscurcit l'air, et il est difficile de s'en défendre.

L'HUMIDITÉ. Poussés par le vent, les nuages, dus à l'évaporation des eaux sous la chaleur solaire, se transportent dans toutes les directions au-dessus du continent. Ils se condensent par le froid et tombent en *brouillards*, *rosées*, *pluies*, *givre*, *grésil*, *neige*. La hauteur moyenne de la pluie tombée sur un point donné se mesure par le pluviomètre. Il en tombe 0 m. 75 à *Paris* chaque année, 2 m. à *Lisbonne*, très peu à *Suez*. Mais il pleut parfois en *Égypte* tout comme ailleurs : l'hiver de 1896 a été remarquable à cet égard; le climat cependant est généralement sec. Le *Sahara*, l'*Arabie*, le nord du Mexique, l'*Utah*, dans l'Amérique septentrionale, sont les pays où *il pleut le moins* : les régions intertropicales de l'Amérique et de l'Afrique, des Indes et de la Chine, sont les pays où *il pleut le plus à la fois*.

CLIMATS. — L'action combinée de la *chaleur*, des *vents* et de la *pluie* forme pour une bonne part la diversité des climats. Il convient d'y ajouter la différence des altitudes, le voisinage de la mer et des montagnes, l'exposition du nord ou du midi. On rattache les divers climats à deux genres principaux : *climat maritime*, moins chaud en été, moins froid en hiver; *climat continental*, sec et excessif, pour la chaleur comme pour le froid.

Le climat joue un grand rôle dans la vie des peuples : certaines parties du globe sont, à cause de lui, presque inhabitables, d'autres condamnées à des maladies endémiques qui en rendent le séjour fort dangereux. Ainsi le delta du Gange est un foyer de *choléra*; la fièvre jaune (*vomito negro*) quitte rarement l'Amérique du Sud; l'*ophtalmie* est commune en Afrique; la *lèpre*, autrefois si répandue même en Europe, n'a pas complètement disparu de l'Orient. — Les pays froids ont aussi leurs dangers : le *crétinisme* dans les montagnes, la *bronchite*, la *phtisie*. C'est du climat que dépend la santé générale; il façonne l'esprit, les mœurs, et contribue pour une grande part à la diversité des peuples.

L'HOMME

LES RACES. — La grande famille humaine est très variée : certains traits communs y ont formé des *groupes* ou races distinctes. Bien qu'il soit assez difficile de fixer le nombre des races et de déterminer le domaine de chacune d'elles, tellement les nuances qui les distinguent sont parfois insensibles, on peut rattacher tous les hommes à trois types principaux qui forment les trois grandes races *blanche*, *jaune* et *noire*, auxquelles la *race brune* et la *race rouge* servent d'intermédiaires.

Le blanc a le teint clair, l'angle de la face très ouvert, le visage oval, la taille moyenne et bien proportionnée; il habite l'*Europe* et la plus grande partie de l'*Amérique*, l'*Australie*, l'*Égypte*, l'*Arabie*, la *Perse*. En Europe même se distinguent plusieurs groupes : 1° la *famille celtique* (10 millions); 2° la *famille gréco-latine* (160 millions); 3° la *famille germanique* (150 millions); 4° la *famille slave* (120 millions).

Le jaune a le visage plat, les yeux fendus en amande, les cheveux durs et luisants, la barbe rare, la peau jaunâtre. Il habite l'*Asie* du Nord et de l'Est et comprend les *Sibériens* (Lapons, Esquimaux, Groenlandais), les *Mongols* et les *Mandchoux*, les *Thibétains*, les *Chinois* et les *Japonais*.

Le noir a de fortes mâchoires, des lèvres épaisses, la chevelure crépue, la peau d'un noir vigoureux. Il habite surtout l'*Afrique* et une partie de l'*Océanie* avec les sauvages papous et australiens.

Le *brun* a le teint olive, le nez court et la bouche bien faite, la figure intelligente, la taille moyenne, la peau souvent d'un bronze superbe, comme chez les Éthiopiens.. A cette race appartiennent les *Hindous*, les *Indo-Chinois* (Cambodgiens, Siamois, Birmans, Annamites), les *Malais* de Java et les *Polynésiens*, les *Micronésiens* d'Océanie.

Le *rouge* a le front fuyant, le nez saillant, la peau cuivrée, la taille haute; c'est la race indigène de l'Amérique : *Hurons, Iroquois, Peaux-Rouges, Sioux*.

Si l'on évalue à environ un milliard et demi la totalité des hommes, les blancs comptent environ pour 550 millions; les jaunes, 500 millions; les bruns, 300; les noirs, 120; les rouges, 10 : c'est une race en train de disparaître.

La *classification* des races n'a rien d'absolu et comporte d'innombrables nuances : il y a des blancs aussi noirs que les nègres, des bruns aussi pâles que les jaunes. Encore moins peut-on assigner des rangs. Les blancs s'attribuent la supériorité; il ne manque pas de nègres pour trouver cette prétention ridicule : on sait d'ailleurs que les Hindous sont heureusement doués, que les Chinois ont l'esprit affiné, les Japonais le goût délicat. Nous avons sur tous ces peuples une avance due à l'éducation, à la religion surtout, qui a civilisé nos ancêtres, cultivé leur intelligence, ouvert leur cœur à des sentiments élevés.

LES RELIGIONS. — Toutes les religions se ramènent à deux types principaux : le *monothéisme* et le *polythéisme*.

Sont polythéistes (πολύς, nombreux; θεός, dieu) les *brahmanes* de l'Inde, adorateurs de Brahma, dieu suprême en trois incarnations; les *bouddhistes* de Cochinchine, de Chine et du Japon; les sectateurs de *Confucius*; les *adorateurs du feu* (*sabéisme*), en Perse; les *fétichistes*, idolâtres d'Afrique et d'Océanie.

Sont monothéistes (μόνος, unique, et θεός, dieu), outre les juifs et les mahométans, les *chrétiens*, divisés en : *catholiques* (France, Belgique, Italie, Espagne, Portugal, Autriche, Amérique du Sud, Canada); *protestants* (Suisse, Allemagne du Nord, Suède et Norvège, Danemark, Hollande, Écosse, Angleterre); *orthodoxes* (Grecs, Serbes, Bulgares, Roumains, Russes).

Les polythéistes sont environ 800 millions, bouddhistes pour moitié; les monothéistes sont 700 millions, dont 180 pour l'islamisme. On compte près de 500 millions de chrétiens : plus de la moitié sont catholiques. Les juifs ne sont guère que 7 millions.

LES LANGUES. — On reconnaît les peuples à leur langage encore plus qu'à leur aspect extérieur. Il y a des *familles de langues*, comme il y a des *familles de peuples*. Les langues primitives en étaient réduites aux mots d'une syllabe, elles se sont perfectionnées depuis. La nôtre appartient au groupe des langues **indo-européennes**, dérivées du *sanscrit*, langue sacrée du groupe comprend l'*hindoustani*, le *persan*, l'*afghan*, le *grec*, le *latin*, et généralement les langues de famille latine, germanique et slave. La plus parlée de toutes les langues est le *chinois*, puis l'arabe par les musulmans, l'anglais, le russe, l'allemand, l'espagnol, le français, l'italien, le portugais, le hollandais. Mais l'importance d'une langue ne se mesure pas seulement au nombre des gens qui la parlent habituellement : le *français*, par exemple, est devenu par sa clarté, sa précision, son élégance, la langue des diplomates et des savants dans le monde entier.

LES ÉTATS. — Groupés naturellement par la langue, la religion, la race, les peuples ont été souvent divisés par la guerre, les combinaisons politiques, et réunis en un corps de nation formant des États séparés. Un État est un ensemble d'individus obéissant à un même gouvernement. Il y a plusieurs sortes de gouvernements : le gouvernement *oligarchique* (ὀλίγοι, plusieurs, et ἀρχή, pouvoir) et le gouvernement *monarchique* (μόνος, seul, et ἀρχή, pouvoir).

La monarchie peut être *absolue* ou *constitutionnelle*, c'est-à-dire réglée par une constitution sous le contrôle de la représentation nationale : tous les États de l'Europe, sauf la Russie, sont sous le régime constitutionnel. Le chef de l'État possède le pouvoir exécutif, mais les représentants de la nation font les lois, dirigent les finances, etc. L'État constitutionnel peut être une *République* : le chef est alors un président élu temporairement par les représentants de la nation.

Quand un pays tout entier obéit aux mêmes lois, c'est un État *unitaire*; mais s'il comprend deux ou plusieurs parties se gouvernant elles-mêmes,

NOTIONS DE GÉOGRAPHIE GÉNÉRALE

et ne se référant au gouvernement central que lorsqu'il s'agit d'intérêts communs, cet État est *fédératif* : l'empire d'Allemagne est une fédération d'États, la Suisse une fédération de provinces, les États-Unis également.

Il y a en Europe 4 *empires*, 16 *royaumes*, 11 *principautés*, 3 *républiques*, s'il est permis, en dehors de la France, de compter la minuscule république de *Saint-Marin* et la république d'*Andorre*. — En Amérique, tous les États sont républicains, sauf le Canada, qui tient à l'Angleterre. — L'Asie est le pays du pouvoir absolu; cependant le Japon s'est donné une constitution : d'ailleurs, les trois quarts du territoire asiatique dépendent de l'Europe. — En Afrique règne le despotisme, sauf dans les républiques et les colonies d'influence européenne. Nous avons fait de l'Égypte un pays presque européen.

Les plus grands États du monde sont la *Russie* et l'*Angleterre*, la *Chine*, plus grande que l'Europe, et les *États-Unis*. La Chine est au premier rang pour la *population* : c'est, comme l'Inde, une fourmilière de peuples (environ 400 millions d'hab.). L'empire britannique en a 320 millions. L'empire russe, malgré son étendue, n'a que 127 millions d'habitants; la France, avec ses colonies, 80 millions; les États-Unis, 65; l'Allemagne, 60 avec ses colonies; l'Autriche-Hongrie, 43; l'Italie, 32; l'Espagne, 18. Mais certaines régions de l'Europe, comme la *Belgique*, par exemple, comptent jusqu'à 200 habitants par kilomètre carré.

L'Angleterre est la première puissance coloniale, la France la seconde. — La *Russie*, l'*Allemagne* et la *France* sont les premières puissances *militaires*. — Après la marine anglaise viennent celles de la France, de l'Allemagne, de l'Italie, des États-Unis. — Aucun État n'a une dette aussi élevée que la France, mais ses ressources sont en proportion; nulle part les impôts ne donnent autant de revenu.

PUISSANCE ÉCONOMIQUE DES PEUPLES

La *puissance économique* des peuples dépend de la richesse naturelle des terrains qu'ils occupent et de la façon dont ils savent l'utiliser.

Le sol offre trois grandes *sources de richesses* : *minéraux*, *végétaux*, *animaux*.

1º **LES MINÉRAUX** comprennent : les *combustibles* (houille, anthracite, tourbe, pétrole, asphalte); les *métaux* usuels et précieux; les *pierres* communes et précieuses.

a. **Combustibles.** — L'Angleterre, les États-Unis, l'Allemagne, la France, la Belgique, l'Autriche, les Indes, l'Australie, sont les principaux pays producteurs de houille; mais les *trois cinquièmes* de la production totale appartiennent à l'*Angleterre* et aux *États-Unis*.

b. **Métaux.** — Le *cuivre* se trouve surtout au Chili, en Angleterre, aux États-Unis, en Allemagne; l'*étain*, à Malacca, dans le pays de Cornouailles, en Angleterre; le *mercure*, en Espagne, en Californie, en Australie; le *nickel*, en Saxe, en Angleterre; la Nouvelle-Calédonie est le pays le plus riche en nickel. — Parmi les *métaux précieux*, l'*argent* est le plus répandu, surtout au Mexique et au Pérou : on trouve encore du *plomb argentifère* en Allemagne, en Espagne, en Bosnie. L'*or* s'extrait en Californie, en Australie, en Sibérie, au Cap et dans la région du Transvaal, à Madagascar, en France.

c. Les **pierres communes** : granits, porphyres, calcaires, marbres, gypses, ardoises, sont très disséminées. On cite, parmi les *pierres précieuses* : les diamants du Cap, les rubis de l'Inde, l'améthyste de Ceylan, la topaze du Brésil, l'émeraude du Pérou.

2º **VÉGÉTAUX.** — La végétation dépend surtout de la chaleur et de l'humidité du sol. On distingue, de l'équateur au pôle, diverses zones productives :

a. La **zone tropicale**, où croissent avec vigueur le palmier, le bananier, le bambou, le bois d'acajou, les grandes fougères, l'arbre à résine (caoutchouc, gutta-percha, gomme-gutte, encens), le quinquina, l'arbre à kola, le cacaoyer, etc.

A côté de ces produits *spontanés* du sol on *cultive* le café (Java, Antilles, Brésil, Arabie), le thé (Chine et Inde), la canne à sucre (Brésil, Égypte, Antilles), le riz (Cochinchine, Tonkin, Chine), les narcotiques, les plantes tinctoriales et textiles, les épices.

b. La **zone tempérée** est fertile en *forêts* (chênes, hêtres, sapins, bouleaux, platanes). Les plus grandes forêts sont en Russie, en Suède, en Autriche, en Allemagne, en France. Les *prairies naturelles* comptent, avec les forêts, parmi les richesses des régions tempérées; mais le sol y est surtout fécondé par le travail de l'homme.

On en tire des *plantes industrielles* : lin, chanvre, betterave; *des plantes alimentaires*. Ajoutez les *céréales* de toutes sortes, les *arbres fruitiers*, la *vigne*, surtout en France, Italie, Espagne, Hongrie.

La distinction des zones végétales n'est vraie que d'une manière générale et n'a rien d'absolu : on peut, dans un même pays, trouver les produits de pays différents. Si l'on s'élève le long d'une montagne, des *Andes* par exemple, on rencontre, après le palmier des pays tropicaux, les fougères arborescentes jusqu'à 100 mètres, la vigne jusqu'à 2000; puis les cultures et les arbres de nos pays tempérés, les pâturages à 4000 mètres; enfin les lichens et les neiges du pôle.

3º **ANIMAUX.** — Il appartient à la zoologie d'étudier les 200 000 espèces d'animaux qui vivent sur le globe; elle les distingue en *vertébrés* : mammifères, oiseaux, reptiles et poissons, et en *non vertébrés* : articulés, mollusques, rayonnés, dont les plus simples ressemblent plus à une plante qu'à un animal.

Diversement *organisés* pour vivre, les animaux se trouvent sous *toutes les latitudes*, suivant la loi de leur existence, depuis les *animaux à fourrures*, comme l'*ours*, qui parcourent les solitudes glacées du nord, jusqu'aux *grands pachydermes*, comme l'éléphant, qui se cachent avec le tigre, le lion, parmi les jungles brûlantes de l'Asie et de l'Afrique. Mais c'est dans les *régions tropicales*, au milieu d'une nature exubérante et loin de la main de l'homme, que pullule surtout la vie animale.

Les **poissons**, au contraire, du moins ceux de grande taille (*cétacés*), comme la *baleine*, le phoque et tous ceux que défend une épaisse couche de graisse, préfèrent l'eau froide des *régions polaires*, tandis que les coraux, les polypes, etc., se multiplient dans les eaux chaudes du tropique.

Entre les animaux *terrestres* et *aquatiques*, et il comme pour rattacher les uns aux autres, il y en a qui vivent à la fois sur la terre et dans l'eau : ce sont les *amphibies*. D'autres voyagent et changent de climat suivant les saisons : ce sont les *migrateurs*, comme l'hirondelle. Enfin les animaux *domestiqués* par l'homme; le cheval, le chien, vivent avec lui dans tous les pays du monde.

INDUSTRIE, COMMERCE

Les produits spontanés du sol, et ceux qu'on en tire par la culture, sont mis en valeur par l'industrie et le commerce.

L'INDUSTRIE est surtout florissante dans les pays où la *houille* abonde. L'Angleterre à elle seule produit autant de *fer* et de *fonte* que les États-Unis, l'Allemagne et la France réunies. La Belgique, malgré son peu d'étendue, compte parmi les premiers pays industriels. — Après la houille, le *coton*, la *laine* et la *soie* sont encore des produits industriels de premier ordre : l'Angleterre, la France, les États-Unis, l'Autriche, l'Allemagne, en absorbent des quantités incroyables dans leurs filatures.

COMMERCE. — Les produits de l'industrie valent surtout par le *commerce* qui les échange. Aussi a-t-on multiplié les **moyens de communication** : routes, canaux, chemins de fer, lignes de navigation à voile et à vapeur, lignes télégraphiques et téléphoniques. La Hollande, la Belgique, la Chine, sont les pays les mieux pourvus de *voies navigables*. Aucun ne peut rivaliser avec les *États-Unis* pour la longueur des *voies ferrées*; mais les États-Unis ont un territoire quatorze fois plus étendu que celui de la France. Si l'on considère le développement des chemins de fer proportionnellement à l'étendue du pays qu'ils desservent, la *Belgique* tient le premier rang : la France ne vient qu'au quatrième rang.

Notre *réseau télégraphique* est très complet; mais l'Angleterre a su accaparer, par les *câbles sous-marins*, presque toutes les relations télégraphiques intercontinentales; elle est la première des *puissances commerciales*.

Notre premier port de commerce, *Marseille*, n'est que le *sixième* du monde et vient après Londres, Liverpool, Newcastle, New-York, Hambourg, Anvers. Gênes et Trieste grandissent tous les jours et ne tarderont pas à nous rejoindre. — Le commerce de l'Angleterre, avec 18 *milliards*, vaut près de deux fois le nôtre (10 milliards).

L'**échange** des produits se fait par l'*équivalent de leur valeur*, c'est-à-dire l'*argent*. Chaque pays, à peu près, a ses monnaies particulières, ce qui complique à l'excès les opérations du commerce.

L'Angleterre a le *schelling*, qui vaut 1 fr. 25; (la livre = 20 sch.).

L'Allemagne a le *mark*, 1 fr. 25 (100 pfennings).

L'Autriche le *florin* (100 kreutzers), 2 fr. 50, variable suivant le cours.

La Russie a le *rouble*, 4 fr. (100 kopeks).

Le Portugal a le *milreis*, 5 fr.; la Turquie et l'Égypte ont la *piastre*, 0 fr. 22; l'Hindoustan la *roupie*, 2 fr. 40; le Japon a le *yen*, un peu plus de 5 fr.; les États-Unis ont le *dollar*, 5 fr. 18 (100 cents).

Plusieurs États, la *Suisse*, la *Belgique*, ont adopté le système monétaire français, basé sur le mètre.

En Italie, la *lira*; en Espagne, la *peseta*; en Grèce, la *drachme*; en Serbie, le *dinar*, valent un franc.

On estime à près de 90 milliards, dont 60 au *commerce maritime*, la valeur *annuelle* du *commerce général* pour le monde entier.

AMÉRIQUE SEPTENTRIONALE PHYSIQUE

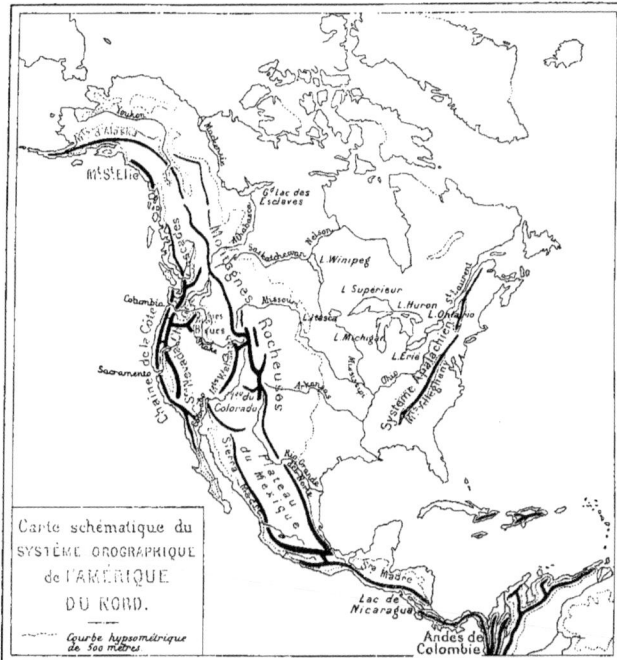

Carte schématique du SYSTÈME OROGRAPHIQUE de l'AMÉRIQUE DU NORD.
----- Courbe hypsométrique de 500 mètres

AMÉRIQUE SEPTENTRIONALE PHYSIQUE

L'Amérique septentrionale est bornée, au *nord* par l'océan Glacial arctique; à l'*est*, par l'océan Atlantique; au *sud*, par la mer des Antilles et l'isthme de Panama; à l'*ouest*, par l'océan Pacifique. Sa superficie égale 22 millions de kilom. carrés, plus du double de celle de l'Europe.

MERS ET CÔTES : océan Glacial et océan Atlantique. — Du détroit de Béring à la pointe du Groënland (cap. *Farewel*), les glaces du nord étendent leur solitude; à peine si quelques points en rompent la monotonie : cap *Lisburne*, baie *Barrow*, baie de *Mackensie*; puis un groupe d'îles : terres de *Banks*, du *Prince-Albert*, que sépare des *îles Parry* le *passage du nord-ouest*, exploré en 1851 par Mac-Clure. Comme un pont tendu entre le Groënland et le continent américain, la *terre de Baffin* s'élève, baignée au nord par la *baie de Baffin* et le *détroit de Davis*, au sud, par la *baie d'Hudson* et le *détroit* du même nom, seul passage de ces régions qui soit libre tous les étés. Enfin la péninsule du *Labrador* se prolonge au delà du détroit de *Belle-Isle*, par *Terre-Neuve* et ses satellites *Saint-Pierre et Miquelon*. Les îles *Anticosti*, du *cap Breton*, du *Prince-Édouard*, peuplent ces parages.

La *côte atlantique* est plus hospitalière que celle du Nord, entre la *baie de Fundy* et celle de *Chesapeake* : mieux découpée, elle offre des accès faciles; on y remarque principalement la *baie de New-York* et la *baie Delaware*. Mais du *cap Hatteras* au *cap Sable*, qui termine, au sud, la *péninsule de Floride*, la côte est droite et encombrée de sables. Au large, l'archipel des *Bermudes*; plus près de terre, les îles *Lucayes* ou *Bahama*, premier point touché par Colomb lorsqu'il aborda le nouveau monde.

Golfe du Mexique et mer des Antilles. — Le *golfe du Mexique*, entre les presqu'îles de *Floride* et de *Yucatan*, a des eaux surchauffées par le soleil tropical et des côtes insalubres entre toutes. Le courant du *Gulf-Stream* y arrive de la mer des Antilles par le *canal du Yucatan*, et pénètre dans l'Atlantique par le *canal de Floride*. Le Yucatan est compris entre les golfes de *Campêche* et du *Honduras*.

Les **Antilles**, longue chaîne de terres qui se développe depuis le Yucatan jusqu'aux bouches de l'Orénoque (Amérique méridionale), se divisent physiquement en deux groupes : à l'ouest, les *grandes Antilles* (*Cuba, Jamaïque, Haïti, Porto-Rico*), avec l'archipel des *îles Vierges*; à l'est, les *petites Antilles*, comprenant : au nord, les *îles du Vent* (*Guadeloupe, Martinique, Sainte-Lucie*, etc.), et au sud-ouest, les *îles sous le Vent*, dont *Curaçao* est l'une des principales.

Côtes du Pacifique. — L'*Amérique centrale* forme une série d'isthmes : ceux de *Darien*, de *Panama*, de *Nicaragua*, de *Honduras*, de *Tehuantepec*. Dans ces parages, le littoral est d'un abord difficile et bordé de hautes falaises.

Les mêmes caractères persistent sur la *côte occidentale*. Après la *péninsule de Californie*, découpée à l'est par le *golfe de Californie* ou mer *Vermeille*, et terminée au sud par le cap *San-Lucas*, on ne trouve qu'une seule baie hospitalière, celle de *San-Francisco*.

Plus au nord, dans la Colombie anglaise et l'Alaska, le littoral est bordé d'îles et creusé de « fiords » profonds qui donnent à cette région une grande analogie avec celle des côtes norvégiennes. On y rencontre une série de baies bien abritées, depuis le *cap Flattery* et l'île *Vancouver* jusqu'aux archipels de la *Reine-Charlotte* et du *Prince-de-Galles*.

La presqu'île d'*Alaska* se prolonge par les îles *Aléoutiennes* vers l'Asie.

RELIEF. — D'une manière générale, les régions élevées de l'Amérique septentrionale sont à l'ouest. La côte occidentale est dominée par une série de plateaux qui constituent, le long du Pacifique :

a. Les **hautes terres de l'Alaska**, régions glacées que domine le mont *Saint-Élie* (5491 mètres).

b. Les **plateaux de la Colombie** (altitude moyenne, 850 m.), appuyées à l'ouest, par les *monts des Cascades*; à l'est, par les *montagnes Rocheuses*, dont les âpres sommets dominent des forêts d'arbres verts; le mont *Brown* y culmine à 4850 m.

c. Les **hauts plateaux de l'Utah**, d'une altitude moyenne de 1300 m., entre : la *Sierra-Nevada*, aux cañons profonds surplombés par les monts *Shasta* et *Whitney* (4541 m.); les *montagnes Rocheuses méridionales* que dominent les massifs de la *Sierra-Blanca* et le pic *Long*. Les hauts plateaux de l'Utah sont traversés en diagonale par les monts *Wahsatch*, qui s'élèvent à plus de 3000 m., et renferment des dépressions occupées par des lacs salés.

d. Les **plateaux mexicains**, qui, après le *Colorado*, se rétrécissent et s'abaissent à mesure que l'on avance vers le sud. Bornés à l'ouest par la chaîne de *Sierra-Madre*, ils se terminent au sud par les alignements volcaniques du *Popocatepetl* (5400 m.) et de l'*Orizaba*.

e. Les **plateaux de l'Amérique centrale** (1800 m. d'altitude moyenne), très accidentés, très arrosés, entre les deux profondes dépressions des isthmes de *Tehuantepec* et de *Panama*.

Les **montagnes Rocheuses** s'abaissent vers l'est par la *région des prairies*. Entre la plaine du Mississipi, et la plaine arctique, des plateaux peu élevés relient la région montagneuse de l'ouest à celle de l'est, ou massif des **Apalaches**, dont l'altitude moyenne, au centre, ne dépasse pas 1500 m.; le *Black-Dome* en est le sommet principal (2046 m.).

FLEUVES : Versant de l'océan. — Le *Mackensie* coule vers le nord, et sert d'écoulement aux lacs *Athabasca*, des *Esclaves* et de l'*Ours*.

Le *Saskatchewan* tombe dans le lac *Winnipeg* d'où il sort sous le nom de *Nelson* pour se jeter dans la baie d'Hudson.

Le *Saint-Laurent* se dirige vers le nord-est; il sert d'écoulement aux cinq grands lacs de l'Amérique du nord. L'ensemble de ces *lacs* égale les trois cinquièmes de la France; c'est une vraie mer intérieure. Le lac *Supérieur* (200 lieues de long) a des vagues et des tempêtes comme l'Océan : sa profondeur (250 m. environ) est dépassée encore par celle du lac *Michigan*, dont les eaux, avec celles du lac Supérieur, vont au lac *Huron*. Celui-ci, par un double émissaire, le *Saint-Clair* et la rivière

AMÉRIQUE SEPTENTRIONALE PHYSIQUE

Détroit, se déverse dans le lac *Érié*, qui à son tour se précipite en une chute de 45 m., celle du *Niagara*, dans l'*Ontario*. — La cataracte est divisée en deux par l'île du Fer à cheval : aux environs, la terre tremble, et le bruit est tel qu'il s'entend de Toronto. Un canal permet de contourner la chute et de passer directement de l'Érié dans l'Ontario. — Au sortir de l'Ontario commence le fleuve *Saint-Laurent* (3550 kilom.). Ses affluents sont : à gauche, l'*Ottawa* ; à droite, le *Richelieu*, déversoir du beau lac *Champlain* ; et, dans l'estuaire du fleuve, le *Saguenay*. Le Saint-Laurent a 12 kil. de large à Québec ; 180 à l'entrée de son estuaire.

Entre les monts Alleghanys et l'Atlantique, les cours d'eau, après de nombreux rapides, s'épanouissent en larges et profonds estuaires. Le *Potomac*, la *Delaware*, et surtout l'*Hudson*, sont les principaux.

Versant du golfe du Mexique. — Le *Mississipi* est le grand fleuve de l'Amérique du Nord ; avec le *Missouri*, il forme le plus long réseau fluvial du monde. Le petit lac *Itasca*, à 500 m. environ d'altitude, est la source du Mississipi ; entre ce point et le bassin des grands lacs, aucune ligne de faîte ne coupe les communications.

Les *affluents* du haut Mississipi, à gauche, le *Wisconsin* et l'*Illinois*, sont abondants et traversent de nombreux lacs. Mais c'est en amont de Saint-Louis, après quelques rapides, que le fleuve reçoit un affluent qui lui est supérieur, le *Missouri*. Sorti des monts Rocheux à plus de 1300 m. d'altitude, le *Missouri* coule dans des gorges profondes, surtout au défilé des *Portes-Rocheuses*, tourne de l'est au sud, entraînant la terre et les arbres, et après 4000 kilom. de cours, mêle ses eaux jaunes à l'eau claire du Mississipi. Le *Yellowstone*, affluent du Missouri, arrose le *Parc National* des États-Unis, résumé des beautés naturelles les plus extraordinaires du monde.

Large de 2 kilom., le Mississipi grossi du Missouri s'engage alors dans un défilé de roches hautes de 90 m., puis reçoit l'*Ohio*, son principal affluent de gauche, lente rivière grossie du *Kentucky* et du *Tennessee*; enfin l'*Arkansas*.

Le Mississipi a deux crues annuelles : une en juin, la principale; l'autre en janvier. Parfois elles sont terribles. Près de la Nouvelle-Orléans, des *bayous* ou faux bras servent de régulateur au fleuve : son lit pourtant s'exhausse de jour en jour et dépasse en altitude les terres voisines. Le *delta* commence à 300 kilom. de la mer et gagne sur le flot environ 100 m. par an. Le bas Mississipi est très profond : 30 ou 40 m., en général; 100 m. parfois; mais les passes de son embouchure sont variables. Il a, depuis la source du Missouri, 5800 kilom. de longueur.

Le *Rio-Grande-del-Norte*, comme nos rivières des Cévennes a une vallée supérieure très encaissée.

Le versant de l'océan Pacifique est trop resserré entre les montagnes et la mer pour que de vrais fleuves puissent s'y former : le *Colorado* tombe dans le golfe de Californie; le *Sacramento*, dans la baie de San-Francisco. — Le *Youkon* (3200 kil.), qui descend des hautes terres de l'Alaska, porte la glace pendant plus de la moitié de l'année. — Sur les hauteurs de l'Utah, le *grand lac salé* est le déversoir général des eaux. C'est là que s'élève la grande cité mormonne, *Great-Salt-Lake-City*.

CLIMAT. — La plaine centrale de l'Amérique du Nord est balayée par les vents glacés du pôle. Au Canada, c'est le vent du nord-est qui domine; il provoque de longs et rigoureux hivers, des étés chauds et courts. Mais le froid sec et vif du Canada est souvent plus supportable que les brumes glacées et pénétrantes dont nos hivers sont faits parfois. En général la côte orientale est très froide, car le courant polaire apporte des amas de glace jusqu'à Terre-Neuve. — Dans le nord-ouest, au contraire. le courant du *Kuro-Sivo* adoucit la température.

Les *États-Unis* ont un climat plus froid que les régions d'Europe qui ont la même latitude : l'est américain subit des hivers très durs, des étés torrides. Les hauts plateaux de l'ouest sont redoutés, comme les steppes de la haute Asie, pour leurs tourbillons de neige; mais sur la côte du Pacifique le climat est tempéré, à l'abri des vents du nord-est.

Les *terres basses du Mexique* sont marécageuses et insalubres avec une chaleur moyenne de 30 degrés; le climat devient plus sain à mesure que l'on s'élève sur le plateau, mais la sécheresse demeure extrême.

Dans l'*Amérique centrale*, la côte orientale est très pluvieuse, tandis que le haut pays est une des plus saines contrées tropicales.

L'égalité de température est plus marquée encore aux *Antilles*, où souffle l'alizé du nord-est, et dont le climat rappelait à Christophe Colomb le printemps de Séville. Les ondées sont brusques mais courtes, le ciel est généralement pur; mais les tremblements de terre et les cyclones sont trop fréquents dans ces parages.

AMÉRIQUE SEPTENTRIONALE POLITIQUE ET ÉCONOMIQUE

CANADA

Le **Canada**, découvert par Sébastien Cabot en 1497, occupé par Jacques Cartier, en 1535, ne fut colonisé qu'au XVIIᵉ siècle, par Champlain, qui fonda Québec en 1608 : Colbert, y envoya des Normands, des Manceaux, des Poitevins : la colonie devenait une France nouvelle. Bientôt le traité d'Utrecht (1713) nous fit perdre l'Acadie et Terre-Neuve; au traité de Paris (1763), tout le Canada nous échappait.

Pourtant, sans nulle émigration de l'ancienne patrie, les 63000 Canadiens de 1763 sont devenus au moins 2 millions. Les Anglo-Saxons, venus des États-Unis, et, depuis 1815, d'Angleterre, ont peuplé surtout les régions maritimes et la province d'Ontario, près des grands lacs; à eux se sont joints plus récemment les Allemands et les Scandinaves. D'après le dernier recensement, le *Dominion of Canada* compte plus de 4800000 habitants, dont environ 1300000 Franco-Canadiens, 2500000 colons britanniques, plutôt Irlandais qu'Anglais, 250000 Allemands, un peu plus de 100000 Indiens, et 20000 nègres. C'est peu : moins d'un habitant par kilomètre carré; avec des parages inhabités, le Canada nourrirait cent millions d'hommes.

Les **Bois-Brûlés** ou métis et les indigènes habitent l'ouest, sur les routes du Pacifique; les **Esquimaux** l'extrême nord : les anciennes tribus, Sioux, Hurons, Iroquois, sont devenues sédentaires.

Les Anglais sont généralement protestants ; les Français, comme les Irlandais, catholiques, et très attachés à leur clergé, défenseur de la langue et de la race.

Le **Dominion** comprend toutes les colonies anglaises de l'Amérique du Nord, sauf *Terre-Neuve*, qui a refusé son adhésion. C'est une Confédération à peu près autonome, et de plus en plus libre, le *gouverneur anglais* n'usant jamais de son droit de veto. Le *ministère* est responsable devant les *deux Chambres* : sénat nommé à vie et députés nommés pour cinq ans.

Chaque province a un *lieutenant-gouverneur*, un ministère, un parlement spéciaux. Les Franco-Canadiens ont gardé la langue et l'amour de la France, mais ils voient dans la protection anglaise une garantie contre l'ambition des États-Unis. — A *Terre-Neuve* (200000 âmes), les habitants élisent un *parlement local*, et l'Angleterre nomme un *gouverneur*.

Avec **Ottawa** (14150 habitants) pour *capitale fédérale*, le Canada comprend plusieurs provinces :

1º Les *provinces maritimes : Nouvelle-Écosse* ou *Acadie*, capitale *Halifax* (38550 habitants); *Nouveau-Brunswick*, capitale *Frédéricton*; Ile du *Prince-Édouard*, capitale *Charlottetown*.

2º Les *provinces du Saint-Laurent*, les plus peuplées de toutes : *Ontario*, ou *Haut-Canada*, capitale *Toronto* (181220 habitants); *Québec*, ou *Bas-Canada*, capitale *Québec* (61000 habitants). — Ville principale : *Montréal* (216650 habitants), port maritime, bien qu'à 1800 kilomètres de l'Atlantique.

3º La *Colombie britannique*, à l'ouest, avec les îles de la *Reine-Charlotte* et de *Vancouver*; chef-lieu *Victoria*.

4º Le *versant arctique* (territoire du nord-ouest), a été partagé en cinq divisions rectangulaires : territoires d'Alberta, de Saskatchewan, d'Assiniboia, d'Athabasca et de Keewatin, sans compter une province agricole, le *Manitoba*, chef-lieu *Winnipeg* (25650 habitants).

Saint-John est la capitale de **Terre-Neuve**, dont quelques chétives dépendances, *Miquelon* et *Saint-Pierre* (où aboutit le câble sous-marin de Brest), appartiennent à la France.

Les **Bermudes** (15000 habitants), au large des États-Unis vers l'est, appartiennent à l'Angleterre.

AGRICULTURE. — Le Canada, pareil à la Sibérie par ses forêts, ses pêcheries et ses mines, l'emporte par le voisinage de la mer et le climat moins rigoureux; pourtant plus de 600000 hectares (les deux tiers de l'Europe) seront toujours trop froids pour la culture. Plus au sud, 30 millions d'hectares conviennent à la pâture, puis à la végétation forestière. La colonisation régulière n'est praticable que pour la Colombie britannique, le Manitoba et le Canada proprement dit. Le *chemin de fer transcanadien*, de construction récente, aide beaucoup à la colonisation du Manitoba.

Les *forêts* occupent près de 50 millions d'hectares, mais sont largement exploitées. Bien que les céréales souffrent de la concurrence des États-Unis, le Canada produit encore, outre le *sarrasin*, le *maïs* et *l'orge*, 15 millions d'hectolitres de *blé*, et surtout de *l'avoine*. L'élevage des bêtes à cornes réussit dans les prairies humides de la Colombie anglaise et du Canada ; les pâturages secs de l'ouest conviennent mieux aux *moutons*.

La *chasse* est libre, mais, si importante lors de l'occupation française, a beaucoup diminué : les renards noirs et argentés ont presque disparu. Au contraire, la *pêche*, toujours prospère, donne 90 millions de francs par an, avec la morue, les harengs et les homards de Terre-Neuve, les huîtres près de l'île du Prince-Édouard, les saumons du Pacifique.

INDUSTRIE. — La *houille* fournit 3 millions de tonnes, tant pour l'Acadie et l'île du Cap-Breton que pour les îles du Pacifique. — Les *mines d'or*, épuisées en Acadie, donnent encore 2000 kilog. de métal précieux près de la rivière Frazer, en Colombie. — Le *fer* est répandu partout. — Le *pétrole* fournit 700000 hectolitres entre les lacs Huron et Érié. Enfin on a récemment découvert, dans l'Ontario, d'abondantes mines de *nickel*.

La province d'*Ontario* est la seule région industrielle; encore, la concurrence des États-Unis y entrave-t-elle la métallurgie; mais l'industrie du bois est très active, celle des farines et des conserves de viande prospère: le Bas-Canada concentre l'industrie du cuir.

COMMERCE. — Le réseau des grands lacs et du Saint-Laurent est une magnifique voie naturelle ouverte au commerce; mais le mouvement y est

AMÉRIQUE SEPTENTRIONALE POLITIQUE ET ÉCONOMIQUE

entravé six mois de l'année par les glaces. Il est vrai que l'on tourne l'obstacle par des *canaux* : tel le canal *Welland* de l'Ontario à l'Érié, près des cataractes du Niagara. — Quant aux *chemins de fer*, le Grand-Tronc joint Montréal, Québec et Halifax; à Montréal aboutit la ligne *transcanadienne* (4800 kilom.), qui, par Ottawa et Winnipeg, arrive à New-Westminster, en face de l'île Vancouver. Cette ligne, plus courte de vingt heures que celle de New-York à San-Francisco, raccourcit de quatre jours le trajet de l'Angleterre au Japon : un service régulier de vapeurs unit le Japon à l'île Vancouver.

Le Canada, *pays agricole* par excellence, exporte les produits de son sol, et demande à l'étranger, surtout aux États-Unis et à l'Angleterre, des objets manufacturés (tissus, métaux) et des denrées coloniales. Le Japon et la Chine lui envoient le thé; l'Amérique du Sud, les sucres. — Le commerce extérieur atteint un milliard; l'importation dépasse sensiblement l'exportation. A Terre-Neuve, le commerce atteint 65 millions, sans compter les produits de la pêche française sur la côte nord-ouest (*French Shore*).

ÉTATS-UNIS

Les colonies anglaises d'Amérique n'existent que depuis la fin du XVIᵉ siècle : c'est sous le règne d'Élisabeth, que Walter Raleigh fonda la *Virginie*. Bientôt les Anglais, devenus trop nombreux, ne pouvaient tenir entre les monts Alleghanys et la mer, tandis que les Français établis au Canada, descendant par l'Ohio dans la plaine centrale de l'Amérique, reliaient par une série de postes le *Saint-Laurent* et le *Mississipi*, et occupaient le cœur du continent américain. Joliet, le Père Marquette, Cavelier de la Salle, nous avaient conquis ce magnifique domaine.

Les Anglais engagèrent la guerre de Sept ans pour nous l'enlever en nous frappant au Canada. Malgré l'héroïsme de *Montcalm*, tout fut perdu au traité de Paris (1763).

Bientôt, il est vrai, les colonies anglaises proclamaient leur *indépendance* (1776) et se donnaient un gouvernement. D'abord réduits à la bande côtière orientale, les États-Unis se sont, en moins d'un siècle, étendus jusqu'au golfe du Mexique et au grand Océan; la dernière annexion (1848) est celle du *Texas*. Mais l'opposition d'intérêts entre les esclavagistes du sud, planteurs de coton, et les habitants du nord, ouvriers agriculteurs qui n'avaient pas besoin d'esclaves, souleva, en 1865, la guerre de *Sécession* : aujourd'hui l'union paraît faite entre les divers États.

La population atteint presque 67 millions d'habitants. L'*immigration* en a fourni une bonne part : de 1821 à 1892 sont arrivés 16 millions d'étrangers, dont 4 millions et demi d'Allemands, 2 millions d'Anglais, 1 million de Scandinaves, 6 millions d'Irlandais; peu de Français, mais 1 million de Franco-Canadiens. La Floride a été colonisée par des Espagnols; la Louisiane par des Français. Dans le Sud, il y a plus de 7 millions de *noirs*, esclaves libérés. Les *Chinois* se répandent dans l'ouest, en Californie surtout. Refoulés vers les montagnes Rocheuses, les *indigènes*, semblent diminuer en nombre. D'ailleurs, depuis environ huit ans, l'immigration faiblit, le pouvoir la combat par des lois restrictives, surtout à l'égard des Chinois.

Les *protestants*, de sectes variées, sont au nombre de 42 millions; les *catholiques*, 18 millions : 150000 Mormons sont retenus dans l'Utah, près du grand lac Salé.

Les *pouvoirs fédéraux* sont répartis entre le *président*, responsable, élu pour quatre ans, rééligible, et le *Congrès*, composé du Sénat, où chaque État envoie deux représentants, et de la *Chambre*, élue par chaque État en proportion de sa population. La guerre, la diplomatie, le commerce, tout ce qui intéresse la République entière, est réglé par le pouvoir central. Pour le reste, chacun des États possède son gouverneur, sa législature, sa politique. Outre les *quarante-quatre États*, grandes régions vivant de leur vie propre, on compte trois *territoires*, directement administrés par l'Union, et de plus l'*Alaska*, pays de chasse et de pêche, acheté en 1867 à la Russie.

Le progrès est marqué surtout dans les dix-sept États de l'est, entre les Alleghanys et l'Atlantique; les vingt et un États de la plaine centrale l'emportent sur les sept États des monts Rocheux et du Pacifique, bien mieux encore sur les trois territoires : *Arizona*, *Utah*, *Nouveau-Mexique*.

Le quart de la population est massé dans les *villes*, qui croissent avec une extrême rapidité : Chicago n'avait que 1800 âmes en 1834; 205000 âmes en 1866 : elle en compte aujourd'hui plus d'un million.

VILLES PRINCIPALES. — New-York (1515300 hab.), la plus grande ville du nouveau monde; *Chicago* (1100000 hab.), le plus grand marché de viande et de grains du monde entier; *Philadelphie* (1047000 hab.), où fut proclamée l'indépendance; *Brooklyn* (834500 hab.), *Newark* et *Jersey-City* ne sont que des faubourgs de New-York; *Saint-Louis* (451770 hab.), au confluent du Missouri et du Mississipi; la *Nouvelle-Orléans* (242000 hab.), ville active, mais insalubre, cap. de la Louisiane; *San-Francisco* (299000 hab.), le grand port du Pacifique; *Boston* (448500 hab.), grand centre industriel, ainsi que *Cincinnati*, et *Cleveland* (sur le lac Érié), enfin *Baltimore* (434450 hab.), port très florissant sur l'Atlantique.

Les *voies ferrées* ont, aux États-Unis, un développement exceptionnel, bien plus qu'en Europe. — L'*armée* a pour effectif, en temps de paix, 25000 hommes. Mais tous les hommes valides sont portés sur les rôles. Enfin 12000 hommes composent le personnel de la marine.

GÉOGRAPHIE ÉCONOMIQUE. — Les États-Unis ont marché à pas de géant dans la voie du *progrès économique*. Ils visent à tout fabriquer chez eux, à ne dépendre en rien de l'étranger. Leur sol donne tout en abondance; la population est très énergique, pleine d'initiative, ennemie de la routine.

AGRICULTURE. — Un tiers du pays est très fertile, et ce tiers est cinq fois grand comme la France. Les *forêts* occupent encore un quart ou un cinquième de la surface totale, bien que l'exploitation en ait été excessive. Rien n'égale les séquoias gigantesques de la vallé du *Yosemiti* : certains d'entre eux atteignent jusqu'à 140 mètres; les tours de Notre-Dame toucheraient à peine leurs premières branches. — Les *céréales* sont la grande richesse de l'Union, surtout dans l'*Illinois*, et en général entre le Missouri et l'Ohio. Ainsi, la production du maïs compte pour les ⁵/₆ dans celle du monde entier; le *blé* américain représente le sixième de la production universelle. La culture du *riz* prospère en Louisiane. Enfin, la Californie est le *verger* de l'Union.

La *vigne* souffre, en Amérique, des étés humides, des brusques variations atmosphériques, et ne réussit bien que dans la Californie. Le *houblon* prospère au nord-est; le *tabac*, dans l'Ohio, surtout au Kentucky; la *canne à sucre* dans l'extrême sud, notamment en Louisiane; le *coton*, au Texas, en Géorgie, en Caroline, avec une récolte annuelle qui représente plus des ³/₄, de celle du monde. Ainsi chaque culture, aux États-Unis, tend à se *localiser*.

De même pour l'*élevage* : on nourrit 54 millions de *bêtes à cornes*, au Texas et sur le moyen Mississipi; 40 millions de *moutons*, près des lacs et dans l'ouest; 50 millions de *porcs*, dans le centre. Les bêtes vivantes, la viande fraîche, les conserves en boîtes, sont expédiées en masse vers l'Europe : Chicago doit à cette industrie une prospérité prodigieuse.

INDUSTRIE. — Les Américains ont tous les éléments d'une grande industrie; leur pays est le plus riche du monde en *métaux* : à l'ouest, les *métaux précieux*, *or*, *argent*, *mercure*. La Californie extrait encore 30000 kilogr. d'*or*; le Colorado fournit surtout l'*argent*. A l'est, abondent les métaux usuels : *houille*, *fer*, *pétrole*.

La houille s'exploite dans l'Illinois, la Pensylvanie et les monts Apalaches; le chiffre total de la production atteint le quart de celle du monde : un peu inférieur à celle de l'Angleterre, elle dépasse de moitié celle de l'Allemagne. La production du *fer*, en Pensylvanie surtout, fournit les mêmes éléments de comparaison. Le *cuivre* vient de l'Arizona : aucun pays n'en produit autant. Le Colorado produit du *plomb*; San-Francisco du *mercure*. Les provisions souterraines de *pétrole* sont incalculables. Parmi les régions industrielles, la *Pensylvanie* mérite une place à part : le pétrole et le minerai de fer pour la fabrication de la *fonte* et de l'*acier* y tiennent en réserve des richesses incalculables. C'est dans les États du nord-est qu'on fabrique le plus de *machines* à coudre. La minoterie atteint au chiffre de 2 milliards et demi (moulins de l'Illinois).

Les Américains ne manufacturent encore que le tiers de leur *coton*; mais ils font des progrès rapides dans les industries de la laine et de la soie; et le temps n'est pas éloigné sans doute où ils partageront avec l'Europe les marchés du monde.

COMMERCE. — Les côtes de l'Amérique étant peu découpées, peu hospitalières, les *voies intérieures* gagnent, pour cette raison, en importance. Le pays est favorisé à cet égard, car les fleuves sont navigables très loin de la mer : le Mississipi, par exemple, l'est jusqu'à 800 kilomètres, et reste accessible aux gros bateaux jusqu'à Saint-Louis. Mais la navigation est entravée par les glaces de l'hiver et les sécheresses de l'été. — Des *canaux* joignent le Mississipi, les grands lacs, la côte atlantique. New-York et Chicago sont les principaux centres de jonction.

Les voies ferrées partent de l'Illinois et des grands ports atlantiques. Chicago, Saint-Louis et la Nouvelle-Orléans envoient cinq lignes *transcontinentales* à San-Francisco, et rayonnent sur New-York et Boston. — Dix *câbles sous-marins*, huit anglais et deux français, joignent les États-Unis à l'Europe. Un autre les unit à l'Amérique du Sud.

Le commerce d'échange est très actif à l'intérieur. Pour le *commerce extérieur*, il y a divergence d'intérêts et partant deux courants bien marqués : les gens du Nord visent à protéger par de hauts tarifs leurs industries naissantes; les sudistes, qui ne se suffisent que pour le coton, veulent ouvrir leurs marchés à l'Europe.

Le commerce des États-Unis atteint le chiffre de 9 milliards, surtout en *exportation*. Vendeurs de matières premières et de denrées, les États-Unis font 3 milliards d'affaires avec les Anglais; 930 millions avec l'Allemagne; 825 avec la France; 680 avec les Antilles, qui *importent* le sucre; 390 avec le Canada, qui achète le coton et vend la laine. Le Brésil importe le café; la Chine et le Japon, les thés et la soie.

Le mouvement des ports dépasse 36 millions de tonnes. *New-York* tient la tête, avec près de 15 millions, et le chiffre de son commerce n'est dépassé que par ceux de Liverpool et de Londres. New-York *importe* principalement, la Nouvelle-Orléans *exporte* et ne cesse de grandir avec Boston, Philadelphie, Baltimore. Mais l'*est* a cessé d'être la principale région économique de l'Union; les intérêts se déplacent vers le sud et surtout vers l'*ouest*.

MEXIQUE

L'isolement du plateau mexicain y a permis le développement d'une civilisation spéciale, celle des *Aztèques*, qui furent asservis en 1519 par Cortez et les Espagnols. Le Mexique, *indépendant* depuis 1821, n'a plus la même étendue qu'autrefois. Il compte près de 12 millions d'habitants; 19 % d'Européens, 38 % d'indigènes, 43 % de métis. C'est une République fédérale, avec vingt-sept États, deux territoires et le district fédéral de *Mexico*. Iturbide après l'insurrection de 1821, et Maximilien d'Autriche en 1863 ont vainement tenté d'en faire un empire. Le *président* fédéral est élu pour quatre ans, et contrôlé par deux chambres. L'armée compte 45 000 hommes en temps de paix, 165 000 sur pied de guerre.

VILLES PRINCIPALES. — Mexico, capitale (330 000 hab.); la *Vera-Cruz*, *Puebla* (110 000 hab.), *Guadalajara*, *Monterey*, *Zacatecas*, *Queretaro*.

Le pays est presque entièrement catholique; il a une antipathie profonde pour les États-Unis, et favorise l'immigration des races latines.

GÉOGRAPHIE ÉCONOMIQUE. — Les *terres chaudes* du Mexique renferment dans leurs forêts tropicales, des bois précieux d'ébénisterie et de teinture (bois de *Campêche*). Mais si l'on s'élève le long du plateau mexicain, alors paraissent les céréales, surtout le maïs. La culture du *café* est florissante entre 600 et 1 200 m. d'altitude. Le Yucatan fournit le *coton*, le *tabac*, l'*aloès*. On trouverait au Mexique des ressources pour l'élevage : l'exploitation des mines a été préférée jusqu'ici.

A elle seule la production de l'*argent* atteint 1 200 000 kilogr., le quart de celle du monde entier. La Californie donne le minerai d'*or*; le *soufre* se recueille dans la région des volcans. Mais la présence de la houille reste improductive.

Le Mexique *exporte* surtout des métaux précieux. Après les États-Unis, c'est avec l'Angleterre, la France, l'Allemagne et l'Espagne qu'il fait le plus d'affaires. Le développement des *chemins de fer* ne date que de 1880, surtout vers les États-Unis.

AMÉRIQUE CENTRALE

Démembrée du Mexique en 1824, et d'abord *république fédérative*, l'*Amérique centrale* a formé depuis 1849 cinq petites républiques peuplées ensemble de 3 millions d'habitants. L'harmonie règne peu entre ces cinq États.

Ils sont gouvernés chacun par un *Président* et une *Assemblée*, élus pour une période moyenne de *quatre ans*.

Au Guatémala la présidence dure 6 ans; la chambre est annuelle dans le San-Salvador.

1° Le **GUATÉMALA** (1 million et demi d'hab.) a pour capitale Guatémala.

2° Le **SAN-SALVADOR**, capitale San-Salvador, a près de 800 000 âmes.

3° Le **HONDURAS**, capitale Tegucigalpa, n'atteint pas le chiffre de 400 000 : on en compte 32 000 dans la colonie britannique de *Belize* ou *Honduras anglais*.

4° Le **NICARAGUA**, capitale Managua, dépasse 300 000 âmes.

5° Enfin le **COSTA-RICA**, capitale San-José, n'arrive même pas à ce chiffre (environ 250 000 hab.).

GÉOGRAPHIE ÉCONOMIQUE. — Le *café* est la richesse du Costa-Rica et du Guatémala; le *cacao*, celle du Nicaragua. On trouve encore dans les *forêts vierges* de ce dernier pays des essences précieuses.

L'*industrie* de l'Amérique centrale est restée rudimentaire : on recueille de l'*argent* au Honduras et dans le Guatémala. Quant aux *voies de communication*, elles sont à créer en partie. Mais l'avenir de ce pays dépend du *canal interocéanique* de Panama.

Pour éviter le long détour du cap Horn, on a formé le projet d'unir l'Atlantique au Pacifique, en perçant l'isthme américain. *Plusieurs* points ont été étudiés.

Le seuil de *Tehuantepec*, au Mexique, est trop large et trop élevé. — Le *Nicaragua* paraît plus pratique et ne présente qu'un seuil de 46 kilom. entre le Pacifique et le lac de Nicaragua. — L'isthme de *Panama* n'est large que de 56 kilom., et le *Rio-Chagres* est utilisable sur la moitié du parcours; mais le *col de la Culebra* monte à 83 m. d'altitude. — Enfin, non loin de Panama, l'isthme du golfe de *San-Blaz* à l'embouchure du Bayano n'a que 50 kil. de large, mais l'altitude du terrain exigerait un tunnel de 16 kil.

Deux projets seulement, ceux du Nicaragua et de Panama, sont entrés dans la pratique. Une société américaine a commencé les travaux du Nicaragua; la France a échoué dans ses tentatives à Panama[1]. L'isthme, toutefois, sera percé tôt ou tard, et le canal rapprochera de l'Europe les archipels délaissés du Pacifique; surtout il rapprochera l'*Amérique occidentale*, Californie, Pérou, Chili, des *États-Unis*, et ouvrira pour New-York la route de Chine et d'Australie. Mais le canal de Panama n'abrégera pas d'une façon sensible la route d'Europe en Extrême-Orient, et le commerce préférera longtemps encore la route de Suez et des Indes avec ses riches escales, aux solitudes du Pacifique.

ANTILLES

C'est par l'une des **Antilles**, Guanahani ou *San-Salvador*, dans les îles *Bahama*, que Colomb aborda le nouveau monde (12 octobre 1492). Dès 1625 nous prenions pied aux Antilles en occupant *Saint-Christophe*. Depuis, les Danois et les Hollandais ont aussi pris leur part : enfin les Anglais se sont enrichis des dépouilles de l'Espagne et de la France. En 1804 *Haïti* est devenue indépendante.

Les Indiens *Caraïbes* ont à peu près disparu des Antilles; ce sont les descendants des anciens esclaves nègres qui forment aujourd'hui les trois quarts de la population. Après l'espagnol, langue des grandes Antilles, on parle surtout le français.

1° L'**Espagne** possède Cuba et Porto-Rico. Cuba, la perle des Antilles (950 kilom. de long, 1 600 000 hab.), est d'une merveilleuse fertilité, surtout au nord (sucre et tabac) : le canal du Yucatan la sépare de l'Amérique centrale; capitale *La Havane*. — Porto-Rico, plus salubre et plus florissante (800 000 hab.), a pour capitale *San-Juan*.

2° L'**Angleterre** possède aux Antilles : la *Jamaïque* (prise aux Espagnols en 1655), cap. Kingston; les îles *Bahama*; la plupart des *petites Antilles*, surtout les îles *du Vent* : *Saint-Christophe*, la *Barbade*, *Antigoa*, la *Dominique*, *Sainte-Lucie*, *Saint-Vincent*, *Tabago*, *Grenade* et les *Grenadines*.

3° Les **Hollandais** occupent *Saba*, *Saint-Eustache*, le sud-est de *Saint-Martin*, et surtout les *îles sous le Vent*, avec *Curaçao*; capitale Willemstad.

4° Les **Danois** ont 32 000 hab. aux Antilles : *Saint-Thomas*, *Sainte-Croix*, *Saint-Jean*.

5° La **France** n'a gardé aux Antilles que la *Martinique*, très peuplée (178 hab. par kil. carré), avec un total de 176 000 âmes, capitale *Fort-de-France*; ville principale *Saint-Pierre* : la Guadeloupe avec ses dépendances. La Guadeloupe, qui comprend deux îles séparées par un étroit chenal, a pour chef-lieu Basse-Terre, et pour ville principale *Pointe-à-Pitre*. Les dépendances sont *Marie-Galante*, la *Désirade*, *Saint-Barthélemy*, les *Saintes* et le *nord-ouest de l'île Saint-Martin*.

6° **Haïti**, ancienne île française et espagnole, aujourd'hui très convoitée par l'Allemagne et les États-Unis, comprend *deux républiques* : à l'ouest Haïti, avec un président élu pour sept ans, et contrôlé par deux chambres; c'est l'ancienne partie française. On y compte 950 000 âmes, dont 60 000 à *Port-au-Prince*, capitale. Dans la république dominicaine, à l'est (ancienne partie espagnole), le congrès, le président, le vice-président sont élus pour quatre années; la population ne dépasse

[1] Nous possédons en face de Panama le rocher Clipperton.

pas 500 000 âmes, et la capitale est *Saint-Domingue* (15 000 habitants).

GÉOGRAPHIE ÉCONOMIQUE : Agriculture. — Les hautes montagnes des Antilles sont couvertes de *forêts* riches en bois de teinture et d'ébénisterie. Sur les coteaux, on cultive le *café*, à la Guadeloupe et surtout dans l'île d'Haïti. La *canne à sucre* prospère dans les terres basses, malgré la crise momentanée qu'a éprouvée cette culture lors de la suppression de l'esclavage. Le *tabac* fait la richesse de Cuba ; le *cacao* celle de la Trinité. Les *oranges*, les *citrons*, les *ananas* abondent aux Antilles anglaises.

Industrie. — Les Antilles raffinent le *sucre*, fabriquent le *rhum* et apprêtent les *cigares*; mais les produits minéraux y sont peu exploités ; toutefois la Trinité donne 30 000 tonnes d'*asphalte*.

Commerce. — Les routes ne sont bien entretenues qu'à la Jamaïque ; les chemins de fer ont une exploitation totale de 2 000 kil. environ ; mais les transactions commerciales se font surtout par mer. Les Antilles offrent beaucoup de bons ports ; celui de *Saint-Thomas*, à l'entrée de la mer des Antilles, est excellent : il joint New-York à Southampton ; Hambourg et Saint-Nazaire au Mexique et à l'Amérique centrale.

Le commerce *extérieur* est de 1 300 millions, dont 800 pour les Antilles espagnoles, 280 pour les Antilles anglaises, 95 pour les Antilles françaises. Ce sont les États-Unis qui achètent presque tous les cafés de Haïti et les sucres de Cuba ; leur concurrence est désastreuse pour l'Espagne, et leur intervention dans la question cubaine a surtout pour raison l'intérêt économique.

AMÉRIQUE MÉRIDIONALE PHYSIQUE

Carte schématique du SYSTÈME OROGRAPHIQUE de l'AMÉRIQUE DU SUD.

---- Courbe hypsométr.^e de 500 Mètres

AMÉRIQUE MÉRIDIONALE PHYSIQUE

L'Amérique du Sud offre une grande analogie avec l'Afrique, par la simplicité de ses contours. Sa superficie (18 millions de kil. car.), n'est pas tout à fait double de celle de l'Europe. Les bornes sont : au nord-ouest, l'*isthme de Panama*; au nord-est, la mer des *Antilles*; à l'est, l'*Atlantique*; à l'ouest, le grand *Océan*.

CÔTES. — Au nord, le golfe de *Vénézuéla* s'enfonce à l'intérieur des terres par le lac *Maracaïbo*. La côte est basse et marécageuse, et conserve ce caractère jusqu'à la baie de *San-Marco*, puis elle s'élève avec le cap *San-Roque* jusqu'à la baie de *Paranagua*. Au-dessous du cap *San-Roque* s'ouvrent les rades magnifiques : la baie de *Tous-les-Saints*, et, non loin du cap *Frio*, la baie pittoresque de *Rio-de-Janeiro*.

Mais, avec l'île *Sainte-Catherine*, les marécages reparaissent : les lagunes dos *Patos* et de *Mirim* précèdent l'énorme estuaire de la *Plata*. Alors l'articulation devient médiocre : cap *Corrientes*, baie de *Bahia-Blanca*, presqu'île *San-José*, baie de *Saint-Georges*. A 500 kilom. vers l'est, s'élèvent les îles *Malouines* ou *Falkland*. Enfin à l'extrémité de l'Amérique méridionale, le cap *Froward* est séparé, par le détroit de *Magellan*, de la *Terre-de-Feu*, au sud de laquelle se dresse le cap *Horn*.

La côte du *Pacifique* est très découpée au sud, avec des fiords comme ceux de Norvège. Au détroit de Magellan, redoutable par la violence de ses marées et de ses vagues, succèdent les îles de la *Reine-Adélaïde*, *Wellington* et *Chiloé*; puis la région se soulève très rapidement, surtout aux environs de Valparaiso : la côte devient tout à fait montagneuse avec le golfe de Callao, celui de *Guayaquil*, et, à 1000 kilom. du littoral, l'archipel volcanique des *Galapagos*.

RELIEF. — La structure de l'Amérique méridionale est à peu près la même que celle de l'Amérique du Nord : à l'ouest, une double chaîne soutient, au-dessus du Pacifique, de hauts plateaux dont la largeur atteint près de 800 kil. vers le centre du continent; tout à fait à l'est, des hauteurs secondaires rangent la côte de près. Entre les deux systèmes, d'immenses plaines se relèvent un peu en leur centre (plateau de *Matto-Grosso*).

LES ANDES. — *a. Colombie*. — On y distingue trois chaînes : celle de l'ouest suit de fort près le Pacifique; celle du centre, beaucoup plus élevée, possède le géant de la contrée, le volcan *Tolima* (5600 m.), puis elle se prolonge vers le nord, au milieu des terres basses, par le massif de la *Sierra-Nevada de Sainte-Marthe* (5300 m.). La chaîne de l'est ou cordillère de *Mérida*, est souvent bouleversée par des tremblements de terre. Plus à l'est enfin s'étendent les plaines basses des *Llanos*, ancien golfe au sol spongieux, tantôt inondé par les pluies, et tantôt brûlé par le soleil.

b. Équateur. — Entre deux chaînes d'une altitude moyenne de 4000 m., le plateau de *Quito* étend sur une largeur de 65 kilom., à 3000 m. de hauteur, la base des formidables volcans le *Cotopaxi*, et le *Chimborazo* (6310 m.), actuellement éteint.

c. Pérou et Bolivie. — L'écartement des montagnes atteint ici son maximum; mais le versant le plus abrupt est tourné vers le Pacifique. La chaîne occidentale mesure en moyenne 4500 m.; la chaîne orientale est plus élevée encore, et culmine au pic *Nevado de Sorata* (6550 m.). Sur le plateau, sont épars de grands lacs, parmi lesquels le *Titicaca* (3800 m. d'altitude), dont la surface égale une quinzaine de fois celle du lac de Genève. Les hauteurs, tout en s'abaissant moins rapidement vers l'est, aboutissent assez vite aux *Selvas*, régions presque entièrement plates et couvertes de forêts vierges.

d. Chili. — Une seule arête centrale élève le géant des Andes, l'*Aconcagua* (6970 m.). Puis la Cordillère s'abaisse très rapidement, coupée par un passage important, le col de la *Cumbre*, et se prolonge jusque vers le détroit de Magellan. A l'est, s'étendent les *Pampas*, plaines dépourvues d'arbres et de relief.

Brésil. — Le long de la côte orientale s'élèvent les sierras do *Mar*, do *Espinhaço*; la sierra *Mantiqueira*, dont le principal sommet, l'*Itatiaya* (2712 m.), avoisine Rio-de-Janeiro; plus à l'ouest encore, la sierra de *Vertentes* (700 m. environ).

Le plateau de Guyane est adossé au sud à des sierras encore mal connues (sierra *Parima*, monts *Tumuc-Humac*, 2500 m. au plus).

FLEUVES. — Les cours d'eau tributaires du Pacifique ne sont que des torrents. Sur l'Atlantique, l'*Atrato*, apporte au golfe de *Darien* autant d'eau que le Nil, avec un bassin cent fois moindre. — La *Magdalena* est navigable sur 1000 kil. L'*Orénoque* (2300 kilom.) décrit un arc de cercle autour du plateau de Guyane, et communique naturellement, par le *Cassiquiare*, avec le *Rio-Negro*, affluent de l'Amazone.

Les principaux fleuves des *Guyanes* sont l'*Essequibo*, le *Maroni* et l'*Oyapock*.

Le fleuve des Amazones (5400 kilom. de long.) est le plus grand du monde. Formé à droite par l'*Ucayali* grossi de l'*Apurimac*, et à gauche par le *Marañon*, il reçoit :

A gauche, le *Napo*, le *Yapura*, et surtout le *Rio-Negro*, qui, navigable sur plus de 3000 kilomètres, communique avec l'Orénoque; le courant de ce canal naturel change de sens avec les crues.

A droite, les principaux affluents de l'Amazone dépassent en abondance le Danube et le Rhin; ce sont : le *Purus*, la *Madeira*, coupé par 400 kil. de cascades et de tourbillons, le *Tapajoz*, le *Xingu*.

A l'embouchure, même aux eaux basses, l'*Amazone* roule 80 000 m. cubes d'eau par seconde, quarante fois plus que le Rhin, cent soixante fois plus que la Seine; ce chiffre est plus que triplé à l'époque des pluies tropicales. Alors la marée, aidée par le vent d'est, remonte jusqu'à 1000 kilom. de l'estuaire, et produit une *barre* formidable, qui s'élève à 12 ou 15 m. L'estuaire de l'*Amazone*, golfe de 300 kilom., entoure une grande île de 5000 kilom. car., l'île *Marajo*. Loin que le fleuve ait un delta, la terre recule sous l'érosion des eaux. C'est ainsi que le *Para*, ou rivière des *Tocantins*, autrefois affluent de l'Amazone, forme aujourd'hui un bassin indépendant.

Le *San-Francisco*, navigable en son cours moyen, est coupé de l'ouest à l'est, non loin du littoral, par plusieurs centaines de kilomètres de chutes.

Le Rio de la Plata est l'estuaire commun du Parana et de l'Uruguay. — Le *Parana*, long de 4500 kilom., large et abondant, tend à se déplacer vers la droite; il reçoit le *Paraguay* (1800 kilomètres), rivière profonde et régulière, très heureusement disposée pour la navigation, puis le *Pilcomayo* (2000 kilomètres) et le *Vermejo*. Quant à l'*Uruguay*, sa vallée est moins marécageuse que celle du Parana; mais, coupé de

AMÉRIQUE MÉRIDIONALE PHYSIQUE

chutes, il sert peu à la navigation, malgré ses 1700 kilom. de longueur. Plus au sud, le *Rio-Salado*, le *Rio-Negro*, sont des torrents qui, dans la descente des Andes, s'appauvrissent par l'évaporation et l'infiltration à travers des régions sans arbres et sans eau.

CLIMAT. — Sur les rives de l'*Amazone*, la décomposition des végétaux, sous une chaleur humide, engendre des fièvres qui interdisent à peu près le séjour aux Européens. Le littoral, en *Guyane* surtout, est d'une insalubrité proverbiale. Mais les plateaux sont plus tempérés et plus sains. — Le *Brésil* méridional rappelle, pour le climat, le sud de l'Europe. Les régions de montagnes ont une température très variable suivant l'altitude et l'exposition; elles sont généralement saines et agréables : la limite des neiges perpétuelles est à 5000 m. environ.

Sur le versant occidental des Andes, les nuages sont rares, mais la chaleur, quoique très forte, est rendue supportable par le courant *froid de Humboldt*, qui longe la côte américaine du Pacifique méridional. Au *Chili*, l'humidité devient plus abondante, la chaleur moindre; tandis qu'à l'est des Andes méridionales, dans la *plaine argentine* et sur le plateau de *Patagonie*, le climat est continental : de fortes gelées succèdent à 40 degrés de chaleur; les pluies sont rares et irrégulières, les rosées fréquentes, les nuits glaciales.

AMÉRIQUE MÉRIDIONALE
POLITIQUE ET ÉCONOMIQUE

COLOMBIE, VÉNÉZUÉLA, GUYANES

La *Colombie*, découverte par Colomb et colonisée par les Espagnols, fut émancipée en 1821 par Bolivar sous le nom de *République de Colombie;* mais elle se fragmenta en trois États dès 1830 : la *Nouvelle-Grenade*, le *Vénézuéla* et l'*Équateur*. Quant aux *Guyanes*, colonisées dès le xvıı^e siècle, elles ont été reconnues à leurs possesseurs actuels par la paix de 1814; mais des frontières mal définies y sont encore aujourd'hui une cause de litige entre la France et le Brésil, le Vénézuéla et l'Angleterre. Un Français, le docteur Crevaux (1876-1880), a exploré ces parages. Des Indiens, des métis, des nègres et des blancs, ces derniers en grand nombre, descendants des anciens colons espagnols, composent la population.

La **République de COLOMBIE** (*Nouvelle-Grenade* jusqu'au 20 septembre 1861) a 4 millions d'habitants, capitale Santa-Fé de Bogota, à 2600 m. d'altitude (96000 hab.); *Medellin*, *Panama* (25000 hab.).

Les **États-Unis de VÉNÉZUÉLA** ont 2 millions et demi d'habitants, répartis en 9 États, 1 district fédéral, 1 territoire et 2 colonies; capitale Caracas, avec son port *La Guayra* (72400 hab.); *Maracaïbo* à l'intérieur, *Ciudad-Bolivar* sur l'Orénoque (11700 hab.).

Des trois **GUYANES**, la Guyane anglaise est la plus considérable, avec 290000 habitants, capitale *Georgetown* (53000 âmes).

La Guyane hollandaise, avec 70000 habitants a pour chef-lieu *Paramaribo* (30000 hab.)

La Guyane française, la moins favorisée des trois, compte seulement 30000 habitants, avec une capitale de 12000 âmes, *Cayenne*, ville de déportés et de fonctionnaires.

GÉOGRAPHIE ÉCONOMIQUE. — Les forêts couvrent de vastes espaces en Guyane et renferment des bois de construction et d'ébénisterie, de la gomme, du *caoutchouc*. Le *riz*, le *maïs*, figurent au premier rang des plantes alimentaires; le *cacao*, surtout le *café*, prospèrent au Vénézuéla. La *canne à sucre*, qui trouverait dans les Guyanes des conditions favorables, n'a progressé que dans la Guyane anglaise.

Le travail *industriel*, généralement rudimentaire, ne s'est développé que dans les *mines d'or* : on trouve ce précieux métal dans le sable des fleuves et dans les filons des roches. La production totale en est évaluée à 10000 kilog., dont 5000 pour la Colombie et 2000 pour la Guyane anglaise.

Les meilleures *voies commerciales* du pays sont les cours d'eau et la mer. Toutefois la voie ferrée de *Colon* à *Panama* restera importante jusqu'à l'achèvement du canal interocéanique. Le commerce extérieur est de 12 millions pour la Guyane *française*, 18 millions pour la Guyane *hollandaise*, 100 millions pour la Guyane *anglaise*, 160 millions pour la *Colombie*, et 183 millions pour le *Vénézuéla*.

ÉQUATEUR, PÉROU, BOLIVIE

Cette région, du xie au xvı^e siècle, était le domaine des Incas, avec *Cuzco* pour capitale. Conquise par *Pizarre* en 1535, elle s'est, en 1825, affranchie du joug espagnol. Après la mort de Bolivar, la *Bolivie* et le *Pérou* se séparèrent, tandis que l'*Équateur* sortait avec le Vénézuéla et la Nouvelle-Grenade des anciens États-Unis de Colombie. Une guerre récente avec le Chili a beaucoup affaibli la Bolivie et le Pérou : la Bolivie s'est même vu fermer l'accès de la mer. — Des nègres, des métis et des Indiens forment, avec l'élément espagnol, le fond de la population; le Pérou est aussi envahi par les *Chinois*.

L'**ÉQUATEUR** est une république unitaire avec un président élu pour quatre ans, et un congrès de deux Chambres réuni tous les deux ans (1 204 200 hab.). — Villes principales : *Quito*, capitale (80000 hab.), à 2800 m. d'altitude; *Guayaquil*. L'effectif total des troupes est de 95000 hommes.

Le **PÉROU** a deux Chambres, un président et deux vice-présidents élus pour quatre ans. L'effectif de guerre est de 80000 hommes; la population totale, de 2 700 000 habitants. — Villes principales : *Lima*, capitale (104000 hab.); *Callao* (port de Lima) (35000 hab.); *Aréquipa*, *Cuzco*.

La **BOLIVIE** a un président et deux vice-présidents élus pour quatre ans, un Congrès de deux Chambres, une armée active de 1250 hommes et une population de 2270000 habitants. — Villes principales : *Sucre*, capitale (23000 hab.); surtout *La Paz* (56000 hab.).

GÉOGRAPHIE ÉCONOMIQUE. — L'Équateur produit en abondance le *café* et le *cacao*; au Pérou, la *canne à sucre* redevient prospère. — Dans les pâturages élevés paissent les *lamas*, les *vigognes* et les *alpacas*, si précieux pour leur laine.

Les *mines d'argent* donnent d'assez gros revenus, surtout à *Potosi*, en Bolivie. Le minerai de *cuivre* abonde; toutefois le Chili s'est annexé les principaux gisements : de même pour le *nitrate de soude*. C'est le *guano*, produit d'origine animale, qui fait la richesse du littoral péruvien et des îles voisines.

CHILI

Occupé d'abord par les *Araucans*, sujets des Incas, le Chili a formé, sous le régime espagnol, la *capitainerie de Valparaiso*. Affranchi en 1826, il est devenu, par ses aptitudes maritimes, et son esprit d'entreprise, un des pays les plus prospères de l'Amérique latine. — La race blanche, d'origine espagnole, prédomine au Chili; les indigènes y sont relativement peu nombreux et on a encouragé l'immigration européenne, surtout *allemande*. Le président de la *république*, élu pour cinq ans, est contrôlé par deux Chambres. La population compte 3 millions d'habitants; l'armée active, environ 6000 hommes. — Villes principales : *Santiago*, capitale (190000 hab.); *Valparaiso*, *Conception*, *Serena*.

GÉOGRAPHIE ÉCONOMIQUE. — Le sud Chilien est un pays de forêts (*pin Araucaria*). La production des *céréales* a souffert au Chili de la concurrence argentine, mais le printemps humide, l'été chaud et sec y sont favorables à toutes sortes de cultures : la vigne est prospère, les légumes et les fruits viennent en abondance; enfin les prairies nourrissent de nombreux troupeaux.

Industrie. — Par ses récentes conquêtes, le Chili a doublé la valeur de ses mines. Elles produisent plus de 70000 kilog. d'*argent*, année moyenne. Le *cuivre* se rencontre partout, le *charbon de terre* est d'excellente qualité. L'*iode* atteint, au Chili, une valeur de 10 millions; les dépôts de *salpêtre* y sont presque inépuisables; le *guano* donne d'énormes revenus.

Commerce. — Bien pourvu de communications à l'intérieur, le Chili n'a que des relations difficiles avec la Plata; mais le chemin de fer *transandin* mettra Valparaiso à 3 jours de Buenos-Ayres, au lieu de 14 par le cap Horn. Le commerce du Chili est surtout *maritime*; l'Angleterre en a, de beaucoup, la plus forte part.

BRÉSIL

Découvert en 1500 par Alvarez Cabral, le Brésil est resté portugais jusqu'en 1821. Devenu un empire sous la maison de Bragance, il est, depuis 1889, *république fédérative*, avec un président et un vice-président élus pour quatre ans et assistés de deux Chambres. La population croit vite au Brésil; elle est de 14 millions et demi d'habitants. Les Indiens comptent pour 600000; mais l'abolition de l'esclavage, en 1888, ayant provoqué une crise due au total abandon du travail par les nègres, et menacé le Brésil d'une invasion de travailleurs chinois, on favorise l'immigration européenne. L'armée compte 30000 hommes, outre les 20000 de gendarmerie. — Villes principales : *Rio-de-Janeiro*, capitale (430000 hab.); *San-Salvador* ou *Bahia* (200000 hab.); *Saint-Paul*, *Recife* (Pernambouc), *Belem* ou *Para*.

GÉOGRAPHIE ÉCONOMIQUE. Agriculture. — On distingue au Brésil trois régions productrices : au *nord*, les forêts vierges de l'Amazone avec leurs richesses incalculables en bois de construction et d'ébénisterie, *caoutchouc*, *plantes médicinales*, et plus haut, les plateaux des *pampas*, pays d'élevage; à l'*est*, une zone de cultures où rivalisent la *canne à sucre* dans la région basse, le *coton* et le *café* sur les pentes (le Brésil fournit à lui seul le café consommé dans le monde entier); au *sud* enfin, le *maïs*, le *riz*, le *manioc* et les *céréales*.

Industrie. — La *houille* et le *fer* abondent au Brésil, mais attendent encore l'exploitation; l'industrie du *coton* prend une extension rapide. Mais la production de l'or, dans le Matto-Grosso, celle des *diamants* de Minas-Gerães a beaucoup perdu de son ancienne valeur.

Commerce. — Les communications sont établies, à l'intérieur du Brésil, par les rivières; sur le littoral, par des voies ferrées; le cabotage est très actif.

ÉTATS DE LA PLATA

Découvert en 1509 par Diaz de Solis, le bassin de *la Plata* devint au XVIe siècle la vice-royauté espagnole de Buenos-Ayres. On sait la tentative des Jésuites au Paraguay; le régime des *Réductions* qu'ils y établirent fut aboli en 1767. L'Espagne elle-même perdit la Plata en 1810. Tout le pays fut la proie du plus arbitraire despotisme : au Paraguay, avec le docteur *Francia* et *Lopez*; dans la république Argentine, avec *Rosas*. Mais, depuis, le progrès s'est fait rapide; les *immigrations* dans l'Uruguay, et surtout dans la république Argentine, sont devenues énormes : Italiens, Espagnols, Français, et Basques y affluent en grand nombre.

Le **PARAGUAY** (330 000 hab.) a pour capitale Assomption (25 000 hab.).

L'URUGUAY (750 000 hab.), cap. **Montevideo**, est une république comme le Paraguay, avec un président et deux chambres élues. Mais de tous les États du bassin de la Plata, le plus important est :

La **RÉPUBLIQUE ARGENTINE** (4 millions et demi d'hab.), capitale **Buenos-Ayres** (600 000 hab.), avec des cités florissantes, *Cordoba*, *Rosario*, *Santa-Fé*, *Corrientes*; *la Plata* (65 000 hab.), ville née d'hier et créée tout d'une pièce devant l'estuaire du fleuve pour être le port de la capitale. — La République Argentine est gouvernée par un président et un vice-président élus pour six ans, assistés de deux chambres.

GÉOGRAPHIE ÉCONOMIQUE. — Les ressources *agricoles* de la région sont encore inexploitées en partie. Le Paraguay possède la forêt tropicale, l'étendue du *Gran-Chaco*, l'*arbre à maté*, dont les feuilles fournissent une sorte de thé, enfin le *tabac*. — L'Uruguay cultive surtout la *vigne*. — Les richesses de la république Argentine sont variées : la *pampa* nourrit des troupeaux innombrables, les *céréales*, la *vigne*, la *canne à sucre*, sont prospères. Mais l'industrie des conserves de viande y est de beaucoup la principale source de revenus.

AFRIQUE PHYSIQUE

L'Afrique est une vaste péninsule qui ne tient à l'Asie que par l'*isthme de Suez*: elle est bornée au nord-est par la mer Rouge, à l'*est* par l'océan Indien, à l'*ouest* par l'Atlantique, au *nord* par la Méditerranée. L'Afrique a près de 30 millions de kilom. car., environ trois fois la surface de l'Europe. — C'est, dans l'ensemble, un *massif*, moins élevé au nord qu'au sud et incliné vers l'ouest.

MERS ET COTES. — Le littoral africain présente un développement de 28500 kilom.; les contours en sont uniformes : peu de caps, peu de golfes, et ces derniers sont largement ouverts.

1° Méditerranée. — A l'ouest du littoral égyptien, formé de flèches de sable derrière lesquelles s'étendent de vastes lagunes (lacs *Menzaleh*, *Bourlos* et *Mariout*), la côte devient rocheuse jusqu'au cap *Tadjoura*, puis borde un vaste golfe désert, la *Grande-Syrte*, « champ de bataille de la mer et du Sahara. » Alors elle s'abaisse et devient marécageuse, jusqu'au delà du golfe de *Gabès* ou *Petite-Syrte*; puis se relève à peine par la presqu'île du *cap Bon*, dont la pointe, avec celle de Sicile, sépare la Méditerranée en *deux grands bassins*. Ici la terre gagne sur la mer, et Tunis serait inaccessible aux navires sans un canal qui la relie à la Goulette depuis 1893, à travers la lagune d'*El-Bahira*. — Avec le cap *Blanc*, la côte redevient rocheuse et redoutable, « côte de fer, » évitée des navires. Le lac de *Bizerte*, profond et sûr, y peut abriter des flottes entières; mais le canal par lequel il communique avec la mer était ensablé : on l'a dragué. Il suffira d'en fortifier les abords pour faire de Bizerte un grand port militaire. L'île rocheuse de *Tabarka* pourrait aussi abriter un port.

Les baies algériennes, nombreuses mais largement ouvertes aux tempêtes du nord, n'empêchent pas ce littoral d'être un des plus inhospitaliers; la rade de *Mers-el-Kébir* est la meilleure. Au nord du Maroc, la côte est escarpée, avec de bons ports : *Melilla*, *Ceuta*, et surtout *Tanger*.

Sur le *détroit de Gibraltar*, qui sépare l'Afrique de la péninsule espagnole, s'élève le cap *Spartel*. Le détroit, long de 64 kilom., large de 15 seulement dans sa partie la plus étroite, est traversé par un courant qui porte les eaux de l'Océan dans la Méditerranée.

2° Océan Atlantique. — D'abord basse et sablonneuse (sauf la falaise du cap *Cantin*) sur plus de 600 kilom., la côte occidentale du Maroc se relève aux extrémités de l'Atlas, et offre un excellent port, *Agadir*. Mais le Sahara n'est pas plus hospitalier sur le littoral qu'à l'intérieur : ses dunes se prolongent en mer par des bancs de sable funestes aux navires, comme le *banc d'Arguin*. De là les terreurs longtemps inspirées aux marins, par exemple aux Portugais du XVᵉ siècle, par les promontoires de cette région : cap *Noun*, cap *Juby*, cap *Bojador*.

Au sud de la pointe rocheuse du cap *Vert*, l'aspect de la côte change, et de gigantesques *érosions* apparaissent. Puis, après de montagneuses péninsules qui font saillie sur la mer jusqu'au cap des *Palmes*, commence le monotone littoral du *golfe de Guinée*. A part un promontoire granitique, le cap des *Trois-Pointes*, la côte de Guinée, basse, bordée de lagunes et de *barres* dangereuses, est d'un accès difficile, et n'offre qu'un bon port, *Lagos*. Plus loin, sur plus de 350 kilom., des plages boueuses, noyées, forment le delta du *Niger*.

Avec le golfe de *Biafra*, la côte tourne au sud, s'élève par la masse volcanique du *Kameroun*, puis se perd dans les alluvions qu'amènent les nombreuses rivières nées des pluies tropicales. Au long estuaire du *Gabon* (70 kilom.) succède, après le cap *Lopez*, une plage rectiligne qui se prolonge au delà du Congo, sans autres refuges, du cap *Frio* à la baie de *Sainte-Hélène*, avec *Walfish-Bay* et *Angra-Pequeña*. Au sud, le continent africain tombe directement dans la mer avec le cap de *Bonne-Espérance* et le cap des *Aiguilles*.

3° Océan Indien. — La côte sud-est de l'Afrique est peu hospitalière jusqu'à la magnifique baie *Delagoa* ; les caps *Corrientes* et *Delgado* accidentent la côte du Mozambique. Le cap *Guardafui* garde l'entrée du golfe d'*Aden* et le détroit de *Bab-el-Mandeb*, porte de la *mer Rouge*.

RELIEF. — En Afrique, plus que partout ailleurs, les montagnes doivent être classées *par massifs* :

1° Au nord-ouest, l'**Atlas marocain** s'élève par une chaîne maîtresse de 2 000 à 4 500 m. (Djebel-Alachi) ; les montagnes du *Rif*, le long de la côte sont peu connues encore.

L'**Atlas algérien** comprend trois bandes parallèles : le *Tell*, le long du littoral (*Ouarnsenis*...) ; les *hauts plateaux du centre* (monts *Hodna*...) ; l'*Atlas saharien* qui tombe à pic sur le désert (*Aurès*...) — En Tunisie, les hauts plateaux s'abaissent en prolongeant les monts des *Khroumirs*[1].

2° A l'ouest, au delà de la dépression saharienne, le massif du **Fouta-Djallon** (de 450 m. à 1400 m.) se rattache, par les hauteurs de *Sokoto*, à la dépression du lac *Tchad*.

3° Aux abords du golfe de Guinée, le massif isolé du **Kameroun** a une altitude d'environ 4 200 m.

4° Au sud, les *montagnes du Cap* tombent à pic sur le littoral et s'étagent vers l'intérieur. Au-dessus de 2 500 m. dans les *Nieuweveld*, elles dépassent 3 400 m. dans le *Drakenberg*.

5° Dans l'**Afrique orientale**, les systèmes orographiques sont plus larges ; ils forment des *plateaux* où se sont creusés les réservoirs des *grands lacs*. Sous l'équateur, entre la côte et l'un de ces lacs, le Victoria, se dressent les plus hauts sommets d'Afrique : le *Kénia* (5500 m.), surtout le *Kilimandjaro* (6100 m.). Plus à l'ouest, un massif entrevu récemment par Stanley, le *Rouwenzori*, s'élève jusqu'aux neiges permanentes.

6° Le **massif d'Abyssinie** est incliné vers le Nil : sa grande arête est à l'Orient : elle dépasse 3000 m. dans le *Choa*. Sur le versant occidental, le *Tigré* atteint 2000 m. et plus : *Adoua*, *Adigrat*, *Antalo* s'élèvent par degrés jusqu'à plus de 2000 m. ; le plateau volcanique du *Simiên* a des cimes de 4 à 6000 m. ; enfin, après la dépression du lac Tana, le *Godjam* dépasse 4000 m. — La *flore* et la *faune* d'Abyssinie changent avec l'altitude. En bas, la forêt tropicale avec l'hippopotame, le crocodile, le lion, la girafe, le chameau ; plus haut, la vigne, avec le cheval, le mouton ; enfin les lichens et la mousse sur les hauts sommets.

La **dépression saharienne** présente une série de hauteurs : le *Tibesti*, volcanique (2600 m.) ; l'*Ahaggar* (500 à 2000 m.), aux érosions profondes ; dans le Sahara algérien, le *Mzab* (500 m.) ; le plateau de *Ghadâmès* (350 m.) ; mais, tandis que la région des chotts au pied de l'Atlas s'abaisse à 30 m. au-dessous du niveau de la mer, le lac Tchad s'élève à 270 m. au-dessus. A l'ouest, l'*Adrar* atteint 500 m. environ.

RÉGION DES GRANDS LACS. — La recherche des sources du Nil a conduit les explorateurs dans une région de l'Afrique orientale où, parmi des massifs plus élevés que le mont Blanc, le *Kilimandjaro*, etc., s'étalent de vastes dépressions lacustres, réservoirs des grands fleuves qui sillonnent le continent africain : le *Nil* au Nord, le *Congo* à l'ouest ; au sud, le *Chiré*, affluent du Zambèze.

1° Réservoirs du Nil. — Le problème des sources du Nil paraît à peu près résolu. Depuis l'établissement de l'influence française en Égypte et la conquête de la Nubie par Méhémet-Ali, plusieurs tentatives avaient été faites pour remonter le fleuve. En 1827, quatre ans après la fondation de Khartoum, *Linant de Bellefonds* pénétra sur le haut Nil et jugea dès ce moment qu'il provenait de grands lacs intérieurs. Puis ce furent d'autres explorations, celles de J. *Arnauld*, *Sabatier*, *Thiébaut* ; enfin, *Gondokoro* fut fondé par des missionnaires sur le haut fleuve. Mais les chasseurs d'esclaves ne tardèrent pas à déciner le pays ; toute exploration devint impossible au milieu de peuplades ennemies. Alors, on chercha une autre route : d'*Abbadie* par le *Kaffa*, Mˡˡᵉ *Tinné* par le *Sobat*, rivières venues d'Abyssinie. La source du Nil devait être trouvée à rebours, par l'Afrique orientale.

C'est en effet de la côte orientale que partirent deux officiers de l'armée des Indes : *Speke* et *Burton*. A travers l'*Ougogo* et l'*Ounyamouési*, ils parvinrent à *Oujiji*, sur les bords du lac *Tanganika* (1857-58). Lorsqu'ils furent revenus à Tabora, *Speke* quitta son compagnon et découvrit seul le *Victoria-Nyanza* (*Oukéréoué*) ; trois ans après il constatait, avec *Grant*, que l'issue du grand lac vers le nord n'est autre que la branche orientale du Nil. Le lac Victoria s'étend à 1200 mètres d'altitude ; des îles innombrables longent ses rives ; il était réservé à *Stanley* d'en faire le tour (1875), et de constater que cette immense nappe d'eau est alimentée par plusieurs rivières, le *Simiou* et le *Kagera*, tributaire lui-même d'un lac nommé *Alexandra*. C'est là sans doute qu'il faut voir la première origine du Nil.

Du lac Victoria, le Nil précipite sa course par trois étapes de cataractes (*Ripon*, *Karouma*, *Murchison*), dans un nouveau réservoir, le lac *Albert-Nyanza* (*Mvoutan-Nzighé*), découvert par Baker en 1865. Le niveau du lac Albert est à 500 m. au-dessous du Victoria ; sa rive orientale est dominée à 500 m. par le plateau d'*Ounyoro*.

Enfin, un autre lac, l'*Albert-Édouard*, découvert en 1889 par Stanley, envoie par la *Semliki* un nouveau tribut au lac Albert, réservoir général des eaux qui vont au Nil. De là jusqu'à la Méditerranée, le grand fleuve a 6500 kil. de cours.

2° Réservoirs du Congo et du Zambèze. — Le *Tanganika*, découvert par Speke et Burton, visité depuis par *Livingstone*, *Cameron*, et tourné

---

[1] Pour plus de détails, voir la *France*, p. 28.

Par *Stanley* (1875), s'étend sur une longueur de 650 kil. : il joindrait Paris à Perpignan. Des rives abruptes, une profondeur moyenne de 600 m., de l'eau saumâtre, en font une sorte de mer intérieure. Sur la côte orientale, s'élèvent Karema, et Oujiji, grand marché d'esclaves. A gauche, le lac se déverse par le *Loukouga* dans le sillon du Congo.

Entre le lac Tanganika et le Zambèze s'étend un large plateau exploré surtout par Livingstone et Cameroun, et semé de marécages, de lacs et de cours d'eau : tels, les lacs **Bangouélo** et **Moéro**, dont l'émissaire le *Louapoula* se joint au *Loualaba* pour former le Congo.

Le lac Nyassa, découvert en 1859 par *Livingstone*, est à 480 m. d'altitude, avec des côtes élevées, semées d'écueils et battues par de violentes tempêtes. Sur une presqu'île de sa rive méridionale, et non loin de l'endroit où les eaux du lac se précipitent par le Chiré vers le Zambèze, des missionnaires écossais ont fondé la station de *Livingstonia*.

Dans le prolongement du Nyassa, le lac Chiroua est une vaste lagune qui, par la *Loudjenda*, se déverse dans la *Rovouma*, tributaire de l'Océan indien.

Enfin entre le Nyassa et le Tanganika, le petit lac Rikoua, appelé aussi lac *Léopold II*, s'enfonce à 300 m. au-dessous du Nyassa.

Ainsi se complète l'immense ligne de réservoirs qui s'étend du haut Nil à l'Océan indien, par les lacs *Victoria*, *Albert*, *Albert-Édouard*, *Tanganika*, *Rikoua*, *Nyassa* et *Chiroua*.

LES FLEUVES. — 1° **Bassin de la Méditerranée.** — Les cours d'eau côtiers sont assez nombreux sur la côte africaine de la Méditerranée, mais il n'y a qu'un seul vrai fleuve, le Nil; c'est le second fleuve du monde pour la longueur (plus de 6500 kilom.).

Le Nil, issu du lac *Albert-Nyanza*, entre en plaine au-dessous de *Lado*, ancienne capitale de la province équatoriale d'Égypte. Les rives du fleuve s'aplatissent, ses eaux se couvrent d'une végétation luxuriante, où s'agitent par bandes les crocodiles et les hippopotames. Sur sa gauche, le *Bahr-el-Ghazal* (rivière des gazelles) lui apporte, par d'innombrables rivières, les eaux du Darfour et du pays des Niams-Niams : le Bahr-el-Ghazal ouvre la route directe du Soudan vers le Nil.

Sur sa droite, le fleuve reçoit le *Sobat*, enfin le *Bahr-el-Azrek*, ou

Nil bleu (par opposition au Nil blanc, cours principal), qui recueille avec l'*Atbara* les pluies et les torrents descendus des montagnes d'Abyssinie. Le Bahr-el-Azrek sort du lac *Tana* ou *Dembéa*, cinq fois grand comme le lac de Genève. Au-dessous du confluent du Bahr-el-Azrek, est *Khartoum*, ou plutôt *Ondurmann*, qui l'a remplacé comme capitale des Mahdistes. En amont de l'*Atbara* s'élève *Berber*, le point du fleuve le plus rapproché de la mer Rouge et de Souakim.

A *Khartoum*, le Nil roule *sept fois autant d'eau que la Seine*: aussi peut-il fournir encore une course de 2600 kilom., sans nouvel affluent. — Il s'engage alors dans le *plateau de Nubie*, le descend échelon par échelon; les six cataractes qu'il forme ainsi ne sont que des rapides: les deux dernières sont *Ouâdi-Halfa* et enfin *Assouân*.

Ici la vallée s'élargit: c'est l'Égypte. Le Nil arrose *Louqsor* et *Karnak*, dont les ruines gigantesques attestent la grandeur de l'ancienne Thèbes; puis *Keneh-Denderah*, *Esneh*, *Assiout*, *Bedrachin*, port de l'antique Memphis. Au *Caire* commence le delta, large de 200 kilom. sur le littoral. Les bouches du Nil, bien moins nombreuses qu'autrefois, sont, à l'est, celle de *Damiette*, et à l'ouest la principale, celle de *Rosette*.

La fertilité de l'Égypte est due à la *crue* du Nil et au limon qu'elle charrie. Les pluies équatoriales commencent en avril. Dès le 7 ou 8 juin, la crue s'annonce en Égypte par l'eau verdâtre des marais du haut Nil. Puis les affluents abyssins, le Nil bleu, et l'Atbara, deviennent à leur tour des torrents, et le Nil, ainsi grossi, monte de 7 à 8 mètres au Caire. — L'abondance des récoltes dépend uniquement de la *régularité* des inondations; aussi a-t-on, dès l'antiquité, apporté tous les soins en Égypte aux grands travaux d'irrigation et à l'aménagement des eaux. Un réseau serré de canaux sillonne la Basse-Égypte sur plus de 4000 kilomètres de longueur. Nous avons en partie reconstitué mais non pas égalé les travaux des anciens Pharaons.

Le *papyrus* et le *lotus* blanc sont les plantes caractéristiques du Nil.

2° **Atlantique**. — *a*. Le *Sénégal*, long d'environ 1700 kilom., est formé de deux rivières, le *Bakhoy* et le *Bafing*, est coupé de cataractes jusqu'à *Médine*; ce serait ensuite une belle voie de navigation, sans la barre qui obstrue son embouchure. Il en est de même pour la Gambie et les rivières du sud: la *Casamance*, le *Rio-Grande*, le *Rio-Nunez*, la *Mellacorée*.

b. Aux fleuves côtiers, comme le *Comoé* et la *Volta*, reconnus par le capitaine Binger, et l'*Ouémé*, célèbre par l'expédition victorieuse du général Dodds, en 1892, au Dahomey, succède le *Niger*, long de 4200 kilom. Connu dans son bassin supérieur sous le nom de *Djoliba*, le Niger prend sa source dans les monts *Loma*, au milieu de croupes de 1100 à 1400 mètres. Après un cours embarrassé vers le nord-est, où il coule très rapidement, il entre dans son bassin moyen, grossi à droite d'une rivière considérable, le *Bagoé*, et se divise en marigots nombreux, dont le lac *Deboé* occupe le centre. Alors le Niger se heurte aux plateaux du Sahara, passe près de *Tombouctou*, mais, ramené vers le sud-est, reçoit sur sa gauche la rivière de *Sokoto*, route naturelle vers le Tchad. — De nouveaux rapides encombrent le fleuve: ceux de *Boussa* sont infranchissables, et a causé la mort de Mungo Park. Enfin le Niger recueille à gauche les eaux de son grand affluent, la *Bénoué*, aussi abondante que lui et d'une importance commerciale de premier ordre comme voie de pénétration dans le centre africain. Une compagnie anglaise s'en est emparée: le lieutenant *Mizon* n'a pu rétablir notre influence dans ces parages. — Le delta du Niger, immense agglomération de boues semi-liquides, coupées de milliers de canaux et couvertes à l'intérieur par la forêt vierge, commence à 200 kilom. de la côte.

c. L'*Ogôoué*, long de 1200 kilom., roule plus d'eau que le Rhône ou le Rhin, mais il est embarrassé de rapides. Au contraire, le *Kouilou-Niari*, long de 600 kilom. seulement, mais presque partout navigable, offre un accès commode vers le moyen Congo.

d. Le Congo, ou fleuve Livingstone, descend d'une région lacustre située au sud du lac Tanganika. Le *Loukouga*, rivière intermittente, déverse les eaux du Tanganika dans le *Landji*, et c'est ce cours d'eau que rallie le Congo formé par la réunion du *Louapoula* et du *Loualaba*.

La région lacustre d'où le *Congo* tire son origine a été explorée par Livingstone, en 1871, et Cameroun, de 1873 à 1875. Mais c'est à l'Américain Stanley que revient l'honneur d'avoir reconnu le fleuve dans toute sa longueur, de Nyangoué à Boma, des grands lacs à l'Atlantique (1874-77). Encombré de chutes dans son cours supérieur, le fleuve tourne à l'ouest au-dessous de *Stanley Falls*, et, grossi de nombreux affluents, s'étend parmi des îles innombrables sur une largeur qui atteint 10 kil. Au-dessus de *Stanley Pool*, grand lac qui n'est qu'un épanouissement de son lit avec des rives plus élevées, le Congo s'ouvre passage au milieu des rochers que dresse au-dessus de la mer le rebord montagneux du plateau africain. On ne compte pas moins de trente-deux cataractes à partir de *Vivi*, sans parler de nombreux rapides. Parfois resserrée entre des parois qui atteignent 300 m. de haut, l'eau monte à 90 m. dans d'étroits défilés qui ont 250 m. seulement de largeur. Arrivé à la mer, le Congo s'élargit en un estuaire de 17 kil., et porte au loin, jusqu'à 22 kil., la douceur de ses eaux.

Les affluents du Congo sont, à droite, l'*Arouimi* et l'*Ouellé*, qui n'est autre que le cours supérieur de l'*Oubanghi*. Schweinfurth, puis le Belge Van Gèle ont exploré cette région (1887). C'est sur la gauche qu'arrivent au Congo ses *affluents* principaux. L'intérieur de l'immense courbe qu'il décrit a été reconnu par deux voyageurs portugais, Capello et Ivens (1878-80), et surtout par l'Allemand *Wisemann* et le docteur *Wolff* (1881-85), de Louanda jusqu'à Nyangoué. Le grand affluent du Congo dans ces parages est le *Kassaï*, grossi lui-même de nombreux cours d'eau: le *Kouango*, le *Loulowa*, le *Sankourou*. Le Kassaï traverse l'ancien État de *Lounda*, soumis naguère au *Mouata-Jamvo*; il descend d'une région incertaine, plateau élevé de 1445 m.

e. Le fleuve *Orange*, grossi du *Vaal*, diminue de volume en coulant sous le climat de plus en plus sec de l'ouest.

3° **Mer des Indes**. — *a*. Le *Limpopo* enveloppe le Transvaal et se jette dans la baie Delagoa.

b. Le **Zambèze**, quatrième fleuve d'Afrique, est entravé dans son cours moyen par des rapides, surtout par une fissure profonde de 120 mètres, large de 30, les *chutes Victoria*, surnommées la *Fumée tonnante*. Il reçoit à droite le *Tchobé*, navigable sur presque tout son parcours; à gauche, le *Chiré*, déversoir du lac *Nyassa*, et route naturelle des grands lacs. Le delta du Zambèze est très étendu, mais en grande partie obstrué.

c. Les fleuves côtiers de l'Afrique orientale sont le *Rovouma*, navigable sur 300 kilom., le *Roufidji*, au large delta; le *Djouba*, que Chaillé-Long a remonté sur 278 kilom.

4° **Bassins intérieurs**. — L'*Ouma* descend de l'Abyssinie, au sud, dans le lac Rodolphe; l'*Aouach* descend vers l'est. — Le lac *Ngami*, dans l'Afrique australe, n'est qu'une lagune salée. Au centre, le *Tchad* est encore peu connu, malgré les voyages de Barth, Overweg, Vogel, Nachtigal, Rohlfs et Monteil. Le *Tchad* reçoit un grand cours d'eau, le *Chari*, qui descend des hauteurs où naissent vers des directions différentes l'*Oubanghi*, affluent du Congo et surtout le *Bahr-el-Ghazal*, affluent du Nil. Ce point est la clef du Soudan égyptien.

CLIMAT. — D'une façon générale, l'Afrique se divise en quatre grandes régions climatériques: région maritime de l'*Atlas* et du *Cap*; région désertique du *Sahara* au nord, du *Kalahari* au sud; région équatoriale du *Soudan* et du *Zambèze*; enfin l'Équateur. Mais le relief et les conditions locales modifient ces divers climats.

Ainsi, le climat du *Tell* est très doux en Algérie (17° à Oran, 18° à Alger); plus chaud en Tunisie (19° à Tunis); les *hauts plateaux* de l'Atlas ont une température comparable à celle de l'Espagne centrale: on y gèle en hiver, on y cuit en été. Le *Sahara*, où les pluies, sans faire défaut, sont très irrégulières, subit une température continentale entière toutes: on y a observé 5 degrés de froid en hiver, 50 degrés à l'ombre en été.

L'**Égypte** a un air généralement sec; mais si le vent souffle du nord, il fait frais, il pleut même assez fréquemment: au contraire, quand s'élève le terrible vent du sud, le *Khamsin*, on étouffe dans une atmosphère de poussière et de feu. A mesure que l'on remonte le Nil vers l'*Équateur*, la chaleur augmente; mais il gèle parfois, même sous le tropique, par l'effet du rayonnement nocturne. — La *région équatoriale* est soumise en général au régime des moussons.

L'Abyssinie comprend trois zones de climats: en bas, le *climat soudanais*, avec grandes chaleurs et pluies d'été; la *zone tempérée*: Gondar (1900 mètres d'altitude), à une moyenne annuelle de 19°; la *dega*, ou zone froide, avec des gelées nocturnes au-dessus de 3000 mètres. Le froid sévit sur les cimes jusqu'à — 8°, et la neige s'y conserve parfois toute l'année.

Un des meilleurs climats d'Afrique est celui de *Madère*; il est d'une extrême égalité.

AFRIQUE POLITIQUE ET ÉCONOMIQUE

AFRIQUE MINEURE

L'Afrique mineure comprend le Maroc, l'Algérie, la Tunisie et la Tripolitaine.

1° Au **MAROC**, la population est composée de Berbères, d'Arabes, de nègres et de Juifs, et s'élève à environ 8 millions d'âmes. La religion est l'islamisme; le gouvernement, une monarchie absolue et religieuse.

L'Espagne possède, au Maroc, *Ceuta*, *Melilla*, les îles *Zaffarines* et le port de Santa-Cruz de Mar Pequena.

Villes principales. — Le Maroc a trois capitales, où le sultan se transporte successivement, *Fez* (150 000 hab.), *Maroc* et *Méquinez*; *Tanger* est la ville des diplomates.

2° En **ALGÉRIE**, la population est très mêlée. Parmi les *Berbères*, le principal groupe est celui des *Kabyles*, sédentaires, habitants des montagnes. Les *Arabes* sont à demi nomades : ils peuplent les plaines et les plateaux. Les *Juifs*, au nombre d'environ 47 000, ont été naturalisés en bloc par un décret du 24 octobre 1870. Les Européens sont nombreux : Français, Italiens, Allemands, Espagnols, Maltais. La population totale est de 4 175 000 habitants. — A la tête de l'Algérie est un *gouverneur général;* le *territoire civil* comprend trois *départements*: **Alger**, **Oran**, **Constantine**; le *territoire militaire* prolonge la colonie vers le sud. Les troupes affectées à l'Algérie composent le 19ᵉ corps d'armée. — Les décrets de « rattachement », en 1881, ont assimilé l'Algérie, en partie du moins, aux départements français.

Villes principales[1]. — *Alger* (82 580 hab.); *Tizi-Ouzou*, *Milianah*, *Orléansville*; *Oran*, *Mostaganem*, *Mascara*, *Sidi-bel-Abbès*, *Tlemcen*; *Constantine*, *Bône*, *Guelma*, *Sétif*, *Bougie*, *Philippeville*.

3° La **TUNISIE** est sous le *protectorat* français depuis le traité du Bardo (1881). Avec les *Arabes* et les *Berbères*, on compte plus de 45 000 Juifs, surtout à Tunis ; des Européens viennent de France, de Sicile et de Malte. Le catholicisme, le judaïsme et le mahométisme se partagent les 1 500 000 habitants. Le bey doit soumettre tous ses actes au contrôle du *résident général français.*, qui dirige l'administration.

Villes principales. — *Tunis*, 135 000 hab.; la *Goulette*, port de Tunis; *Bizerte*, *Kairouan*, deuxième ville sainte des musulmans; *Sousse*, *Sfax* et *Gabès*, clef du *Djerid*, *Gafsa*. — Le *Djerid*, ou Tunisie du sud, offre un intérêt spécial : *Nefta*, *l'ozér*, en sont les riches oasis. Gabès, située à l'extrémité orientale de la dépression des chotts, commande la route qui pénètre à l'intérieur, vers le sud algérien, en contournant les montagnes.

4° La **TRIPOLITAINE**, province ou *vilayet* de l'empire turc, est peuplée de 800 000 hab., Berbères et Arabes. Les *Senoûsi*, confrérie de musulmans fanatiques, y disposent d'une redoutable influence.

Villes principales. — *Tripoli*; *Benghazi*, dans le Barkah; *Mourzouk*.

GÉOGRAPHIE ÉCONOMIQUE: Agriculture. — Le Maroc a une fertilité prodigieuse sur le versant qui regarde l'Océan. — Le Tell algérien fournit les céréales, l'olivier et la vigne : les *hauts plateaux* ne sont propres qu'à l'élevage et à la culture de l'*alfa*, dont on se sert pour la fabrication du papier; mais les *sauterelles* et les *criquets* sont dans tout le pays un redoutable fléau pour l'agriculture.

En dehors des massifs les mieux arrosés, Maroc, Constantine et Tunis, on ne rencontre guère de belles *forêts* : le pin, l'olivier sauvage, le chêne y sont les principales essences. Le *chêne-liège* couvre plus de 500 000 hectares, surtout dans les montagnes de Kroumirie.

Les *cultures arborescentes* ont une grande importance. En Tripolitaine, les fruits sont exquis et abondants. Le figuier donne d'excellents produits, même sous les climats les plus secs; l'oranger préfère la zone littorale. On connaît les riches oasis de *Gafsa* et de *Gabès*, elles n'ont pas de rivales pour leurs palmiers. En Algérie et en Tunisie, le tabac, mais surtout la *vigne*, ont pris un développement extraordinaire.

Le *gros bétail* abonde dans les plaines occidentales du Maroc; les moutons et les chèvres, sur les hauts plateaux. Les chevaux arabes deviennent rares; ils sont moins utiles que le mulet, l'âne et surtout le chameau. La chasse, en Algérie et en Tunisie, fournit quelque ressource, mais moins que la pêche : le corail se trouve de Bône à l'île de Tabarka; les *éponges*, sur le littoral voisin de Gabès. En somme, l'Afrique Mineure est essentiellement agricole, principalement au Maroc et en Tunisie.

INDUSTRIE. — Les mines de *houille* sont rares et médiocres; mais le *fer* abonde près de Bône, et à Beni-Saf, dans la province d'Oran. Le *cuivre* s'extrait dans le sud du Maroc. Le *sel gemme* est commun surtout dans les chotts algériens ; les carrières d'argile et de marbre sont une richesse de l'Atlas.

L'industrie se réduit aux objets usuels : la plus renommée est celle des tissus en laine et poil de chèvre; les tapis se fabriquent au *Mzab*, en Algérie. *Djerba* est célèbre pour ses tissus de laine, *Nébeul* pour ses poteries. La spécialité des *maroquins* appartient à Fez.

COMMERCE. — Le nord de l'Afrique est très pauvre en voies de communication naturelles. Hostile à l'influence européenne, le Maroc, n'a que de très mauvais chemins; les *voies ferrées* n'existent que dans les possessions françaises. Depuis notre établissement en Algérie, les caravanes du Soudan l'ont délaissée pour le Maroc, et surtout la Tripolitaine.

Le *commerce intérieur* est assez actif en Algérie, où la délimitation très nette entre les plaines, les plateaux et le désert, nécessite de nombreux échanges. Le *commerce extérieur* est d'environ 20 millions en Tripolitaine, 90 au Maroc, 80 en Tunisie, et 500 en Algérie : il se fait surtout avec la France par la Compagnie Transatlantique.

SAHARA

Les oasis du Sahara sont partagées entre plusieurs races. Les principales tribus *berbères* y sont : 1° les **Beni-Mzab**, dans le Sahara algérien; 2° les **Touaregs**, guerriers et pasteurs, divisés en plusieurs confédérations; 3° Les **Ghadamésiens**, marchands du désert. Dans le Fezzan et dans le Sahara occidental, des tribus arabes sont mélangées avec les Maures. 4° Enfin les **Tibbous**, race cuivrée aux formes élancées, occupent spécialement le Tibesti.

Les États méditerranéens ont dans le Sahara une *zone d'influence*. Le Maroc y a pour vassaux les pays du *Drâa*, le *Tafilet*, et les 3 000 habitants de l'oasis de *Figuig*; il exerce une suzeraineté *religieuse* sur les oasis du *Touât* et d'*In-Salah*.

La France a pour têtes de chemins de fer, au Sahara, *Biskra*, dans la province de Constantine, et *Aïn-Sefra* dans la province d'Oran. *Laghouat* commande la route d'Alger, et, *El-Goléah* surveille les oasis du Touât.

La Turquie entretient un bey à *Mourzouk*, capitale du Fezzan; mais à *Ghadamès* la présence d'un fonctionnaire ottoman n'est que tolérée. L'autorité turque est partiellement nominale à *Rhât*, extension méridionale de la Tripolitaine. Le vrai maître de ces régions, c'est l'ordre des Senoûsi, ennemi résolu de la civilisation chrétienne, et dont le chef accumule à *Djaraboub* (4 000 hab.) une énorme matériel de guerre.

Sur la côte occidentale, l'Espagne occupe la baie du *Rio-de-Oro*, et l'Angleterre le cap *Juby*.

GÉOGRAPHIE ÉCONOMIQUE. — La végétation n'est possible au Sahara que dans les régions où existe une nappe d'eau souterraine : tout dépend donc du forage des *puits artésiens*; on ne pourront fertiliser que cinq centième partie du désert, et les oasis ainsi créées serviront moins à l'établissement des colons qu'à des relais plus faciles entre le nord et le sud.

Les *dattes* sont la principale richesse alimentaire du Sahara. On y cultive un peu de blé, d'orge, de légumes; les figues sont abondantes. Le *pavot* se récolte dans le nord; le *tabac* dans le sud; l'*alfa* dans le sud-ouest. Le *sel* existe en immenses dépôts.

Le bétail abonde dans le sud, les autruches dans l'ouest. Mais l'animal saharien par excellence est le *chameau*, surtout le *méhari*, qui parcourt 80 lieues en vingt-quatre heures sans boire ni s'arrêter.

L'industrie existe à peine : objets de cuir et de métal, ornements, armes et nattes en épuisent la production. Le *commerce* consiste surtout dans les échanges entre le Soudan et l'Afrique du nord, aux marchés de *Rhât*, *In-Salah*, *Ghadamès*, dans le nord, et d'*Agadès*, dans le sud.

ÉGYPTE

Depuis l'ère des Pharaons, l'Égypte a connu plus d'un maître : après les Grecs, les Romains; les Arabes au VIIᵉ siècle, les Turcs au XVIᵉ. La suzeraineté du sultan sur l'Égypte est un reste de son ancienne domination. Il y a encore 100 000 *Turcs* dans la vallée du Nil, principalement dans les villes; les *Arabes nomades* sont 200 000; on compte 50 000 *Juifs*,

---

[1] Voyez *France*, p. 29.

autant d'*Arméniens*; 5 millions de *fellahs*, travailleurs du sol, éternellement tributaires de la conquête : leurs traits rappellent ceux des personnages peints dans les tombeaux ou sculptés sur les parois des monuments. Les fellahs sont les restes de la population primitive; ils sont aujourd'hui musulmans pour la plupart. Les *Coptes*, leurs frères de race, sont des chrétiens restés fidèles à l'hérésie d'Eutychès, ils sont 500 000 et très influents. Enfin, on compte en Égypte au moins 100 000 *Européens* : Grecs, Italiens, Anglais et Français.

La population agricole est disséminée dans la vallée du Nil. Les villes, à l'exception de *Fayoum* qui forme une oasis à part, ne quittent point les bords du fleuve : *Dongola*, *Ouâdi-Halfa* (deuxième cataracte), *Assouân* (première cataracte); *Louqsor*, *Esnéh*, *Kénéh*, Monfalout, *Girgeh*, *Assiout*, Bedrachin (Memphis), Béni-Souéf, le *Caire*, capitale de l'Égypte; dans le Delta, *Damanhour*, *Tantah*, *Damiette*, *Alexandrie*, au débouché de la vallée du Nil et des communications avec l'Extrême-Orient par la Méditerranée (45 000 hab.). L'Égypte n'avait pas 3 millions d'habitants au commencement de ce siècle; elle en a aujourd'hui près de 7 millions. Elle est gouvernée par un *khédive* ou vice-roi, sous la tutelle de l'Angleterre.

C'est l'honneur de notre pays d'avoir contribué plus qu'aucun autre à la *restauration de l'Égypte*. Parmi les savants qui suivirent, en 1798, l'expédition de Bonaparte, *Champollion* eut le bonheur de découvrir le secret des hiéroglyphes : ses travaux, continués par Mariette, Maspero, M. de Morgan, ont rendu l'antique Égypte à la vie. Aujourd'hui les temples reparaissent, les pyramides ont livré leurs trésors, les sphinx, les obélisques, les stèles parlent à nos yeux étonnés de tout un monde disparu.

C'était peu de ranimer l'Égypte des Pharaons, on a voulu la reconstituer. Sous l'énergique impulsion de *Méhémet-Ali*, puis de *Saïd* et du khédive *Ismaïl*, des ingénieurs français, des colons parcoururent le pays; on dégagea les canaux encombrés, on refit les routes; Jumel fit ses premières plantations de coton; la canne à sucre fut acclimatée. Les chemins de fer qui remontent la vallée du Nil jusqu'à Girgeh sont de création française; nous avons organisé les postes et télégraphes; partout le mot arabe est accompagné du mot français pour désigner les localités ou les services publics. C'est un Français qui a construit au Caire le pont du Nil. Nous avons fait de la capitale de l'Égypte une ville magnifique, avec de superbes avenues, au lieu d'un amas confus de masures, foyer de corruption et d'épidémie. Enfin, pour couronner cette œuvre, le *canal de Suez*, dû à l'infatigable activité de M. de Lesseps, unit, en 1869, la Méditerranée à la mer Rouge, et fit de l'Égypte le carrefour du monde sur la route d'Europe en Extrême-Orient.

Telle a été notre action bienfaisante en Égypte; nous avions, au prix d'un siècle de travaux, fait de ce pays une conquête glorieuse et pacifique. Alors les Anglais sont venus, comme toujours, pour en tirer profit. Après avoir fait une guerre acharnée au canal de Suez, ils s'en sont emparés. Les prodigalités du khédive Ismaïl furent le prétexte saisi par eux pour nous proposer d'exercer ensemble un contrôle nécessaire sur les finances égyptiennes. Le *condominium* franco-anglais dura deux ans (1879-1881). Alors la révolte d'*Arabi* fournit à l'Angleterre l'occasion d'intervenir et d'occuper militairement la vallée du Nil, et, la France restant imprudemment à l'écart de cette menée, les Anglais s'établirent en Égypte, en promesse toutefois d'en sortir aussitôt l'ordre rétabli.

Le premier bienfait de l'*occupation anglaise* a été, pour l'Égypte, la *perte du Soudan*. Dès 1823, la *Nubie* avait été conquise, Khartoum fondée au confluent des deux Nils; de 1870 à 1875, l'Égypte avait conquis le *Khordofan* et le *Darfour* : tout le Nil, depuis les *grands lacs* équatoriaux jusqu'à la Méditerranée coulait en *terre égyptienne*.

Avec l'occupation anglaise, le Soudan égyptien se soulève à l'appel du mahdi. Gordon-pacha est bloqué dans Khartoum, et l'Angleterre le laisse périr malgré une défense héroïque (janvier 1885); la *Nubie* était perdue. Bientôt ce fut le *Darfour*. Restait *Émin-Pacha* dans la haute région équatoriale. Il s'y maintenait avec un rare bonheur : on voulut le sauver malgré lui. *Stanley*, parti du Congo en 1887, entraîna Émin sur la côte orientale. C'en était fait du *Soudan égyptien*.

Aujourd'hui les Anglais prolongent leur occupation en Égypte, malgré les engagements les plus solennels, sous prétexte de reprendre le Soudan qu'ils ont fait perdre. Déjà ils ont pris *Dongola*, au-dessus de Ouadi-Halfa. Mais la conquête du Soudan peut ainsi durer des siècles, et ce n'est point, en tout cas, l'Égypte qui en profitera.

GÉOGRAPHIE ÉCONOMIQUE : Agriculture. — L'Égypte est le premier pays agricole du monde, il sème aussitôt après la crue du Nil, dans une boue noire et grasse, et, sous les chauds rayons du soleil, arbres et plantes poussent à l'envi; il se fait jusqu'à trois récoltes dans une seule année. Aussi la distribution des eaux est-elle l'objet de travaux considérables et de règlements minutieux. Le niveau du fleuve vient-il à s'abaisser pendant la chaleur estivale, le fellah élève l'eau bienfaisante jusqu'à son champ, soit au moyen de la *sakieh*, roue à godets mue par des bœufs; soit à la main, par le *chadouf*, sorte de panier étanche muni d'un levier à grand bras. Ces moyens tout primitifs font place aux pompes à vapeur dans les cultures d'une certaine importance. Mais les ingénieurs anglais ont traité le Nil comme le Gange, malgré la différence de régime entre ces fleuves.

La moitié environ des terres cultivées appartient aux *céréales* : l'orge et le blé prospèrent dans la Haute-Égypte. La production des légumes est générale. Les *dattes* égyptiennes sont excellentes; la *canne à sucre* couvre plus de 20 000 hectares et approvisionne surtout Marseille. Le *café* donne peu de résultats; mais le *coton*, introduit au commencement de ce siècle par le Français Jumel, trouve en Égypte, dans le Delta surtout, des conditions excellentes : on en exporte 30 millions de kilog. en moyenne. — Le *Fayoum*, oasis écartée de la vallée du Nil, se livre à la culture des *rosiers*. — Mais l'Égypte n'a ni *bois*, ni *charbon*, ni *minerais* : c'est un pays exclusivement *agricole*.

INDUSTRIE. — La *pierre à bâtir* est abondante dans la chaîne du Mokattan, qui s'élève au-dessus du Caire; c'est de là qu'ont été tirées les pyramides. Assouan fournit le *porphyre*; Siout et Esnéh, l'*albâtre* et le *marbre*. On exploite les *salines* de Damiette et de Rosette, la *salpêtre* du Fayoum, le *soufre* des bords de la mer Rouge, le *pétrole* à 300 kil. au sud de Suez. Le Caire est le centre de l'*industrie cotonnière*; les industries textiles, les *raffineries de sucre*, dont les premières ont été établies par des Français, sont florissantes. On fabrique, à la manière orientale, les soieries, les toiles et les châles. Les poteries d'*Edfou* sont renommées.

COMMERCE. — La situation commerciale de l'Égypte est privilégiée : c'est un des carrefours du monde, le point de rencontre des caravanes et des pèlerinages entre la Mecque et l'Afrique intérieure. Les relations intérieures sont assurées par les voies navigables; le canal *Mahmoudieh* rattache Alexandrie au Nil et au Caire. — Les voies ferrées ne dépassent pas *Girgeh*: elles ont été construites par des ingénieurs français : on prolonge actuellement la ligne du Nil vers Louqsor et Assouan. Une voie ferrée militaire relie *Assouan* et *Chellah* au-dessus de la première cataracte. Le Caire est relié à Ismaïliah, Port-Saïd et Suez.

Le *commerce extérieur* de l'Égypte avec l'Europe atteint 600 millions, dont 350 pour l'exportation; le coton seul figure pour 225 millions, et Londres en reçoit la majeure partie. Les tissus, les métaux, les machines et la houille sont les *importations* principales. Tout le commerce avec l'Europe a lieu par Alexandrie.

Le commerce de transit, par le *canal de Suez*, dont l'ouverture a diminué la distance entre l'Europe et l'Inde et substitué peu à peu la marine à vapeur à la marine à voiles, a une importance exceptionnelle. Le canal de Suez, long de 160 kilom., joint *Port-Saïd*, sur la Méditerranée, à *Suez*, sur la mer Rouge; *Ismaïlia* sert de garage au centre de la route. En principe, le canal de Suez est *neutre*; mais les Anglais en sont maîtres par l'énormité de leur trafic, leur prépondérance en Égypte et les postes qu'ils détiennent sur la route du canal : *Gibraltar*, *Malte* et *Chypre*, *Aden* et *Périm*, à l'issue de la mer Rouge.

LE SOUDAN

Entre les hautes terres du *Sénégal* et celles d'*Abyssinie*, s'étend, de l'ouest à l'est, une immense région désignée sous le nom générique de *Soudan*. C'est un pays de transition entre les sables du Sahara et l'exubérante région équatoriale. Sur les plateaux, règne la savane avec ses hautes herbes et de rares bouquets d'arbres le long des cours d'eau desséchés. Mais, là où le relief s'élève et vallonne le sol, on rencontre des vallées d'une fertilité incomparable. D'ailleurs, situé tout entier dans la zone torride, le Soudan tient à la fois du désert et de la région équatoriale une extrême chaleur (45° à Saï et à Kouka) et des pluies régulières; mais la saison sèche l'emporte encore de beaucoup, et dure jusqu'à neuf mois, à mesure qu'on gagne vers le nord.

Du Nil au Niger, le *centre du Soudan* est occupé par la dépression du lac Tchad. A l'ouest du Niger, c'est le *Soudan français*; à l'est le Bahr-el-Ghazal, affluent du Nil, commence l'ancien *Soudan égyptien*.

Le lac Tchad forme, à 270 m. d'altitude, un triangle grand environ comme la Sicile, avec de nombreuses îles encombrées de roseaux et peuplées d'hippopotames. Autour du Tchad rayonnent de riches contrées : le Bornou, le Sokoto, l'Adamaoua, le Baghirmi, l'Ouadaï.

La capitale du Bornou, *Kouka*, s'élève sur la rive occidentale du

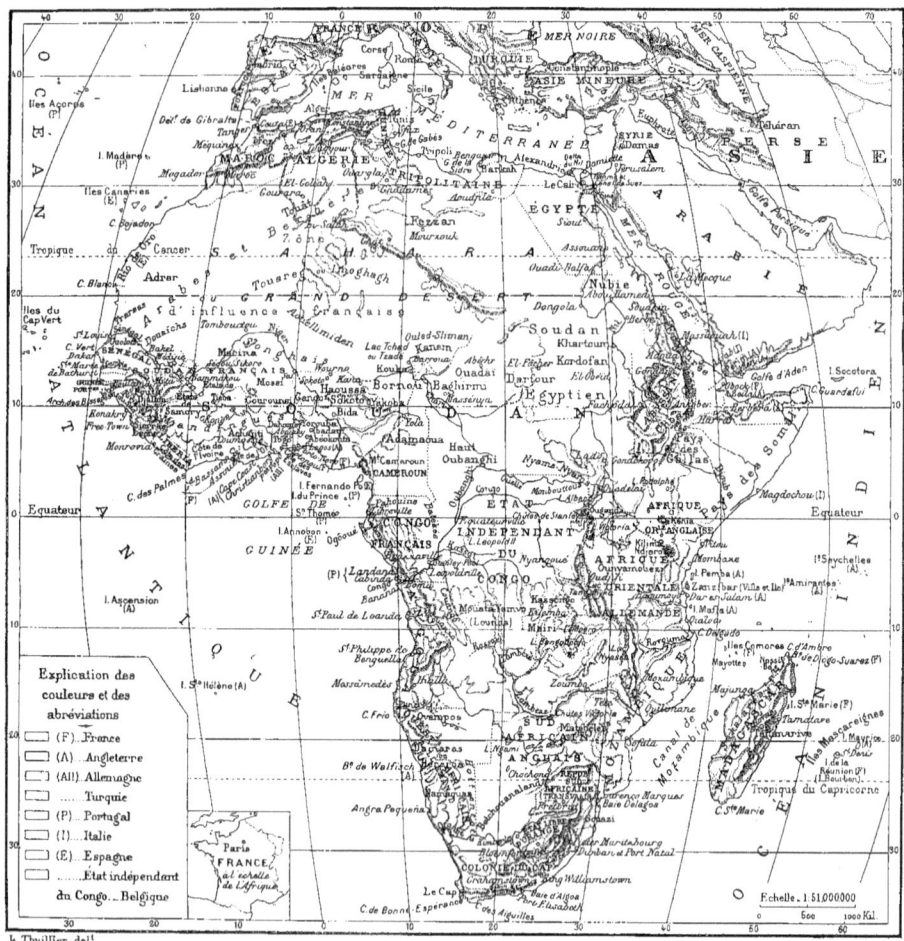

lac; c'est là que les indigènes qui habitent les îles, les Bouddouma, vont vendre le produit de leur pêche.

Pays élevé de monts et de crêtes, qui atteignent jusqu'à 2000 m., le Sokoto déverse ses eaux dans le Niger; il produit en abondance le fer, l'étain, l'antimoine; on cultive sur les pentes et dans les vallées le riz, l'arachide, le manioc, le coton, l'arbre à bananes, etc.; aussi les indigènes Haoussa vivent-ils dans une aisance relative.

La vallée de la Bénoué produit le poivre, le gingembre et la canne à sucre. De *Lokodja*, son point de jonction avec le Niger, jusqu'à *Yola*, sur le haut fleuve, la Bénoué est une magnifique voie d'échange ouverte sur le Tchad. D'ailleurs l'**Adamaoua**, d'où elle sort, est une des plus belles régions de l'Afrique: l'indigo, le bananier, l'arachide, le palmier, y prospèrent à merveille.

Le **Baghirmi** est une plaine fertile qu'arrose le *Chari*.

Le plateau du *Ouadaï*, aride et rocheux vers le nord, comprend, au sud, des terres grasses d'une grande fertilité.

Le *Darfour*, pays d'élevage et de savanes, domine la haute vallée du Bahr-el-Ghazal qui descend vers le Nil. Le **Kordofan**, pays d'élevage aussi, mais dont l'altitude ne dépasse pas 600 m., s'avance jusqu'au grand fleuve, sur la frontière du désert.

Enfin, entre les innombrables cours d'eau qui alimentent d'une part le *Bahr-el-Gazal* et de l'autre l'*Ouellé*, cours supérieur de l'*Oubanghi*, affluent du Congo, le plateau de séparation tient à la fois de la savane soudanaise et de la zone tropicale.

POPULATION. — Dès longtemps la population indigène du Soudan a été exploitée et soumise par les nomades pillards du désert. Les *Peuls* ou *Foulbés* dominent les *Haoussa* de Sokoto; on donne le nom de *Toucouleurs* aux métis de Peuls et d'indigènes. Dans l'État de Bornou, sur le bord du Tchad, ce sont les *Tibbous* du Sahara qui sont maîtres. Les *Peuls* pénètrent l'Adamaoua. Les *Arabes* dominent au Baghirmi, au Darfour, et partagent l'influence avec les Peuls dans l'Ouadaï (cap. Abech). Les hautes terres du Bahr-el-Ghazal sont occupées par des peuplades barbares, au milieu desquelles a vécu Schweinfurth: *Niams-Niams*, *Monbouttous*, nains *Akkas*.

L'*Europe*, qui s'avançait au cœur de l'Afrique par la vallée du Nil, a reculé devant l'insurrection mahdiste et la barbarie; l'occupation anglaise de l'Égypte a marqué une défaite de la civilisation. Mais, à l'ouest, le *Soudan* est fortement entamé. Sans parler de la France, qui occupe la boucle du Niger avec *Boussa*, et dont la zone d'influence est marquée par une ligne qui va de *Saï* sur le Niger à *Barroua* sur le Tchad, l'Angleterre a jeté son dévolu sur tout le pays qui s'étend au nord de la Bénoué jusqu'à nous et comprend les riches pays de *Sokoto*, *Kano*, le *Bornou*, etc. Il est vrai que la navigation de la Bénoué reste libre; mais on sait comment l'Angleterre sait accorder ses intérêts avec les traités. Par la convention du 5 août 1890, nous lui avons en réalité abandonné ce riche domaine. Il ne tenait qu'à nous pourtant qu'il fût nôtre; car les premières factoreries établies sur le bas Niger étaient françaises; nos explorateurs étaient dans la vallée de la Bénoué. Nous avons laissé la compagnie anglaise du Niger acheter les factoreries des nôtres à prix d'or (1884), et, aujourd'hui, la *Royal Niger Company* s'avance vers le Tchad, *per fas et nefas*. Sans doute l'Allemagne, établie au *Cameroun*, guette l'Adamaoua; la France essaye de gagner le Baghirmi et le Tchad par le Congo, le bas Ouhanghi et le Chari. Mais les visées de l'Angleterre ne sont pas douteuses. Elle veut, du *Tchad*, gagner l'ancien *Soudan égyptien*, et relier sur le *Nil*, par *Khartoum*, *Berber*, *Souakim*, la route de l'Océan à la mer Rouge. Nous avions la Bénoué, le Congo, l'Ouganda par nos missionnaires, et une influence séculaire en Égypte : le Soudan et le Nil pouvaient être à nous.

L'ancien Soudan égyptien (*Sennaar*, *Kordofan*, *Darfour*, et *Dar-Fertit*) était surtout une voie commerciale de premier ordre. Toutefois les Nubiens sont encore d'excellents *agriculteurs*. Le *gommier* et les *bois* de toute sorte abondent au Kordofan; le *tabac* et le *coton* y sont les principales cultures industrielles. — Les produits minéraux même ne sont pas rares; mais les mines d'or en Nubie se sont appauvries, et le *cuivre*, très abondant, n'est pas exploité.

En somme, le climat est peu favorable à la culture, la population clairsemée, l'industrie presque nulle. Mais, pour le commerce, c'est la voie naturelle de pénétration vers l'intérieur. *Kobbé* au Darfour, *El-Obéid* au Kordofan, *Khartoum* en Nubie, ont été de grands entrepôts pour la vente de l'ivoire, de la gomme, des plumes d'autruche et des esclaves.

ABYSSINIE

Trois millions et demi d'Abyssins sont groupés d'après le climat, dans la région moyenne et la région supérieure de leur pays. Ils appartiennent à la race *éthiopienne*, et sont chrétiens coptes. Les *Gallas*, musulmans, au sud-ouest et à l'ouest, sont les restes d'une grande invasion nègre du XVe siècle.

Les divisions naturelles du sol ont maintenu les Abyssins dans une sorte de patriarchat féodal. Le suzerain ou **négus**, chef civil et militaire, a pour vassaux les *rás*, gouverneurs des provinces. Après la mort de Johannès, roi de l'*Amhara*, le pouvoir a été saisi par le roi du Choa, Ménélik. Alors, l'Italie s'autorisant d'un traité passé avec le négus, pour essayer de le réduire en sujétion, Ménélik s'est élevé contre cette prétention, et a battu le général Baratieri à la journée d'Adoua (1er mars 1896). Cette victoire a consacré l'indépendance de l'Abyssinie.

Villes principales. — Après *Addis-Abbaba*, résidence du *négus*, *Gondar*, cité sainte, remplie d'églises, aujourd'hui un peu déchue (4 500 habitants environ); *Adoua*, capitale du Tigré; *Magdala*, forteresse à 2 760 m. d'altitude; *Axoum*, où l'on couronne le négus; *Ankober* (7 000 hab.), centre de caravanes.

Les Italiens possèdent dans ces parages, sur le littoral de la mer Rouge, la colonie d'*Érythrée* : *Massaouah*, la baie d'*Assab* et la *côte intermédiaire*. — La France a, depuis 1862, le dépôt de charbon d'*Obock* et possède 900 kilom. de côtes sur le golfe de *Tadjourah*, avec *Djibouti*. — Les Anglais ont occupé le port de *Zeilah*, au sud de Tadjourah. — L'oasis de *Harrar*, à 280 kilom. de Zeilah, possède, à 1 700 m. d'altitude, un climat sain. Ménélik a mis la main sur cette route et voudrait en faire le débouché commercial de l'Abyssinie vers la mer; il ne tient qu'à nous, avec *Djibouti*, d'utiliser ces vues. Le chemin de fer du Harrar vient d'être décidé.

GÉOGRAPHIE ÉCONOMIQUE. — L'Abyssinie est essentiellement agricole; ses produits varient avec les climats : on y cultive, dans la région tempérée, la vigne, le blé, le riz, l'orge. Le *caféier* sauvage pousse au Godjam; la *canne à sucre*, au Choa; le *lin*, dans les hautes terres; le *tabac*, au Tigré; les *palmiers*, près de la côte.

L'Abyssinie est encore un grand pays d'élevage et de chasse. Les chameaux ne vivent pas au-dessus de 1 200 m. Les *moutons* et les *chèvres* surabondent, mais le gros bétail est rare. Dans les terres basses vivent la *girafe*, le *zèbre*, l'*éléphant*, l'*autruche*, et un très agile cheval d'origine arabe.

Les minerais sont clairsemés : l'*or* du Godjam, le *fer* excellent du Choa et du Tigré, surtout le *sel*, et, près du littoral, quelques gisements de houille, composent toute la production minérale.

Commerce. — Dans un pays au relief si tourmenté, les cours d'eau navigables font défaut; les routes n'existent pas et sont difficiles à construire; tous les transports se font à dos d'hommes ou de bêtes. La pente générale du pays est vers le Nil; mais l'état politique du Soudan égyptien tient cette porte fermée. De l'autre côté, l'Abyssinie touche à la mer, et les transactions de *Massaouah* se chiffrent à 12 millions : ce port est le débouché naturel du Tigré.

PAYS DES SOMALIS

Entre le soulèvement volcanique d'Abyssinie et celui des grands lacs, s'étend une dépression de terrain marquée par les lacs *Rodolphe* et *Stéphanie*. Le pays de l'est est mal connu encore. Les Gallas, peuple agriculteur, l'occupent à l'intérieur; les *Somalis* sur la côte; ces derniers s'occupent d'élevage et sont inhospitaliers.

Sur la côte, l'Angleterre possède, au-dessous de notre colonie d'Obock, *Zeilah* et *Berbera*, qui s'efforcent d'attirer le commerce du *Harrar* abyssin. Du *Ras Hafoun* à l'embouchure de la *Djouba*, la côte est italienne, avec deux enclaves anglaises.

AFRIQUE ORIENTALE ANGLAISE ET ALLEMANDE

Entre les grands lacs et la côte, les Anglais et les Allemands se sont partagé la région : les Anglais, au nord de la *Djouba* jusqu'à une ligne qui, partant de la côte en face de l'île *Pemba*, rejoint le lac *Victoria*; les Allemands, au sud, dans l'espace compris entre les lacs *Victoria*, *Tanganika*, *Nyassa*, et la rivière de la *Rovouma* jusqu'à la côte (convention de juillet 1890). Mais ces territoires sont loin d'avoir la même valeur.

Les Allemands, sous la direction du major Wissmann et d'Émin, déploient la plus grande énergie pour relier les ports de *Dar-es-Salam* et de *Pangani*, par une série de postes, au lac Victoria. *Tabora* est au centre. Mais les rivières de cette région, la *Roufidji*, la *Rovouma*, comme la *Tana*, en territoire anglais, sont encombrées de cataractes et impropres à la navigation. Un chemin de fer est projeté; mais la colonisation allemande, en cette partie de l'Afrique, sera toujours entravée par l'établissement des Anglais dans les îles de *Mafia*, de *Zanzibar* et de *Pemba*.

Depuis la cession du territoire de *Vitou* par l'Allemagne, la *British East African Company* s'est mise à l'œuvre; un chemin de fer est commencé de *Mombas* au lac Victoria; sur la route, *Machako* est fortement occupé. Mais ce que l'Angleterre vise dans ce pays, c'est l'*Ounyoro* et l'*Ouganda*, pays admirable entre les trois grands lacs qui sont les réservoirs du Nil, et où missionnaires anglais exerçaient une influence toute pacifique. Le capitaine Lugard est venu, qui les a supplantés par le fer et la flamme, et mis l'Angleterre comme en une citadelle, à la source du Nil, au cœur même de l'Afrique.

AFRIQUE MÉRIDIONALE

Il y a une grande analogie de formation et d'aspect entre l'Afrique du Sud et celle du *Nord*. Le bassin du *Congo* sépare ces deux régions sœurs, et le pays des *grands lacs* les unit en tournant à l'est la zone tropicale. Au nord du Congo, les savanes du *Soudan* correspondent à celles du *Zambèze*; le désert du *Sahara* au *Kalahari*; enfin, les hauts plateaux algériens et le Tell rappellent les *Karrous* et la chaîne côtière du Cap. Ainsi, l'Afrique méridionale comprend trois régions : les *savanes*, le *désert*, les *plateaux* et la chaîne de la côte.

1° **Les savanes.** — La région des savanes commence à la ligne incertaine de partage des eaux, d'où coulent à la fois le *Kassaï*, affluent du Congo, et le *Libu*, origine probable du Zambèze. À la saison des pluies, cette haute plaine se couvre de deux ou trois pieds d'eau, et le *lac Dilolo* se déverse des deux côtés, vers l'un ou l'autre fleuve. Ce lac est à 1 400 m. d'altitude. Le plateau dont il occupe le centre à peu près finit brusquement sur la côte au-dessus de Saint-Philippe-de-Benguéla, par un

AFRIQUE ORIENTALE

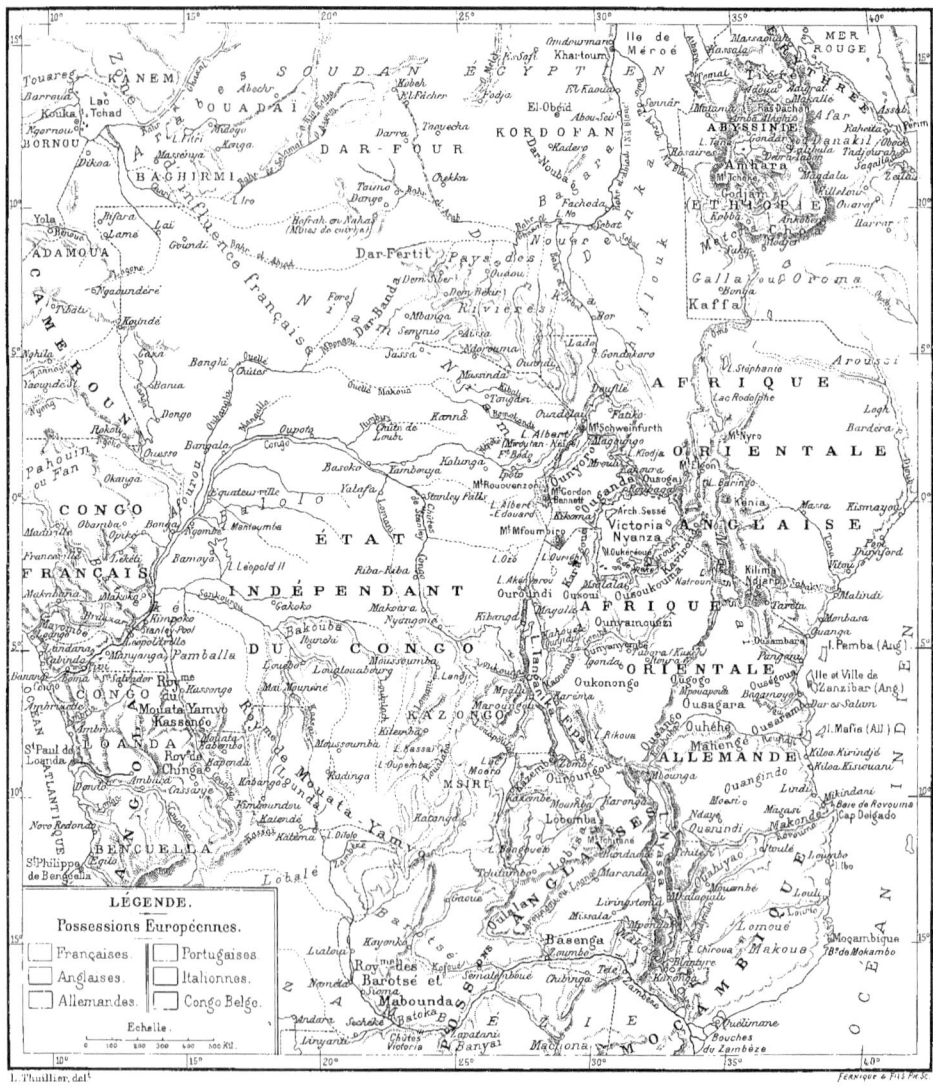

rebord montagneux qui atteint 2 300 m. C'est ce rebord que doivent traverser les cours d'eau qui servent d'écoulement à la région des savanes; aussi le Kouanza (sortie du lac Moussombo), roule-t-il jusqu'à Loanda à travers des gorges impraticables. D'autres rivières n'ont pu se frayer qu'à grand'peine une issue; ainsi le Kouadué (fleuve grand), dont un bras, le Koubango, va se jeter dans les lagunes du Ngami et du grand Makarikari. Ces deux mares sont unies par la Zouga, fossé intermittent dont le courant se dirige vers l'une ou l'autre nappe d'eau, suivant que la pluie abonde plus ou moins d'un côté ou de l'autre.

Le Ngami et le grand Makarikari sont sur la frontière du désert. Pour éviter cette zone aride où viendrait se perdre la plus grande partie de ses eaux, le Zambèze décrit une vaste courbe vers le nord-est et gagne, par Zumbo, Tété, Quilimane, le canal de Mozambique. Le cours supérieur du fleuve est encore incertain. D'après Capello et Ivens, il recevrait, en amont des chutes Victoria, le Couando ou Tchobé, que l'on soupçonne lui-même de communiquer avec le Koubango.

La région des savanes est arrosée par des pluies abondantes. On y voit de grands espaces couverts d'herbes, mais les bois deviennent clairsemés le long des cours d'eau ou sur la pente des montagnes. La température est chaude en général, mais tempérée sur la côte, et sujette à des écarts considérables sur le plateau. Cette région est habitée par les *Bihénos*, hommes du *Bihé*, dont on vante la force et le courage; les *Baroutsé*, les *Mambounda*, dans la grande boucle du Zambèze, pays dont la fertilité est, dit-on, comparable à celle du Delta du Nil. Ces peuples sont agriculteurs. Les piqûres mortelles de la mouche tsetsé ne leur permettent pas d'élever le bétail; mais, sur les bords du Zambèze, la pêche est abondante.

Un peuple nain, les *Moukassékéroué*, vit surtout à l'ouest et alimente les peuples agriculteurs du produit de sa chasse.

2° **Le désert de Kalahari**. — Appuyé vers l'ouest sur plusieurs rangées de montagnes qui dominent la côte jusqu'à 2 300 m., le *Kalahari* étend à une altitude moyenne de 1 000 m. ses immenses plaines vallonnées, semées de broussailles et coupées de longues dunes de sable analogues aux *aregs* du Sahara. Les pluies y sont rares, l'eau encore plus; pourtant l'herbe y est assez abondante pour permettre de vivre à l'antilope et à la gazelle. Le Kalahari vaut mieux que sa réputation. La partie sud orientale du moins est déjà fertile : on y trouve des mares d'eau (makarikari), des herbages, un sol fécond et un climat merveilleusement salubre. Ce pays est celui des *Betchouana*, peuple pasteur et tout pacifique : les *Cafres* (Kafir infidèles) de race bantoue. Leurs tribus, les *Basouto*, les *Makololo*, débordent sur le Zambèze. A l'ouest du Kalahari sont disséminés les *Hottentots*, les *Bushmen*, nains au teint jaunâtre et nomades qui vivent surtout de chasse.

3° **Les plateaux et la côte**. — Les hauteurs qui limitent, à droite, le cours inférieur du Zambèze, soutiennent plusieurs *plateaux*, ceux des *Matabélé* et des *Machona*, et celui de *Manica* : l'ensemble forme l'ancien pays de Monomotapa. La rivière *Pangoué* est son débouché naturel sur la mer et la baie de Sofala.

Toute cette région est fertile, avec de beaux pâturages et de grandes forêts; le Manica surtout est riche en or. Les peuples qui l'habitent, les *Matabélé* et les *Machona*, sont de grands éleveurs de bétail et très belliqueux. Les *Zoulous*, leurs voisins du sud, ne le sont pas moins ; une guerre récente a prouvé aux Anglais leur excellente organisation militaire (1879-1881).

Le cours du *Limpopo* sépare les plateaux du nord de ceux qu'arrosent le fleuve *Orange* et son affluent le *Vaal*. Avec 2 000 kil. de cours, l'*Orange* est un pauvre fleuve embarrassé de cataractes (chutes de George IV), et rejoint par la sécheresse. Le *Vaal*, qui le rejoint dans le Griqualand, ne vaut pas mieux. Mais toute cette région, si pauvre en produits naturels, possède un sous-sol d'une richesse incomparable : les *diamants* du Griqualand (*Kimberley*), l'or du Transvaal (*Johannesburg*), ont excité et excitent encore des convoitises qui troublent le monde.

Les plateaux de l'Afrique méridionale sont suivis d'une *chaîne* qui s'allonge du Limpopo jusqu'au Cap et descend par gradins à la mer : les monts *Drakenberge* et les monts *Nieuweveld* que double la chaîne moins élevée des *Zwarte-Berge*. Entre le Nieuweveld et les *Zwarte-Berge*, s'étend le plateau du *Karrou*, région d'élevage et de grandes fermes, où l'agriculture n'est possible que près des sources (*fontains*).

LES EUROPÉENS DANS L'AFRIQUE AUSTRALE. — Presque toute l'Afrique australe est aux Anglais. Sur la côte, ils ont le *Cap* (60 000 h.), (mont de la Table, 1 100 m.), *Port-Élisabeth*, deux ports unis par un chemin de fer, à *Kimberley*, centre de la région diamantifère à l'intérieur du pays; à l'ouest du Cap, *Port-Nolloth*, où la découverte des mines de cuivre a poussé les aventuriers en foule vers 1860; à l'est, *East-London*, tête de ligne du chemin de fer qui doit unir à la côte la région de l'Orange et du Transvaal ; enfin, *Durban* ou *Port-Natal*, ancienne capitale des Boërs.

C'est en effet sur les colons hollandais ou *Boërs* que l'Angleterre a conquis par la force toute l'Afrique australe. Après les avoir chassés du Cap, qu'ils avaient fondé en 1652, elle les poursuivit, après 1815, dans le Natal, où ils s'étaient réfugiés. Le Natal fut déclaré colonie britannique en 1843.

Alors les Boërs, sous la conduite de *Prétorius*, fondèrent deux républiques nouvelles : celle du fleuve *Orange*, capitale *Bloemfontein*, celle du *Transvaal*, capitale *Prétoria*. Les Anglais reconnurent d'abord l'indépendance des deux États (1852), mais, en 1877, ils osèrent proclamer à Prétoria l'annexion du Transvaal. Les Boërs alors se défendirent, sous les ordres de *Joubert*, un descendant de ces anciennes familles françaises qui, après la révocation de l'édit de Nantes, s'étaient réfugiés aux colons hollandais et avaient partagé leur fortune. L'Angleterre dut céder en 1881 ; elle a cédé encore en 1896 devant l'habile fermeté du président *Krüger*; mais l'or du Transvaal a trop d'attraits. L'expédition du bandit *Jameson* peut se renouveler : on la prépare même. Il s'est formé une sorte de ligue, l'*Afrikander-Bond*, qui, sous prétexte de donner l'Afrique aux Africains (c'est-à-dire aux Anglais établis en Afrique), prépare en pleine paix, et avec l'aide d'une compagnie approuvée par la Couronne, l'invasion et la ruine d'un peuple libre, sans autre raison que d'insatiables convoitises.

Pour mieux prendre le Transvaal, on l'isole de toutes parts. En 1875, les Anglais ont annexé le *Basoutoland* ; en 1880, *Kimberley* et ses mines de diamants; en 1885, tout le *Griqualand* ; la même année, le *Betchouanaland*, de peur que les Allemands, nouveaux venus sur la côte, n'étendissent la main jusqu'au fleuve Orange ; enfin le *Zoulouland* en 1887. Les deux républiques sœurs sont maintenant isolées : la voie ferrée de Kimberley doit les tourner par *Mafeking* et *Chochong*.

Restait une issue vers le nord-est, dans la région qui s'étend au delà du Limpopo, le *Matabéléland*. Par les deux traités d'août 1890 et mai 1891, le *Portugal* a dû céder cette contrée à l'*Angleterre*. Anciennement établis à *Angola*, *Loanda*, *Benguéla*, sur la côte occidentale d'Afrique, et la côte du *Mozambique* à l'est, les Portugais se croyaient autorisés, par les expéditions de leurs explorateurs *Capello*, *Ivens*, *Serpa Pinto* et les traités conclus avec les indigènes, à réunir par le cours du Zambèze, leurs possessions de l'ouest à celles de l'est. L'Angleterre ne l'a point ainsi compris. Sous le coup de la force, le Portugal a cédé, et désormais le *Zambèze* est anglais, des chutes *Victoria* jusqu'à *Zumbo* : le *Machonaland*, le *Manica*, le *Betchouanaland* sont anglais, et le fort *Salisbury* assure cette nouvelle rapine.

Bien mieux, le cours supérieur du *Chiré* est annexé avec *Blantyre* jusqu'à *Nyassa*. Mais il manque à l'Angleterre tout le pays de Mozambique, surtout la baie de Lorenzo-Marquez, Sofala, excellents points d'accès pour la marine britannique. Cette raison suffira peut-être pour les saisir au premier prétexte.

Dès aujourd'hui, le territoire anglais de l'Afrique du Sud s'étend sans interruption du *Cap* aux lacs *Nyassa*, Banguélo, Moéro et *Tanganika*. Déjà même la Compagnie émet des prétentions sur le *Msiri*, à la source du Congo, sur la gauche du Tanganika. Ce serait, aux dépens de l'État libre du Congo, la chaîne ininterrompue du *Cap* à l'*Ouganda*, et, par le *Nil*, jusqu'à la *Méditerranée*.

L'Allemagne possède à l'ouest de l'Afrique australe (1893) le *Damaraland* et le *Namaqualand*, dont le territoire s'étend entre l'Orange et le fleuve Kounéné, et de la côte au Kalakari. Mais l'enclave anglaise de *Walfish bay*, seul bon port de ces parages, enlève à la colonie allemande une partie de son importance.

CONGO

ÉTAT LIBRE DU CONGO. — Au retour de ses voyages, Stanley avait fondé, sous le haut patronage du roi des Belges, l'*Association internationale africaine*. On envoya des expéditions dans la région des grands lacs africains : *Karema* fut fondée en 1878 sur le Tanganika, par Cambier; la mission Popelin fonda *Tabora*; un Belge, M. Burdo, la station de *Mpouapoua* ; un Français, M. Bloyet, celle de *Kondoa* ; enfin, Stanley lui-même partit pour le Congo. Quand il déboucha au sortir des défilés de la côte sur le grand lac où le Congo s'épanouit et qui porte le nom de *Stanley-Pool*, le drapeau français flottait sur les deux rives. M. de Brazza, venu par la vallée du *Kouilou-Niari*, avait devancé Stanley et fondé, sur les terres du roi *Makoko*, la station de *Brazzaville*. Alors Stanley essaya de nous barrer l'accès de la mer en fondant les stations de *Léopoldville*, *Vivi*, *Boma*, *Philippeville*, *Stéphanieville*, dans la vallée même du Kouilou-Niari. Un règlement de la question du Congo devenait nécessaire.

La *Conférence de Berlin* (1885) a fait, des territoires de l'ancienne *Association internationale africaine*, un État nouveau, l'*État libre du Congo*, sous la souveraineté du *roi des Belges*. Ce nouvel État s'étend du 4° latitude nord à l'est de l'*Oubanghi*, jusqu'aux lacs Albert-Nyanza, Tanganika, Bangouélo, et la ligne de partage des eaux entre le Zambèze et les affluents du Congo. A l'ouest, l'État du Congo a partagé avec le Portugal l'ancien pays de *Loanda*. Son port d'attache sur l'Atlantique est *Banana*. Au centre de l'État du Congo, dans sa partie moyenne, se séparent du *Congo français*. Nous avons un droit de préemption sur le Congo belge pour le cas où le souverain et la Belgique voudraient s'en dessaisir.

2° **GABON ET CONGO FRANÇAIS**. — Le Congo français avec notre ancienne colonie du Gabon forment un territoire aussi grand que la France. C'est à MM. Ballay, Alfred Marche, et surtout Savorgnan de Brazza, que la France doit ce domaine, prolongé vers le Tchad le long de la *Sanga*, par les explorations de MM. Dybowsky, Casimir Maistre et Crampel. Interrompue seulement par une enclave espagnole d'ailleurs nominale, la baie de Corisco avec les îles Elobey, la colonie française du Congo et du Gabon, limitée à l'est par l'Oubanghi, affluent du Congo, compte 5 millions d'âmes.

Les postes français sont : *Libreville* (1 500 hab.), sur l'estuaire du Gabon ; à l'intérieur, *Lastourville* et *Lambaréné*, sur l'Ogôoué ; *Franceville*, sur la Passa, affluent de l'Ogôoué ; *Brazzaville*, sur le Stanley-Pool.

3° Le *Loango* portugais, chef-lieu *Cabinda*, s'étend entre le Congo français et le Congo belge.

4° La colonie espagnole de Corisco est peuplée de 2 000 habitants.

5° Le **Kameroun** allemand s'étend sur une côte de 500 kilom., au fond du golfe de Biafra ; la population est de 350 000 âmes. La future capitale, *Victoria*, possède un bon port, au bas du pic de Kameroun.

GÉOGRAPHIE ÉCONOMIQUE. — Le manioc au nord, le maïs au sud, servent à l'alimentation ; les pommes de terre sont d'importation européenne. Le *riz* prospère dans la région basse ; les fruits d'Europe, oranges, grenades, raisins, dans l'Angola méridional. Le *café* sera une précieuse ressource pour ce pays ; l'Angola en exporte déjà plusieurs millions de tonnes. Le *cacao*, le *thé*, la *canne à sucre*, réussissent dans les jardins d'essai des missionnaires ; les *arachides* au Gabon ; le *tabac*, un peu partout ; le *coton*, à Mossamédès. Les *antilopes*, les *gazelles*, donnent des fourrures ; les *éléphants*, de l'ivoire.

C'est la principale ressource de l'État du Congo ; mais la provision ne tardera pas à en être épuisée. L'élève du bétail, la culture du *riz*, la *vanille* le long de l'Oubanghi, sont plus riches de promesses.

Mais le Congo intérieur est décimé par la *traite des esclaves* : environ 70 000 par an sont vendus à Zanzibar pour les pays musulmans.

Le *sel* abonde dans la région du Tanganika ; l'Angola renferme quelques mines d'*argent* et un peu de *poudre d'or*, mais l'Afrique centrale est surtout riche en cuivre.

Ce sont les moyens de communication qui manquent au commerce : on remonte l'Ogôoué sur 400 kilom., le Congo sur 350 kilom. seulement. Mais du *Stanley-Pool* aux *chutes de Stanley*, le Congo est navigable sur 1 700 kil. pour les bateaux à vapeur. L'Arouhimi n'a que 150 kil. navigables ; mais l'Oubanghi en a plus de 700, et le Kassaï, environ 3 000. Le climat du Congo ne convient pas au chameau, la mouche tsetsé pique mortellement les chevaux, les bœufs, les ânes : on a donc recours au portage libre, habilement organisé par M. de Brazza. D'ailleurs se prépare la construction d'un chemin de fer entre le Stanley-Pool et le bas Congo.

Le mouvement des échanges ne dépasse pas 100 millions. L'importation comprend surtout des eaux-de-vie allemandes, des cotonnades anglaises, de la verroterie, des perles et des broderies, des fusils et de la poudre. Les Allemands au nord du Congo, les Anglais au sud, ont la plus forte part du commerce ; l'Angleterre a laissé aux Belges le soin de faire les frais du nouvel État, mais compte retirer en partie le bénéfice de leurs efforts.

Quant à la France, elle tient la meilleure route d'accès vers les plateaux, mais nous devrons nous hâter : l'avenir est à ceux qui sauront détourner à leur profit le courant commercial du centre africain.

AFRIQUE OCCIDENTALE

Les races sont très diverses dans le *Soudan maritime*, qui comprend la Guinée avec la Sénégambie : *Maures*, *Ouolofs*, *Mandingues*, *Achantis*, *Toucouleurs*, y dominent. L'intérieur de la région soudanaise est moins connu : les Mandingues et les Toucouleurs s'y heurtent aux Bambaras, aux Arabes marchands d'esclaves, etc.

La France possède dans l'Afrique occidentale :

1° Le *Sénégal*, avec une superficie de 150 000 kilom. car. et une population de 1 million d'habitants. Le gouverneur réside à *Saint-Louis*, mais la capitale de l'avenir paraît être le port de *Dakar*, sur le Cap-Vert. Au Sénégal français se rattache l'île de *Gorée*. — Saint-Louis a été le point de départ d'un curieux et récent voyage vers Tripoli, à travers le Sahara, par le colonel Monteil.

2° Le *Soudan français*, avec environ 280 000 habitants. Le commandant réside à *Kayes*, dispose d'un budget spécial et correspond directement avec le ministère des colonies, mais doit, pour toute action politique, s'entendre avec le gouverneur du Sénégal. Ce pays nouveau, que nous devons particulièrement à Faidherbe, aux Gallieni, Frey, Archinard, s'est accru en 1890 par la prise de *Ségou-Sikoro*, sur le Niger, et, en janvier 1894, par celle de *Tombouctou*.

3° Les comptoirs de la *Côte-d'Ivoire* : *Assinie* et *Grand-Bassam*, débouché du pays de Kong, récemment exploré par le capitaine Binger.

4° La *Guinée française* (Casamance et rivières du sud), chef-lieu *Konakry*.

5° Le *Dahomey*, peuplé de 600 000 âmes, et conquis par le général *Dodds* (novembre 1892) : *Abomey*, capitale.

6° Les *États* liés à la France par des traités : Ouassoulou, pays de Kong ; États de Tiéba ; Fouta-Djallon, 600 000 habitants).

7° Les *protectorats* de la Sénégambie, avec 80 000 hab.

8° La *zone d'influence à l'intérieur* : au nord d'une ligne allant de Saï, sur le Niger, à *Barroua*, sur le Tchad.

L'**Angleterre** possède la *Gambie* (Sainte-Marie-de-Bathurst), le *Sierra-Leone* (Freetown), la *Côte-d'Or* (Cape-Coast) et en arrière, le pays des Achantis, capitale Coumassie ; enfin le port de *Lagos* et le territoire de la *Compagnie anglaise du Niger*, depuis Lokodja, sur le Niger, le long de la Bénoué.

L'**Allemagne** a le protectorat du *Togoland*.

Le **Portugal** possède sur la côte des rivières du Sud une enclave appelée *Guinée portugaise* : elle comprend le bassin du Rio-Grande. Il faut y joindre l'archipel des *Bissagos* et, au large de l'Afrique, les îles du cap Vert, escale importante entre le Portugal et le Brésil.

La colonie américaine de **Libéria** (république), capitale *Monrovia* ; s'est formée de nègres libérés après la guerre de sécession.

GÉOGRAPHIE ÉCONOMIQUE. — De riches minerais, surtout de l'or, se trouvent dans le Fouta-Djallon. On y récolte le blé, le maïs, le riz, le café, la canne à sucre, le tabac, le coton, les arachides. Les forêts sont belles, la pêche maritime fructueuse, l'élevage prospère. On chasse le lion, la panthère, l'éléphant, l'autruche.

Le commerce, favorisé du Soudan maritime par deux lignes régulières de paquebots, les Messageries maritimes de Bordeaux et un service anglais de Liverpool, se fait, pour le Soudan central, à travers le Sahara vers l'Algérie ; mais il est entravé par les nomades pillards du désert.

AFRIQUE INSULAIRE

L'**Espagne** possède : au nord-ouest de l'Afrique, les *Canaries*, anciennes « îles Fortunées », dont la capitale est *las Palmas* (grande Canarie). Les 7 îles volcaniques qui composent ce groupe sont dominées par le pic de Teyde (3 720 m.), dans l'île de Ténériffe.

À l'ouest, dans le golfe de Guinée, *Annobon* et *Fernando-Po* sont espagnoles.

Au **Portugal** appartiennent les *Açores* et *Madère*, capitale *Funchal*, (végétation et climat merveilleux) ; à l'ouest, dans le golfe de Guinée, l'île *du Prince* et l'île *Saint-Thomas*.

L'**Angleterre** possède : dans l'Atlantique, les îles *Tristan-d'Acunha*, à 3 000 kilom. de la côte africaine, l'*Ascension*, *Sainte-Hélène*, célèbre par la captivité et la mort de Napoléon Ier à Longwood. — Dans la mer des Indes, du nord au sud : *Socotora*, les *Amirantes*, les *Seychelles*, escale de la grande ligne des Messageries françaises, en relation avec l'Australie, *Maurice* ou Madagascar ; surtout *Maurice* (ancienne île de France), où les hommes, les plantes et les animaux d'Europe s'acclimatent à merveille (375 000 habitants). *Zanzibar* est sous la main des Anglais.

La **France**, outre l'île de *Gorée*, qui fait partie intégrante du Sénégal, possède à divers titres maint territoire insulaire de la mer des Indes, avec 3 750 000 habitants.

Comme colonies, la *Réunion*, ancienne île Bourbon ; *Mayotte*, *Nossi-Bé*, *Sainte-Marie* ; les îles *Glorieuses*, *Kerguélen*, *Saint-Paul* et la *Nouvelle-Amsterdam* ; enfin, sur la côte nord-est de Madagascar, l'établissement de *Diego-Suarez*, *Antsirane*.

Comme pays de protectorat, les *Comores*, sauf Mayotte.

Madagascar est l'île principale de l'océan Indien. Supérieure à la France en superficie (600 000 kilom. car.), elle est constituée par une série de chaînes orientales à peu près du nord au sud. La première court le long de la côte orientale, qu'elle domine de 8 à 4 000 m. Une seconde chaîne, plus haute (1 000 à 1 400 m.), n'est que le *rebord d'un plateau*, hérissé lui-même de montagnes, où se trouvent les plus hauts sommets de l'île. Ce plateau, qui porte les noms d'*Imérina* au centre, de *pays des Betsiléos* au sud, s'abaisse par une pente très rapide vers l'ouest et surtout le nord-ouest, où s'étend la grande plaine *Sakalave*, sablonneuse et coupée de ravins, avec une altitude d'environ 200 m. — Les rivières du versant oriental sont des torrents rapides, qui charrient des alluvions en quantités énormes ; celles du versant occidental sont beaucoup plus considérable. Le *Mangoka* (environ 400 kilom.), le *Betsiboka*, et l'*Ikopa*, qui passe au pied de Tananarive. — La côte, bien échancrée, a de bons port dans le nord : *Diégo-Suarez*, baie merveilleusement articulée ; *Vohémar*, *Antongil* et *Tamatave* à l'est ; l'île de *Nossi-Bé* et les baies de Passandava et de *Majunga* à l'ouest. La partie méridionale, moins favorisée, a des côtes basses, presque droites, des lagunes et peu de ports. — La *flore* est très originale et d'une grande richesse ; les *bois* surtout sont d'une extrême rareté : le bois d'ébène, le camphrier, les essences de palissandre, de teck, de santal, de mimosa. La *faune* est très différente de celle du continent africain : le zèbre et le sanglier rappellent seuls l'Afrique ; plus de cent espèces d'*oiseaux* sont originales, ainsi que nombre de singes impossibles à trouver ailleurs.

A *Madagascar*, le climat est déterminé par l'alternance des *moussons*. La saison sèche dure de mai à novembre ; les pluies, de novembre en avril : elles sont abondantes sur les chaînes de l'est ; mais la côte orientale, avec sa chaleur étouffante, a mérité d'être appelée le cimetière des Européens. Sur les plateaux de l'intérieur, le climat est bien plus salubre.

Asservie par les *Hovas*, venus de Malaisie, qui occupent les hauts plateaux du centre ; occupée à l'ouest par les *Sakalaves* ; travaillée par les intrigues des *méthodistes* (missionnaires protestants anglais), Madagascar, dont plusieurs points étaient déjà terre française depuis Colbert, a été conquise par la glorieuse expédition du général Duchesne (prise de Tananarive le 30 septembre 1895). A la suite d'une révolte dont le palais de la reine était le foyer, Ranavalo a été exilée, Madagascar déclarée colonie française.

Villes principales. — *Tananarive*, capitale, sur les hauts plateaux, 150 000 habitants ; *Tamatave*, port de la côte orientale, 20 000 habitants ; *Fianarantsoa*, 16 000 habitants, au sud de Tananarive ; *Majunga*.

GÉOGRAPHIE ÉCONOMIQUE. — Agriculture. — Sans être d'une extrême richesse, Madagascar constitue un pays d'avenir. Le *riz*, dont la culture est rudimentaire, produit 5000 tonnes. Les pommes de terre, patates, bananes, oranges, se récoltent en abondance. La vigne est trop abandonnée, mais donnerait de bons produits. La *canne à sucre* réussit sur la côte orientale, et le *tabac* partout. — De vastes et luxuriantes *prairies* s'étendent sur les plateaux : la quantité de bœufs y est énorme.

A Maurice, à la Réunion, la *vanille* est rémunératrice ; la *canne à sucre* souffre de la concurrence des betteraves. Les *cocotiers* et les *clous de girofle* font la richesse des Seychelles ; les fibres du *cocotier* servent à la fabrication locale des chapeaux de paille.

Industrie. — Madagascar, relativement pauvre en *houille*, a beaucoup de *fer* et de *cuivre*, et d'une bonne qualité ; mais le travail industriel y est encore rudimentaire. — L'industrie sucrière, les distilleries, le tissage des sacs, exercent l'activité de Maurice et de la Réunion.

Commerce. — Madagascar manque de voies de communication : il n'existe que des sentiers ; les bêtes de somme faisant défaut, tous les transports se font à dos d'hommes. La France occupe ici le premier rang pour le trafic ; l'Angleterre et l'Amérique suivent. On exporte des *bestiaux*, du *riz*, de la *gomme*, de la *cire*, du *caoutchouc*, du *café*, des *graines oléagineuses* ; on importe des cotonnades, du *rhum* de l'île Maurice, de la *quincaillerie*.

A *la Réunion*, les voies de communication sont moins développées qu'à *l'île Maurice*. On exporte surtout du *sucre* ; on importe du riz et des céréales de l'Inde, des bœufs de Madagascar, des objets manufacturés d'Angleterre et des vins de France.

ASIE PHYSIQUE

De toutes les masses continentales, l'Asie est de beaucoup la plus considérable : grande cinq fois comme l'Europe, elle est aussi étendue que les deux Amériques réunies. — L'Asie a 42 millions de kilomètres carrés ; elle est entièrement comprise dans l'hémisphère boréal : ses presqu'îles du sud : *Arabie*, *Hindoustan*, *Indo-Chine*, rappellent les péninsules de l'Europe méridionale : *Espagne*, *Italie*, presqu'île des *Balkans*. Mais l'Asie diffère de l'Europe par ses bassins fermés, sans écoulement vers la mer, et aussi par son climat général.

MERS ET CÔTES. — Presque partout, les frontières de l'Asie sont maritimes : au nord, l'océan *Glacial arctique* ; à l'est, le *grand Océan*, avec ses dépendances ; au sud, la *mer des Indes* ; à l'ouest, les eaux *méditerranéennes*.

1° Les côtes boréales de l'Asie ne nous sont bien connues que depuis le récent voyage du Suédois Nordenskiold, en 1879. Généralement inhospitalières, elles se développent sur une extrême uniformité ; on n'y voit qu'une seule péninsule, celle de *Taïmyr* : le cap Tchéliouskine (78° nord) est le point le plus septentrional de l'ancien continent, dont les îles *Liakhov* et *Wrangel* sont un prolongement vers le pôle. Les seuls golfes importants sont les étroits et longs *estuaires* des grands fleuves.

2° La côte orientale est meilleure, mieux articulée à cause des montagnes qui la bordent ; mais, soumise aux rigueurs du climat continental, elle est, dans sa partie nord, bloquée par les glaces pendant plus de la moitié de l'année. — Les mers secondaires formées par le grand Océan sur les rivages d'Asie sont très nombreuses : mers de *Béring*, d'*Okhotsk* et du *Japon* ; mer *Jaune* ; mer *Bleue*, ou de Chine orientale ; mer de Chine proprement dite, ou méridionale.

a. Mer de *Béring*. — Au sortir de l'océan Glacial arctique, on double le cap *Oriental* pour arriver à un golfe sûr et profond, celui de l'*Anadyr*, et, laissant le long chapelet des îles *Aléoutiennes*, on longe la montagneuse et volcanique presqu'île du *Kamtchatka*.

b. La mer d'*Okhotsk* est un grand golfe intérieur, fermé à l'est par l'archipel des *Kouriles*, un loin desquelles la fosse *Tuscarora*, dans le grand Océan, s'enfonce au moins à 8500 mètres de profondeur.

c. Après la longue île de *Sakhalin*, séparée du continent asiatique par le détroit de *Tartarie*, et de l'archipel japonais par le détroit de la *Pérouse*, s'étend la mer du *Japon*, jusqu'à la presqu'île de *Corée*. Grâce aux montagnes qui plongent directement leurs pieds dans la mer, et aussi à l'action séculaire des flots et des volcans, l'archipel japonais est une merveille d'articulation littorale : *Yéso*, *Hondu* ou *Nipon*, *Sikok* et *Kiou-Siou*, sont les quatre îles principales de ce groupe. Si le climat du Japon septentrional reste très rigoureux, le Japon méridional doit au courant chaud du *Kouro-Sivo* une température presque tropicale.

d. La mer *Jaune*, dans laquelle s'ouvre le golfe de *Petchéli*, doit sa coloration et son nom aux apports du fleuve Hoang-Ho.

e. La mer de Chine est fermée au sud et à l'est par des îles qui font partie de l'Océanie (Philippines et îles de la Sonde), et coupée au centre par le canal de *Formose*. La mer de Chine méridionale s'enfonce vers l'ouest par le golfe du *Tonkin*, à l'entrée duquel s'élève l'île d'*Haïnan*. Tout ce littoral est assez élevé (sauf le delta du fleuve Rouge), très découpé ; mais, après le cap *Cambodge*, la côte est basse et plate, avec le golfe de Siam.

La presqu'île de *Malacca*, terminée au sud, presque sous l'équateur, par le cap *Romania*, ressemble plus à la Malaisie qu'à l'Asie proprement dite. L'isthme de *Kra*, large d'environ 50 kilomètres, réunit la presqu'île de Malacca au reste de la péninsule indo-chinoise.

3° Les côtes méridionales de l'Asie sont, en général, bien moins dentelées que le littoral de l'est. Sur le golfe du Bengale, les côtes du *Bengale*, d'*Orissa* et de *Coromandel* sont basses, malsaines et marécageuses : c'est un pays de deltas et de lagunes, offrant très peu de bons abris. L'île de *Ceylan*, un des plus beaux pays du monde pour la richesse de la végétation, est à peine séparée de la presqu'île indienne par le détroit peu profond de *Palk*, et par le golfe de *Mannar*, remarquable pour ses pêcheries de perles.

Doublant, au sud de la péninsule, le cap *Comorin*, et laissant au large vers le sud-ouest les coraux des *Laquedives* et des *Maldives*, on suit la côte, peu hospitalière, de *Malabar*, pour arriver, entre les golfes de *Cambaye* et de *Katch*, à la presqu'île de *Goudjerate*, puis on atteint le sablonneux delta de l'*Indus*.

La mer d'*Oman* se prolonge à l'intérieur vers le nord-ouest par le golfe *Persique*, auquel la joint le *détroit d'Ormuz* : toutes ces côtes sont torrides et insalubres. Au delà s'étale la masse épaisse de la péninsule arabique, aux rivages inhospitaliers ; le détroit de *Bab-el-Mandeb*, large de moins d'une lieue, sépare l'Asie de l'Afrique. La mer *Rouge*, extrêmement salée, doit son nom à des milliers de plantes microscopiques en suspension dans ses eaux.

4° Les côtes occidentales de l'Asie sont relativement peu étendues. La Syrie a de nombreux caps, mais un seul bon port : *Beirout*. — La côte jadis florissante d'Asie Mineure est aujourd'hui presque déserte ; au sud, la grande *île de Chypre* (9000 kilom. car.). — C'est à l'ouest, sur la mer *Égée* ou de *l'Archipel*, que le rivage présente, avec l'excellent port de *Smyrne*, une grande richesse de formes : le développement total des

ASIE PHYSIQUE

côtes entre *Rhodes* et les *Dardanelles* est égal à quatre fois la distance directe.

La *mer de Marmara* relie plus qu'elle ne les sépare la côte d'Asie et celle d'Europe; elle est fermée par deux longs couloirs: les *Dardanelles* (67 kilom. de long), le *Bosphore* (38 kilom.), canal étroit dont les eaux descendent avec rapidité de la mer Noire entre ses rives aux sites enchanteurs, écartées parfois de 700 m. à peine.

La *mer Noire* a les ports de *Sinope*, *Trébizonde* et *Batoum*. La *Caspienne*, profonde de 650 m. environ dans le sud, d'une quinzaine de mètres seulement dans le nord, a des côtes basses bordées de lagunes, excepté au pied du Caucase.

RELIEF. — Le relief de l'Asie est plus considérable que celui des autres parties du monde : c'est en Asie que l'on trouve le plus haut sommet (8840 m. d'altitude au *Gaurisankar*, dans l'Himalaya) et la plus profonde dépression : mer *Morte* (394 m. au-dessous du niveau moyen des mers).

Dans son ensemble, la masse orographique de l'Asie présente trois branches qui s'ouvrent vers l'est et se soudent au *plateau de Pamir*, surnommé le *Toit du monde* (4000 à 4500 m.).

La **première branche montagneuse**, celle du nord-est, comprend une série de chaînes sensiblement parallèles et, en général, diminuant progressivement d'altitude : les *Thian-Chan*, énorme masse longue de 2500 kilom., avec des sommets de près de 8000 m. ; les *Tarbagataï*, chaîne boisée, d'allure pyrénéenne; l'*Altaï*, sorte d'Ardenne grandiose, 1500 m. d'altitude en moyenne, 3350 au maximum; les monts *Saïansk*, un peu plus élevés; les monts *Yablonoï*, prolongés vers le nord-ouest par le *plateau de Vitim*, et vers le sud par les monts de *Khingan*, d'allure helvétique; les monts *Stanovoï*, doucement inclinés au nord-ouest, très escarpés à l'est, et se rattachant aux monts du *Kamtchatka*, encore en pleine activité volcanique.

Cette première branche montagneuse, en arrêtant les vents humides du Nord, dessèche le désert de *Gobi* (pierres) ou *Chamo* (sables), vaste région cinq fois grande comme la France, où la température varie de 40° dans une même journée : le sol y est uniformément jaune, le ciel voilé d'une brume de poussière, et le soleil sans rayonnement.

La **seconde branche montagneuse** comprend, sous le nom général de *soulèvement himalayen*, la plus grande masse de notre globe. Il faut entendre par là le *plateau du Tibet*, avec son rebord septentrional le *Kouen-Lun*, et son rebord méridional l'*Himalaya* proprement dit.

Le *Kouen-Lun*, l'une des chaînes les plus anciennes de l'Asie, a des sommets de 6000 m. couverts de neiges et de glaciers; ses derniers rameaux atteignent, à l'est, les contreforts du *Nan-Chan*, dans une région compliquée où naissent le Hoang-ho, le Yang-tsé, les grands fleuves d'Indo-Chine. Une puissante chaîne, l'*Altyn-Tagh*, double au nord le Kouen-Lun et le rattache directement au Nan-Chan. Dans l'intervalle des deux chaînes dort le lac *Koukou-Nor* et s'ouvre la vallée de *Tsaïdam*, que prolonge à l'est un étroit couloir long de 200 kil. et balayé par des vents terribles. Prjevalskiy l'a surnommé la *Vallée des vents*.

Plateau du Tibet. — Entre l'Altyn-Tagh au nord, et l'Himalaya au sud, le haut plateau du Tibet étend 350 lieues de solitudes, à peu près à la hauteur du mont Blanc. La raréfaction de l'air, les extrêmes variations de température, et surtout la méfiance des habitants, en rendent l'exploration difficile. Après l'abbé Desgodins, en 1840, Prjevalskiy et l'infortuné Dutreuil de Rhins, M. Bonvalot et le prince H. d'Orléans ont essayé de le parcourir. Nous n'en connaissons guère que la partie occidentale et le rebord méridional.

A l'ouest, le plateau du Tibet se soude par le *Karakoroum*, au plateau du Pamir (le toit du monde). C'est dans le Karakoroum que s'élève le *Dapsang* (8620 m.), le plus haut point du globe après le Gaurisankar, dans l'Himalaya.

Himalaya. — Le mot sanscrit *Himalaya* veut dire « séjour des neiges ». C'est, en effet, l'*Himalaya proprement dit* qui renferme les plus hauts sommets du monde : le mont *Everest* ou *Gaurisankar* (8840 m.). Beaucoup de crêtes dépassent 7000 m. ; les passages entre l'Inde et le Tibet sont rarement inférieurs à 4500 m.

L'*Himalaya*, s'élevant comme un mur, arrête les vents humides du sud-ouest, et détermine à la fois d'énormes précipitations dans la plaine indienne et une extrême sécheresse de l'air sur le plateau du Tibet. Le rebord méridional de l'Himalaya est le grand réservoir de l'Inde; les plus grands fleuves y prennent naissance dans le voisinage du lac *Manasaraour* : l'*Indus* et le *Brahmapoutre* aux cours opposés, la *Gogra*, principale prise d'eau du *Gange*.

Carte schématique du
SYSTÈME OROGRAPHIQUE
de l'ASIE

Courbe hypsométrique de 500 mètres.

L'Himalaya s'étendrait de l'Angleterre à la Caspienne ; il a environ 3000 kil. de long sur 800 kil. de large; aucun soulèvement d'Europe n'en peut donner l'idée.

La **troisième branche montagneuse** est constituée, à l'ouest du Pamir, par un réseau serré que domine la chaîne de l'*Hindoukouch*, et d'où se dégage, au défilé de *Kaiber*, le rameau des monts *Soliman*, longue croupe montagneuse (3500 m.) qui appuie, à l'est, le plateau de l'Iran, au-dessus de la vallée de l'Indus, et que rompt vers le centre la passe de *Bolan*.

Tout autrement puissante est la chaîne de l'*Hindoukouch*, contrefort septentrional du plateau de l'Iran. La ligne des sommets y dépasse 4000 m. et atteint 7500 m. ; mais de nombreuses brèches l'entament et ouvrent, entre le Turkestan et l'Inde une communication naturelle. La plus célèbre des passes est celle de *Bamian*, dont le défilé de *Kaiber* n'est que l'issue vers Peschawer et la vallée de l'Indus. Entre les deux passages, la forteresse de *Kaboul* défend la route.

L'*Hindoukouch* se prolonge sous des noms divers : *Kohi-Baba*, *Paropamisades*, *Ala-Dagh*, monts du *Mazandéran* et du *Ghilan*, que domine la puissante masse de l'*Elbourz* (Demavend 6600 m.) ; enfin, les monts d'*Azerbeïdjan* qui rallient le grand *Ararat*, dominateur du massif arménien (5156 m.).

C'est un puissant *nœud* de montagnes que la *région arménienne*. Un rameau transversal s'en détache vers le *Caucase*, formidable barrière élevée de la Caspienne à la mer d'Azof : le défilé de *Dariel* la coupe en son milieu au pied même du *Kasbek*, roi de ces parages (5637 m.). Du massif arménien se détache encore le double soulèvement qui appuie le plateau d'Asie Mineure : chaîne *pontique* au nord; *Taurus* et anti-*Taurus* au sud et à l'est.

Dans l'axe même de l'anti-Taurus la chaîne du *Liban* longe la côte de Syrie jusque vers le *Sinaï*, tête de ligne des contreforts qui tombent sur la mer Rouge en appuyant le plateau d'Arabie.

Ainsi, l'immense *plateau central* qui constitue la masse solide du continent asiatique descend, à l'ouest, vers la Méditerranée, par une série de *plateaux* : ceux de l'*Iran*, de l'*Asie Mineure* et de l'*Arabie*, degrés géants, dont le dernier n'est séparé que par l'étroit fossé de la mer Rouge, de la dépression saharienne, au cœur même de l'Afrique.

FLEUVES. — L'Asie, moins pourvue de baies profondes que l'Europe, y supplée par ses principaux fleuves, qui sont de grandes artères commerciales.

1° **Bassin du Nord.** — L'*Ob* (4350 kilom.), l'*Iénisséi* (4300 kilom.), la *Léna* (4830 kilom.), sont obstrués par les glaces pendant plus de la moitié de l'année, mais navigables en été pour presque toute leur étendue.

2° **Bassin de l'Est.** — L'*Amour* (5000 kilom.), deux fois long comme le Danube, est un fleuve accidenté dont le bassin est grand comme le

France. Mais les grands fleuves de pénétration sont en Chine : le *Hoang-ho* ou fleuve Jaune (4700 kilom.), le plus limoneux de l'ancien monde ; le *Yang-tsé-Kiang* (5300 kilom.), improprement appelé fleuve Bleu, car il est aussi jaune que le précédent.

Les crues des fleuves chinois, Jaune et Bleu surtout, sont particulièrement redoutables. Le *fleuve Jaune* ronge ses rives sans relâche ; son lit est continuellement exhaussé : aussi a-t-on dû chercher à prévenir les inondations par des digues qui quelquefois dépassent 20 m. de hauteur, et ne suffisent pas toujours. Le limon de ce fleuve édifierait, en vingt-cinq jours, une île de 1 kilom. car. de surface sur 36 m. de profondeur. — Quant au *fleuve Bleu*, qui avec ses affluents ferait la moitié de la circonférence terrestre, il a des crues de 13 m. et plus : on a dû l'endiguer, comme le fleuve Jaune. A 1700 kilom. de la mer, il est encore large de 800 m. en moyenne ; son estuaire a 30 kilom. La marée remonte jusqu'à 360 kilom., et les gros bâtiments à plus de 600 kilom. à l'intérieur.

3° Les grands fleuves du sud-est, comme le *Si-Kiang* (1500 kilom.), le *Song-Koï* ou fleuve Rouge, le *Mékong*, le *Salouen*, l'*Iraouaddy*, malgré leur importance, le cèdent aux deux grands fleuves chinois, et sont barrés par des rapides. — Le *Haut-Mékong* est impétueux et encaissé, au Yunnan, entre le Siam et le Tonkin. Dans son bassin moyen, entre le Siam et l'Annam, c'est un large fleuve de plateau, avec une suite de cataractes de 10 à 20 m. de hauteur, comme celles de *Kemmarat* et de l'île de *Khône*. A 300 kilom. de la mer, le fleuve se ramifie : le bras de droite se perd dans un lac régulateur, le *Tuli-sap;* le bras oriental finit par un delta large de 600 kilom., où aboutit la *rivière de Saïgon*.

4° Bassin du Sud. — Le *Brahmapoutre*, le *Gange* et l'*Indus* (2900 kil.) offrent un intérêt de premier ordre. Sans eux, l'Inde serait un désert, comme l'Égypte sans le Nil. Le Gange (2550 kil.), fleuve sacré des Indous, a été justement comparé au Pô alpestre. Son *delta*, aussi grand que l'Irlande, lui est commun avec le Brahmapoutre et commence à 320 kilom. de la mer. C'est l'un des plus insalubres pays du monde ; car les deux fleuves charriant par an un volume de terre soixante fois égal aux pyramides d'Égypte, les marécages provoqués par le retrait des eaux après les crues sont innombrables, et, jusqu'à plus de 100 kilom. au large, la mer est troublée.

L'*Euphrate*, navigable jusqu'à 150 kilom. à peine de la Méditerranée, est le plus court chemin de l'Europe vers l'Inde : cette considération n'a pas été étrangère à la main mise de l'Angleterre sur l'île de Chypre, qui commande les abords de cette route sur la côte méditerranéenne. L'*Euphrate* et le *Tigre* réunis forment ensemble le *Chat-el-Arab*, dont les Anglais disputent à la Perse et à la Turquie le débouché sur le golfe Persique.

5° Les cours d'eau de la côte occidentale sont d'une médiocre importance. Tout l'intérêt fluvial, ou à peu près, de la Méditerranée, réside en Europe et en Afrique. — Mais à l'intérieur, la *Koura*, tributaire de la Caspienne, parcourt 1000 kilom. entre le Caucase et les monts d'Arménie. Le fleuve *Ili*, tributaire du lac *Balkach*, fait communiquer le Turkestan russe avec le Turkestan chinois. Enfin le lac ou mer d'*Aral* reçoit deux grands fleuves, le *Syr-Daria*, venu de l'est (1600 kilom.), et surtout le capricieux *Amou-Daria* (2500 kilom.), tributaire autrefois de la Caspienne. Si l'on rendait à ce fleuve, comme le projette la Russie, sa direction première, de précieuses communications seraient ouvertes avec l'intérieur de l'Asie.

CLIMAT. — L'Asie, pays de formes massives, de pénétration maritime relativement médiocre, possède un *climat continental* entre tous. Le froid tombe à 40° dans les hivers de la Sibérie orientale ; la chaleur atteint 40° dans les étés du Turkestan. L'Arabie et l'Iran sont plus torrides encore, témoin les 62° à Méched, en juillet, dès huit heures du matin.

Dans la plaine du nord de l'Asie, les vents du *nord-est* et du *nord*, heurtant un faible relief, apportent peu d'humidité.

Tout autre est le climat du sud-est et du sud, dans la *Chine méridionale*, l'*Inde* et l'*Indo-Chine* : la chaude mousson de l'océan Indien, arrêtée par les hautes montagnes y détermine des pluies d'une extrême abondance.

L'aridité complète sévit au *centre* et au *sud-ouest*, où la zone saharienne se prolonge par l'Arabie, l'Iran, le Tibet, les déserts de la Mongolie. Toutefois la bordure nord-ouest de l'Iran, sur le littoral de la mer Caspienne, est une région chaude et humide, avec une végétation tropicale. — Ceylan jouit d'un climat privilégié : la température n'y varie que de 2° entre l'été et l'hiver. Mais les changements de moussons, en avril et octobre, provoquent dans ces parages de formidables cyclones : 216000 personnes furent ainsi englouties en octobre 1876, dans le delta du Gange.

ASIE POLITIQUE ET ÉCONOMIQUE

ASIE RUSSE

SIBÉRIE

Le seuil des monts Ourals, qui rattache la Sibérie à la Russie est partout aisément franchissable. Aussi la Sibérie a-t-elle été la première conquête des Russes. Ils y ont pénétré dès la fin du XVI° siècle, et se sont depuis avancés lentement par étapes, d'abord jusqu'à l'Iénisséi, puis jusqu'à la Léna, enfin sur les rives du fleuve Amour. Le dernier traité qui fixe la frontière russe du côté de la Chine date de 1860.

C'est un immense pays que la *Sibérie*, grand comme l'Europe et peuplé seulement comme la Hollande. Cela tient sans doute à son immensité qui rend les communications difficiles et la vie précaire, mais surtout à l'inclémence du climat. Nulle part au monde le froid ne sévit aussi durement ; mais il n'est pas partout égal.

Climat. — A *gauche de l'Iénisséi*, pays de plaine, ouvert aux vents tièdes de la Caspienne, l'été est extrêmement chaud. A l'est de l'Iénisséi, le pays est exposé sans obstacle aux rigueurs de l'océan Glacial et clos au sud par une épaisse barrière de montagnes dont les ramifications vallonnent cette terre durcie par le gel ; aussi l'hiver y est-il particulièrement long et rude.

On distingue, en latitude, *trois zones de climats* en Sibérie, correspondant à trois zones, de culture et d'aspect différents. Au sud, jusque vers le 55° degré de latitude, l'hiver sévit avec de terribles bourrasques de neige ; l'été brûlant dessèche les hautes herbes du *steppe* Kirghize, mais permet la culture des céréales dans les hautes vallées de l'Irtysch, de la Selenga et de l'Amour. — Du 60° au cercle polaire, s'étend la région moyenne des *forêts*, immense étendue où vivent, au milieu des pins et des mélèzes clairsemés, les animaux à riche fourrure : le renard bleu, l'hermine, l'écureuil. Le thermomètre y varie de — 22° à + 20° en moyenne. — Enfin, au-dessus du cercle polaire, s'abaisse la région humide et marécageuse des *toundras* : c'est le pays le plus froid du globe. A Verkhoïansk, la moyenne de la température en hiver est de — 50 à — 60 degrés ; on a enregistré — 63° en 1885. Mais ce froid si vif est d'une sérénité parfaite et moins pénible qu'on le pourrait croire. L'été dure trois mois avec d'assez fortes chaleurs ; puis c'est l'hiver, sans transition.

Relief et fleuves. — La ceinture montagneuse qui longe la frontière sibérienne du sud-est au nord-ouest n'est que le contrefort du plateau central asiatique : la pente descend graduellement sur la Sibérie et s'incline vers l'océan Glacial.

Les principaux soulèvements de cette longue bordure de montagnes sont : l'*Altaï* (mont Biéloukha, 3350 m.), dont les contreforts septentrionaux sont couverts d'épaisses forêts et recèlent en abondance l'argent, le cuivre, le fer, le plomb : *Barnaoul* est le centre du district minier dans cette région ; les monts **Saïansk**, dont les rivières, jadis très riches en or, ont fait la richesse de *Krasnoïarsk* ; les monts **Daoursk**, des sources de la Léna à celles de l'Amour ; les monts **Jablonoï**, ou « monts des pommiers », aux pentes couvertes de cet arbre à l'état sauvage ; enfin, la longue chaîne des **Stanovoï**, qui rallie la chaîne volcanique du Kamtchatka : le mont **Klioutchevsk** (4800 m.), presque aussi haut que le mont Blanc, domine cette presqu'île au milieu d'une quarantaine de volcans.

Les fleuves de Sibérie comptent parmi les plus longs et les plus abondants du globe, non que les pluies soient fréquentes en ce pays ; mais sur la terre durcie qui refuse de se laisser pénétrer, et grâce à la pente insensible de la plaine, il faut que l'eau se répande au large et gagne péniblement la mer.

L'*Ob*, issu des monts Altaï, reçoit à droite le *Tom*, qui arrose *Tomsk* (37 000 hab.) ; à gauche, l'*Irtych*, rivière de *Sémipalatinsk*, grand entrepôt commercial entre la Chine, la Kachgarie et le Turkestan ; plus bas,

ASIE PHYSIQUE

est la ville d'*Omsk*; et, au confluent du Tobol, celle de *Tobolsk*. L'Ob finit dans l'Océan par un large estuaire. — L'*Iénisséi* sort des monts Saïansk; son principal affluent de droite, la *Toungouska* supérieure, ou *Angara*, sert d'émissaire au lac *Baïkal*, réservoir de la *Sélenga*; non loin du lac et sur l'Angara, *Irkoutsk* (45 000 hab.), la plus grande ville de Sibérie. L'Iénisséi déborde sur sa rive gauche, parfois jusqu'à 20 et même 30 kil. — La *Léna*, voisine, par sa source, du lac Baïkal, coule encaissée entre des falaises de grès rouge que couronnent d'épaisses forêts. En plaine elle s'étend, comme l'Iénisséi, jusqu'à 7 kil. à Yakoutsk, 25 kil. au moment des crues. Son delta, formé de dix-neuf bras, est extrêmement poissonneux : l'esturgeon et le hareng y fourmillent.

L'immense quantité d'eau que roulent les fleuves sibériens à la saison chaude, a pour effet de rompre les glaces du Nord et de frayer un chenal d'eau libre dans les parages de l'Océan Glacial : c'est le *passage du nord-ouest*, suivi en 1879 par l'explorateur suédois Nordenskiöld, des côtes de Norvège à la mer de Béring.

L'*Anadyr*, tributaire du Pacifique, traverse un désert; la *Kamtchatka*, rivière de cette presqu'île, est la rivière du monde où se prend le plus de saumons. L'Amour est un fleuve large, abondant, route naturelle du Pacifique vers le lac Baïkal et Irkousk par Tchita; ses affluents, le *Kerlon*, conduit à *Ourga* et *Mongolie*, le *Soungari*, en Chine, l'*Oussouri*, à *Vladivostok* et au Japon. A l'embouchure du fleuve, *Nikolaïevsk* est encore plus que Vladivostok encombré par les glaces durant une partie de l'année.

Jusqu'à ces derniers temps, la Sibérie, pays de déportation officielle a surtout été exploitée pour ses mines, la chasse et les pêcheries. Après les déportés et les chasseurs, sont venus les colons : l'agriculture et le bétail ajoutent leurs produits à ceux de l'industrie. La colonisation russe se porte de préférence vers le fleuve Amour et l'Oussouri. Mais Vladivostok est à deux mois de Saint-Pétersbourg (dix fois la distance de Paris à Bayonne) : aussi a-t-on résolu d'abréger cette longue traite par la construction d'un chemin de fer transsibérien, dont le premier tronçon existe de Perm à Tioumen. Ainsi les fleuves sibériens seront reliés entre eux, et la Russie à la Chine, le plus grand marché du monde.

LE TURKESTAN RUSSE

Entre la mer Caspienne, les monts Thian-Chan et le plateau de Pamir s'étend un pays d'oasis, de steppes et de bassins lacustres, restes d'une ancienne mer en partie desséchée : c'est le Turkestan russe.

Les oasis se trouvent dans les vallées de l'*Amou-Daria* et du *Syr-Daria*, tributaires de la mer d'Azof. Le *Syr-Daria* (ancien Iaxarte), issu des monts Thian-Chan, près du lac *Issik-Koul*, arrose la belle vallée du *Fergana*, passe à *Kokan*, à *Khodjend*, où il entre en plaine. Vite appauvri par l'évaporation et le sol aride des steppes, il atteint péniblement l'Aral après avoir traversé la ville sainte de *Hazred*. Sur la droite du fleuve, et à quelque distance, s'élève *Tachkent*, capitale des possessions russes en Asie centrale.

L'*Amou-Daria* (ancien Oxus) issu du lac *Sar-Koul*, à 4200 m. d'altitude, dans le plateau de Pamir, longe la frontière de l'Afghanistan, et passe non loin de *Balk* (l'ancienne Bactres), reste d'une ancienne oasis. A *Tchardjoui*, le fleuve est large de 1500 m., mais peu profond : avant de gagner le réservoir de l'Aral, il arrose l'oasis de *Khiva*. Les rivières qui devraient l'alimenter ne vont pas jusqu'à lui et se fondent dans la steppe, telles le *Mourghab*, qui fertilise l'oasis de *Merv*; l'*Héri-Roud*, qui, par *Séraks*, ouvre aux Russes la route de *Hérat* et de l'Afghanistan. Sur la droite de l'Amou-Daria, le *Zérafchan* se perd aussi dans les sables après avoir arrosé *Samarcande* (ancienne capitale de Tamerlan), et la riche oasis de *Bokhara*.

Les steppes du Turkestan prolongent jusqu'au Syr-Daria, ceux de Sibérie ; ils se couvrent au printemps d'une herbe haute et serrée que les *Kirghiz* nomades utilisent pour leurs troupeaux. Au delà des steppes, s'étendent les *déserts de sable* : le *Kizil-Koum*, au sud du Syr-Daria ; le *Kara-Koum*, au sud de l'Amou-Daria. Le plus aride est entre les deux fleuves ; il y fait un froid extrême, à la latitude de l'Italie.

Les lagunes sont les restes d'une ancienne mer dont les sables représentent aujourd'hui le fond ; elle recouvrait autrefois toute l'Asie Centrale, unissant, par la dépression de *Manytch* située au pied du Caucase, la mer Noire, la Caspienne, l'Aral et le lac Balkach.

Le lac *Balkach* reçoit l'*Ili* dans la vallée même à *Kouldja*, point de pénétration vers l'Asie Orientale par la trouée de Dzoungarie. Le lac Balkach n'a pas plus de 10 m. de profondeur ; il baisse, par évaporation, d'un mètre en quinze ans ; on peut prévoir sa disparition prochaine.

Le lac d'*Aral* décroît aussi et perd chaque année sept centimètres d'eau, malgré l'apport de deux fleuves, l'Amou et le Syr-Daria. Il est à 48 m. au-dessus de la mer Caspienne.

La *Caspienne*, au contraire, est à 26 m. au-dessous de la mer Noire. L'Aral est grand comme la Grèce, la Caspienne équivaut aux trois quarts de la France. La presqu'île d'*Apchéron* divise cette mer en deux bassins dont la partie nord, encombrée par les alluvions de la Volga, atteint une moins grande profondeur. Bientôt le golfe de *Kara-Bougaz* ne sera plus qu'une lagune.

La première tentative des Russes pour s'établir au Turkestan remonte à Pierre le Grand (1717); mais, c'est de nos jours seulement qu'ils y sont parvenus ; leur dernière annexion est celle de Merv, en 1884. Les khans de *Khiva* et de *Bokhara* ne sont plus que des préfets russes.

Le Turkestan, trois fois grand comme la France, n'a qu'une population de 8 millions environ ; mais la majeure partie du pays est infertile : c'est surtout la faute des hommes plus que celle de la nature. Dévastée depuis des siècles par les nomades Ouzbecks et Turkmènes, cette terre peut, sous la tutelle des Russes, et grâce à d'heureuses irrigations, redevenir fertile et donner en abondance la *soie* et le *coton*, le *riz* et les *céréales* de toutes sortes. Déjà une voie ferrée, due à la persévérante activité du général Annenkof, unit, depuis 1884, Ouzoun-Ada sur la Caspienne à Samarkande, et doit gagner Tachkent au pied du plateau central asiatique.

PAYS DU CAUCASE

La conquête du Caucase a coûté aux Russes un siècle d'efforts. Déjà, vers la fin du XVIIIe siècle, l'impératrice Catherine II fondait Vladikaukaz, et établissait une ligne de cosaques sur le territoire du *Térek* et du *Kouban*, cédé par les Turcs. Bientôt, en 1802, les Russes prirent pied au midi du Caucase en occupant l'ancien royaume de Géorgie. Quinze ans après, la Perse leur cédait *Erivan*; enfin, la Turquie leur abandonnait, par le traité d'Andrinople, toute la côte de la mer Noire, d'Anapa jusqu'à Poti. La ligne du Caucase était tournée ; mais le massif lui-même, habité par des populations guerrières, paraissait imprenable. Une guerre terrible commença. En 1859, l'héroïque Chamyl se rendait avec le Daghestan ; enfin, les dernières résistances tombèrent par le départ des Tcherkesses... le Caucase était conquis (1864).

Au pied méridional du Caucase s'ouvre le double sillon opposé du *Rion* vers la mer Noire, de la *Koura* vers la Caspienne. Dans le bassin du Rion s'élèvent *Koutaïs*, *Poti*, mauvais port à l'embouchure du fleuve, *Batoum*, point d'attache des communications avec l'Europe et la France.

Sur le bassin moyen de la Koura, *Tiflis*, capitale de la Transcaucasie, commande, au débouché des défilés du Dariel, les communications de la Russie avec la Perse et l'Arménie. *Bakou*, à l'extrémité de la vallée, est célèbre par ses inépuisables gisements de pétrole. *Derbent*, vieille capitale du Daghestan, élève plus au nord ses massifs remparts au-dessus de la Caspienne.

Le *Caucase* est, avec la Crimée, le *Midi* des Russes : il leur donne en abondance le *vin*, les *légumes*, les *primeurs* que nous recevons d'Algérie.

Le plateau d'Arménie, qui se dresse en face du Caucase et d'où coulent, au nord, la *Koura*, au sud, l'*Euphrate*, est constitué par un enchevêtrement de montagnes encore mal connues, au-dessus desquelles culmine le *Grand-Ararat* (5156 m.). Au pied du plateau se creusent trois grandes dépressions : les lacs de *Van*, d'*Ourmiah* et de *Goktcha*. Un massif isolé, l'*Alagös* (1095 m.), s'élève entre la Koura et son affluent l'*Aras*, dominant de ses contreforts la vallée de ce dernier cours d'eau, avec *Erivan* et son couvent d'*Echmiadzin*, métropole religieuse des Arméniens.

Érivan (15000 hab.) appartient aux Russes : les Persans et les Turcs se partagent avec eux le plateau d'Arménie ; mais les Russes y occupent une situation prépondérante depuis la prise de *Kars* et la cession de cette place par les Turcs, au traité de San-Stefano. La Turquie, vaincue, avait même cédé *Erzeroum*, mais la jalousie anglaise fit rendre cette ville aux Turcs par le traité de Berlin (1878).

Erzeroum est en effet une place d'importance considérable qui ouvrait aux Russes la route de la Méditerranée vers Alexandrette, et celle de l'Inde par la vallée de l'Euphrate et le golfe Persique. Or les Anglais veulent garder cette route ; ils la voulaient avant le percement de l'isthme de Suez ; les étapes en sont marquées par Alep, Ourfa, Diabékir, Moussoul et Bagdad. Un chemin de fer est projeté. Établis à Chypre, les Anglais en surveillent la tête de ligne sur la Méditerranée, Alexandrette; ils intriguent au golfe Persique pour se rendre maîtres du point terminus. De Londres à Bombay, la route des Indes serait ainsi abrégée de plusieurs jours. Cela vaut peut-être les fortifications accumulées à Erzeroum contre les Russes, sans compter l'or et le sang répandus.

Population. — *Le pays du Caucase* est un carrefour de peuples : les races et les langues s'y mêlent à l'infini. On y distingue : le groupe ibérique (*Géorgiens* et *Mingréliens*, *Lases*); le groupe des montagnards de l'ouest (*Abkases* et *Tcherkesses*); celui de l'est (*Lesgiens*). Tels sont les peuples caucasiens proprement dits. Il faut y ajouter les *Tatars* d'Azerbeïdjan, les *Kurdes*, les *Ossètes*, les *Persans*, surtout les *Arméniens*, au nombre de 700 000 dans le pays soumis aux Russes et formant à eux seuls près de la moitié de la population de Tiflis.

La lieutenance du Caucase compte 7 millions d'habitants ; la capitale, Tiflis, en a un peu plus de 100 000. Bakou, centre de l'exploitation du pétrole, en a près de 50 000 ; un chemin de fer unit cette ville à Batoum, sur la Caspienne et la mer Noire par Elisavetpol, Tiflis et Koutaïs.

ASIE TURQUE

L'Asie turque comprend des pays très divers : l'*Asie Mineure*, la *Syrie* et la *Palestine*, l'*Arménie*, et la *vallée de l'Euphrate*; enfin, une partie de l'*Arabie*. On évalue à 13 millions la population totale des pays asiatiques qui obéissent au sultan.

ASIE MINEURE

L'Asie Mineure est un plateau de 1200 m. d'altitude moyenne, au centre duquel s'étend le désert de *Caramanie*, avec de nombreuses dépressions lacustres, comme celle du *Tuz-Gol*. Des chaînons d'allure volcanique vallonnent le massif en tous sens, et c'est dans leurs vallées, à la périphérie de préférence, que les villes se sont établies : *Angora* (l'ancienne Ancyre), célèbre par la finesse de ses poils de chèvre ; *Kaisarieh*

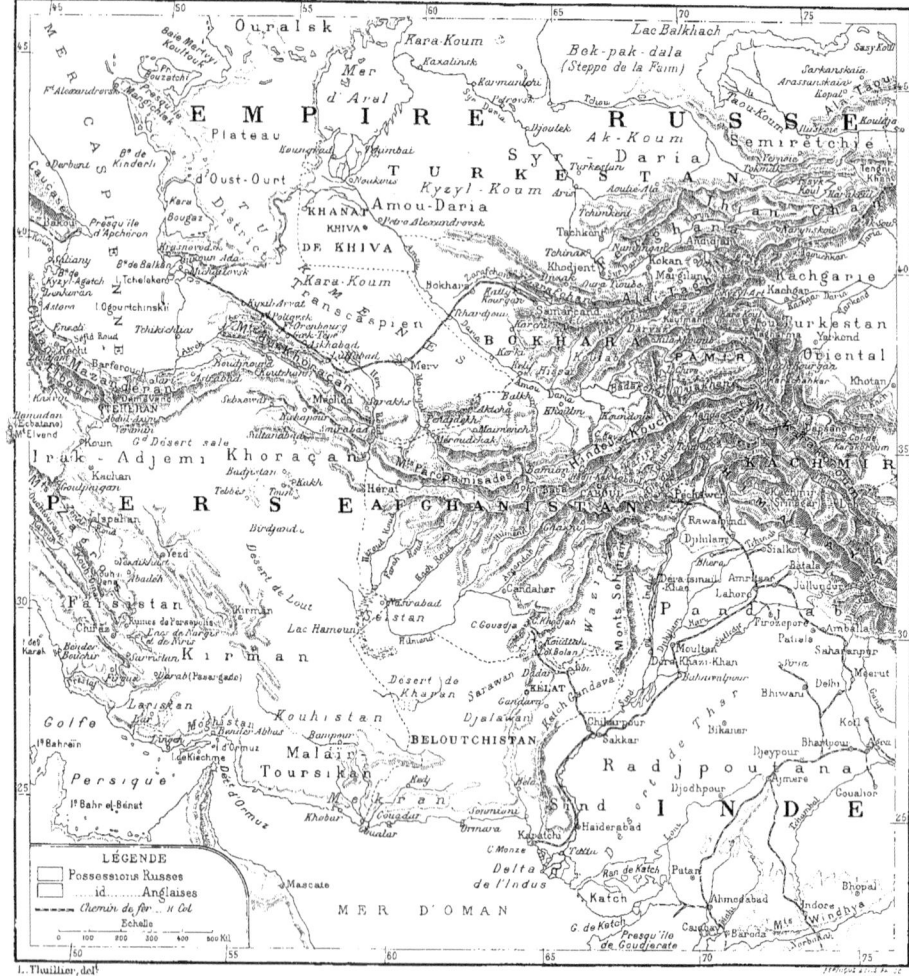

(Césarée), au pied de l'Erdjaz-Dagh (le mont Argée des anciens); *Konieh* (Iconium). *Kaisarieh* commande la haute vallée du Kizil-Irmak, route naturelle vers le nord de la péninsule et la mer Noire.

Au nord, le plateau d'Asie Mineure est étayé par les rameaux de la chaîne pontique détachée du massif arménien. Trois cours d'eau : le *Jechil-Irmak*, le *Kizil-Irmak* (Halys), et, à l'autre extrémité, le *Zaka-ria*, s'ouvrent une brèche vers la mer. Cette côte est inhospitalière : *Trébizonde* en est le port principal. A citer encore : *Sinope*, *Samsoun*, escale de nos paquebots, et, dans l'intérieur du pays : *Kastamouni*, *Tchengri*, *Zeitoun*, vaillamment défendue par une poignée d'Arméniens; *Sivas* et *Tokat*, tristement célèbres par des massacres récents.

A l'ouest, le plateau d'Asie Mineure descend en pente douce vers la mer; les cours d'eau y sont nombreux, multipliant les voies d'accès vers l'intérieur : le *Simoïs*, le *Scamandre*, le *Méandre*, le *Ghediz-Tchaï*

(Hermos). Aussi, dès l'antiquité, cette région eut-elle des villes florissantes : après l'antique *Ilion*, capitale des Troyens, les colonies grecques de Milet, Phocée, Smyrne, un moment maîtresses de l'Asie et de toute la Méditerranée.

La côte d'Asie Mineure est entourée d'une ceinture d'îles : *Imbros*, *Lemnos*, *Mytilène*, *Chio*, *Cos*, *Rhodes*, qui peuplent la mer Égée, et établissent une communication naturelle entre la côte grecque et la côte asiatique. A la hauteur de Lemnos il n'y a presque pas de séparation entre l'Europe et l'Asie; les *Dardanelles* sont moins un bras de mer qu'un grand fleuve sur les bords duquel se succèdent villes et villages sous les yeux du voyageur.

La capitale même de l'empire turc, **Constantinople**, réunit l'Europe et l'Asie en une seule ville, formée de trois quartiers : *Stamboul*, la ville turque entre la mer de Marmara et la Corne d'Or; *Péra et Galata*, la ville européenne entre la Corne d'Or et le Bosphore; enfin, en regard, *Scutari*, sur la côte asiatique. Le *Bosphore* n'est lui-même qu'un grand fleuve, comme les Dardanelles, et sur ses deux rives se pressent *Beylerbey*, *Ortakéui*, *Anatoli Hissar*, entrée des eaux douces d'Asie, *Thérapia*, résidence de notre ambassadeur, *Beïkos*, etc.

Le Bosphore avec les *Dardanelles* forment la double issue du grand lac de *Marmara*. A signaler, sur ce littoral, de grands souvenirs plutôt que de grands villes : *Ismidt* (l'ancienne Nicomédie); *Isnik* (Nicée); *Brousse*, berceau de l'empire ottoman ; *Cyzique*; *Lampsaque*, en face de *Gallipoli* et la côte d'Europe; *Koum-Kaleh*, à l'entrée des Dardanelles, la baie de *Bésika*, en face Ténédos.

Smyrne est restée la métropole de l'Asie occidentale. Son nouveau port, construit par un ingénieur français, fait à lui seul près de la moitié du commerce de la Turquie; on y voit affluer les produits de la péninsule : *céréales, figues, raisins secs, tapis* renommés. La ville est peuplée surtout de Grecs, de Juifs, d'Arméniens, de Turcs et d'Européens, parmi lesquels 2 ou 3 000 Français. Une double voie ferrée de pénétration part de Smyrne vers Alacher et Aïdin. — *Samos*, depuis 1832, est seulement tributaire de la Porte et se gouverne elle-même.

Au sud, le plateau d'Asie Mineure est appuyé par la chaîne du *Taurus*. D'abord perpendiculaire à la côte, où il forme deux ports importants, l'un en face de la grande île de *Rhodes*, l'autre au fond duquel s'élève *Adalia*, le Taurus reprend la direction du littoral et monte à 3 500 m.; puis il se brise tout à coup au défilé des portes de Cilicie et va se perdre dans la confusion du plateau intérieur. Le Taurus est alors doublé d'une chaîne parallèle, l'*Anti-Taurus*, dont les contreforts se relient entre le double cours du Kizil-Irmak et de l'Euphrate, à la *chaîne pontique* et aux *massifs d'Arménie*.

Population. — L'Asie Mineure est surtout peuplée de *Turcs*; les *Grecs* et les *Juifs* sont nombreux le long de l'archipel ; les *Arméniens*, à l'est du Kizil-Irmak, dans les montagnes, où ils sont aux prises avec des populations fanatiques : les *Tcherkesses*, venus du Caucase depuis la conquête russe; les *Arnautes*, les *Turkmènes*, les *Kurdes*. Les *Juruk*, sorte de *Tsiganes*, et les *Tachtadjis*, restes d'une race primitive, vivent à l'écart du reste de la population.

Au fond du golfe d'**Alexandrette** (Iskandéroun), entre les monts d'Asie Mineure et ceux de Syrie, le Taurus et le Liban, s'étend une plaine arrosée par le *Seichoun* (Cydnus), et le *Djihoun* (Pyramus). Là s'élève Tarse, étape d'Alexandre et des croisés, au débouché des *portes de Cilicie*. Le massif d'Akma-Dagh (Amanus), qui ferme cette plaine au sud, s'ouvre par le défilé des *portes Syriennes* sur Antioche et la Syrie.

En face d'Alexandrette, *Chypre*, devenue anglaise depuis 1879, garde le golfe et la route de l'Euphrate. La végétation est luxuriante, dans l'île : ses vins sont fameux. Ville principale *Larnaca* (l'antique Famagouste), escale de paquebots.

SYRIE ET PALESTINE

Aucune géographie n'est plus simple que celle de la Syrie et de la Palestine; deux chaînes de montagnes, dont l'une littorale, le *Liban*, l'autre parallèle, l'*anti-Liban*, au milieu desquelles s'ouvre, sur une largeur de 30 kil. une longueur de plus de 600, la longue dépression du Ghor (ancienne Cælé-Syrie, Syrie creuse).

Au centre de la dépression, l'*Oronte* (El-Aasi), coule vers le nord, passe près de *Baalbek*, arrose Homs (Emèse), non loin des ruines de *Palmyre*, et atteint la côte déserte où s'élevait Séleucie, port d'*Antioche*, autrefois reine de l'Orient, mais aujourd'hui déchue au profit d'*Alep*, sa rivale. Dans le sens opposé à l'Oronte, coule le Jourdain. Sa source est au massif de l'*Hermon* à 760 m.; il traverse le lac de *Génésareth* ou de Tibériade, et finit dans la *mer Morte* ou lac Asphaltite, nappe d'eau saumâtre à 394 m. au-dessous du niveau de la Méditerranée. Ici finit la dépression du *Ghor* : les rameaux du Liban se prolongent jusqu'au Sinaï.

Nul pays au monde n'est plus illustre que cette double vallée. Là s'élèvent Bethléhem, Nazareth, *Jérusalem*, qui virent naître, vivre et mourir le Christ, sauveur du monde.

La chaîne côtière du Liban s'élève exceptionnellement au nord jusqu'à 3 000 m., et à 615 m. au mont *Thabor*; l'altitude générale est de 200 m. Sa verte parure de cèdres a fait place aux cultures qui en escaladent les pentes par étages successifs. Sur la côte, *Beirout* est le meilleur port, le grand entrepôt de la Syrie. *Lataktéh* (Laodicée), Tripoli, Saida (Sidon), Sour (Tyr), Akka (*Saint-Jean-d'Acre*), sont bien déchues. Jaffa, tête de ligne du chemin de fer de Jérusalem, est d'un abord dangereux. Une route, construite par des ingénieurs français, conduit de Beirout à Damas, par une section du Liban et la vallée de la Barada. Beirout a 100 000 hab.; Damas 150 000 : c'est la ville la plus peuplée, la plus industrieuse et la plus commerçante de Syrie : ses tapis, ses étoffes de soie brochées d'or, ses armes sont célèbres.

La population de la Syrie et de la Palestine est, en grande majorité, de race et de langue *arabe* : le *Turc* n'est là qu'officiellement. Après les Arabes, les *Syriens* l'emportent; ils sont chrétiens de rite grec, latin, syriaque et arménien. Dans les montagnes, les *Druses* sont musulmans, les *Maronites* chrétiens. La France a le patronage des chrétiens d'Orient; son intervention, en 1860, a sauvé les Maronites de l'extermination ; elle possède les écoles les plus fréquentées. Mais de grands efforts sont faits par les Allemands, les Russes, et même les Américains, pour étendre, à côté de nous et à nos dépens, leur influence dans ces parages.

ARMÉNIE TURQUE ET VALLÉE DE L'EUPHRATE

Les hautes régions de l'Arménie sont encore au pouvoir des Turcs. Ils dominent du haut de cette position toute la vallée de l'Euphrate.

Formé de deux cours d'eau, le *Karasou*, qui arrose Erzeroum, capitale de l'Arménie, et du *Mourad*, qui passe près de Kharpout, l'Euphrate entre en plaine à *Samosate*, passe à *Biredjik* (300 kil. d'Alexandrette), et, après un brusque détour, longe péniblement la base de la péninsule arabique ; il rejoint le Tigre au-dessous de *Babylone* pour former le *Chat-el-Arab* et se perdre dans le golfe Persique.

Plus heureux que l'Euphrate, le Tigre, né dans le voisinage du Mourad, reçoit du plateau d'Arménie et du Kourdistan des torrents qui l'alimentent et fertilisent sa vallée. Après *Diarbékir*, il arrose *Mossoul*, non loin de Korsabad (l'ancienne Ninive), Bagdad, et enfin, réuni à l'Euphrate, *Bassorah*, centre commercial du pays.

Entre les deux fleuves, s'étend le désert pierreux de la Mésopotamie. La partie inférieure (ancienne *Chaldée* ou *Babylonie*), recouverte chaque année par les inondations, se transforme en marais; les anciens canaux d'irrigation, qui faisaient de ce pays une autre Égypte, ont depuis longtemps disparu. On essaye de les refaire à Bagdad.

La région arménienne est surtout peuplée d'*Arméniens* et de *Kurdes*; l'immigration des Tcherkesses du Caucase y a fortifié l'élément musulman. Mais la vallée de l'Euphrate est peuplée d'*Arabes*, Bédouins et Mâdans.

ARABIE

L'Arabie est encore imparfaitement connue ; elle présente l'aspect d'un plateau à rebords montagneux, au pied desquels s'étend une zone côtière plus ou moins large.

Le plateau *intérieur*, le *Nedjed*, très salubre et arrosé par le *Rouma*, oued de 1 300 kil., compte un certain nombre d'oasis florissantes. Au nord s'étend le désert du *Nefoud*; au sud, celui de *Dahna*. C'est au Nedjed qu'a pris naissance la puissance des Wahabites, divisée aujourd'hui en deux États, celui des *Wahabites*, capitale Riad; celui de *Chammar*, avec Haïl.

Zône côtière. — Sur le golfe Persique, les *Turcs* possèdent le territoire d'*El-Hasa* et les îles *Bahreïn*. L'*Oman*, forme un sultanat avec *Mascate* pour capitale. La pêche des huîtres perlières constitue son principal revenu.

Les Anglais ont les îles *Kourian-Mourian*, Aden et son port *Steamer-Point*, à l'entrée du détroit de Bab-el-Mandeb.

Enfin, le long de la mer Rouge, les *Turcs* possèdent l'*Yémen*, dont le café célèbre, dit de *Moka*, s'exporte par le port d'*Hodeidah* ; l'*Hedjaz*, territoire infertile, mais où s'élèvent la *Mecque*, ville sainte de tout l'Islam, et son port *Djeddah*; *Médine*, enfin, d'où s'enfuit Mahomet en 622.

PLATEAU DE L'IRAN

PERSE

La Perse, trois fois grande comme la France, et maîtresse en grande partie du plateau de l'Iran, n'a pas 8 millions d'habitants. C'est que tout le pays est en *jardins* et en *déserts*.

A l'est s'étend le *Grand désert*, et la région infertile du *Lout*, dont le fond est occupé par la lagune *Hammoun*. Au sud, la Perse s'abaisse vers la mer d'Oman et le golfe Persique par une triple série de gradins montagneux, dont les failles longitudinales ont vu se développer autrefois des

ASIE POLITIQUE ET ÉCONOMIQUE

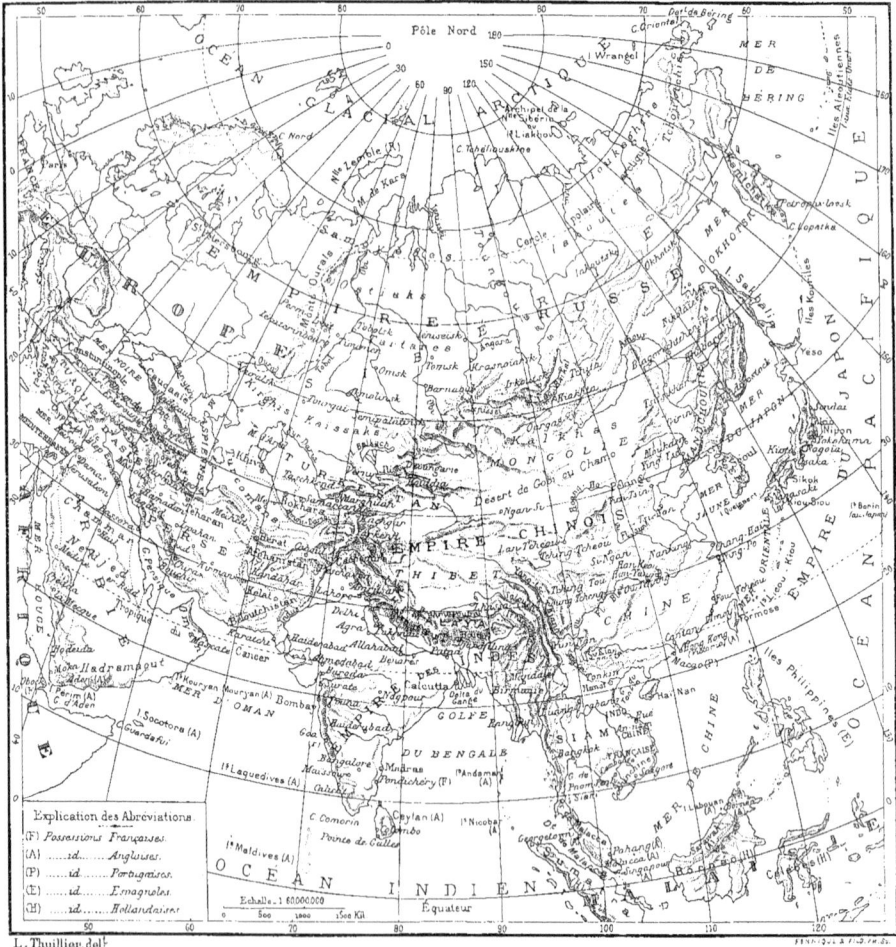

cités prospères; là s'élevaient *Suse*, *Ispahan*, sur le rebord du plateau. Téhéran, capitale de la Perse actuelle (200000 hab.) est plus au nord, au pied du massif de l'Elbourz; son port sur la Caspienne, *Recht*, doit lui être uni par un chemin de fer. C'est une excellente voie de pénétration pour les Russes du Caucase; elle complètera la route de Tébriz et de la vallée de la Koura. Du côté du Turkestan, *Méched*, la ville sainte des Persans, est sous la main des Russes.

Placé entre le Caucase et le Turkestan russe d'une part, et l'Inde anglaise de l'autre, tout le plateau d'Iran, et la *Perse* en particulier, est pour l'Angleterre et la Russie le terrain d'une lutte ardente. Si les Russes ont mis la main sur le nord de la Perse et sont maîtres dans la capitale, les Anglais, de leur côté, ne sont pas restés inactifs; ils escaladent le plateau par le sud. *Bander-Abbas* et *Boucheir* sur le golfe persique, sont presque des ports anglais où trafiquent les vaisseaux de l'Inde. D'autre part, le fleuve *Karoun*, récemment livré à la navigation, ouvre une route vers l'intérieur jusqu'à *Chouchter*. La ville de *Mohammerah*, qui s'élève à son embouchure, paraît devoir, dans un avenir prochain, supplanter Bassorah. Les Anglais ont en outre construit et détiennent la ligne télégraphique qui, par Boucheir, Ispahan, Téhéran et Tébriz, rejoint le Caucase.

GÉOGRAPHIE ÉCONOMIQUE. — On cultive tout au plus la quarantième partie du sol de l'Iran. Les *céréales*, orge et blé, ne prospèrent qu'à l'extrémité occidentale de la Perse; le riz donne de bons résultats près de la Caspienne; mais les *fruits* trouvent ici un excellent climat, et la *vigne* n'a été débannée que depuis l'islamisme. Le *tabac* surabonde : on en exporte près de 3 millions de kilogr. par an. L'*opium* dépasse la consommation locale; le surplus est exporté en Chine. La canne à sucre a disparu, le coton n'est que suffisant; mais l'*élevage* réussit très bien, surtout pour les moutons; le poil des *chèvres* est renommé pour sa finesse; les *chevaux* persans sont estimés.

Industrie. — La Perse exploite assez peu ses richesses minérales. La quantité de *sel* y est énorme, surtout dans les déserts et les lacs. Le fer, le cuivre, le plomb, l'*argent*, abondent dans les montagnes du nord. Les industries persanes sont en décadence, excepté celle de la *laine* : on estime les *tapis* de *Kerman* et de *Recht* ; les Persans d'ailleurs sont restés très habiles pour fabriquer et orner les armes.

Commerce. — On pénètre en Perse encore difficilement. À l'intérieur, faute de bonnes routes, on utilise les sentiers de caravanes. C'est seulement aux extrémités du pays que la vie commerciale est active, notamment à Tébriz ou *Tauris*, entrepôt de la Turquie, du Caucase et de l'Iran. Le commerce de *Goa*. De la Perse diminue; on *exporte* les fruits, l'opium, le riz, le coton, la soie, les tapis, les pierres précieuses; on *importe* le thé, le café, les plantes médicinales, et nombre d'objets fabriqués, comme la verrerie, et les voitures.

AFGHANISTAN

L'**Afghanistan** est ouvert, du côté de la Perse, vers l'intérieur du plateau iranien ; là s'élèvent *Kandahar*, sur un affluent de l'Helmound ; *Hérat*, sur l'Hérirond. Mais Hérat est une ville plutôt persane qu'afghane ; la vallée de sa rivière ouvre une route commode sur le Turkestan, par le défilé de Zulfikar ; enfin elle n'est pas à 200 kil. de la frontière russe.

Au contraire, l'Afghanistan des montagnes, habité par une population guerrière (4 millions d'hab.), est sous la main des Anglais. Ils ont fait de *Kaboul* (60 000 hab.), une place formidable entre la passe de Bamian et celle de Kaïber ; l'émir est sous leur protectorat. Mais ce résultat, acheté par des expéditions pénibles et coûteuses, est encore bien précaire ; la fidélité de l'émir n'est pas sûre. Aussi les Anglais ont-ils établi, au seuil même du pays, à *Peschaver*, la tête du chemin de fer de l'Indus.

BÉLOUTCHISTAN

Par le **Béloutchistan**, d'ailleurs, les Anglais ont tourné la position de l'Afghanistan. Là, en effet, l'Angleterre est tout à fait maîtresse ; elle pensionne le khan de *Kélat* (14 000 hab.), et administre le pays. Déjà même une voie ferrée, réseau détaché de la vallée de l'Indus, franchit la passe de Bolan, passe à Kettah et menace Kandahar. Kettah n'est qu'à 225 lieues de la frontière russe, et, malgré le dernier accord entre les deux puissances rivales, leurs avant-postes se surveillent.

Avec une superficie égale à celle de l'Italie, le Béloutchistan n'a pas 400 000 habitants, population de nomades et de pasteurs disséminés sur les plateaux stériles qui terminent à l'est la grande région de l'Iran.

Au nord et à l'ouest s'étendent des vallées fertiles où croissent en abondance les céréales, les arbres à fruits, les vignes, l'opium. Là paissent des *chevaux* de belle race et des chèvres dont le poil soyeux sert à fabriquer les magnifiques tapis de *Kerman*.

ASIE ANGLAISE

Les Portugais, premiers colonisateurs de l'Inde, n'y ont gardé que *Diu*, au sud de la presqu'île de Guzerate, *Damao*, sur le golfe de Cambaye, et surtout *Goa*. — Des conquêtes de Dupleix, qui nous promettaient l'empire indien, cinq villes seulement nous restent avec quelques postes commerciaux : *Pondichéry* (40 000 hab.), *Mahé*, *Karikal*, *Yanaon*, *Chandernagor*.

L'**Inde** est le joyau de l'empire colonial britannique. C'est une vaste région grande comme l'Europe, et qui comprend une multitude de *pays différents*. L'Écosse ressemble plus à l'Espagne que le Bengale au Pundjab ou au Mysore. Cependant on distingue dans l'Inde *deux grandes régions naturelles* : 1° la plaine, qui s'étend au pied de l'Himalaya dans les bassins de l'Indus et du Gange ; 2° le plateau triangulaire du Decan, qui s'élève sur la base des monts *Vindhia* (1 200 m.), jusqu'à la pointe du cap Comorin, avec la double chaîne des *Ghattes* orientales et occidentales, alignées le long de la côte.

La plaine *indo-gangétique* forme un monde à part. Entre l'Indus et le Gange, le seuil de partage des eaux ne s'élève pas à plus de 300 m.. Aussi, bien que la langue du Bengali ne soit pas mieux comprise à Lahore qu'à Paris, il y a dans cette immense plaine (2 700 kil.), une réelle communauté de vie. C'est ici l'Inde *proprement dite*, pays grand comme la France, l'Allemagne, l'Autriche et l'Italie réunies, avec une population de 150 millions d'habitants. Aucune contrée d'Europe, sauf la Belgique, n'est plus peuplée : la province d'*Oudh*, à elle seule, compte 44 millions d'habitants. Là se pressent les villes célèbres : *Agra*, *Allahabad* (150 000 hab.); *Bénarès*, la ville sainte (200 000); *Delhi*, l'ancienne métropole, capitale des souverains afghans et mongols. Aux yeux de l'indigène, cette région est toujours le centre de l'Inde, l'*Hindoustan*. C'était, pour les anciens, la terre *centrale*, la demeure des dieux et des héros ; *Bouddha* y naquit, et la répandit sa doctrine sur le monde oriental.

Dans son ensemble, et si l'on y comprend la Birmanie, l'*empire des Indes* compte une *population* de 255 millions d'habitants, divisés à l'infini.

La religion de la population agricole, c'est-à-dire de l'immense majorité des *Hindous*, ne rappelle que de fort loin celle des Livres sacrés ; c'est un ensemble de superstitions grossières et de pratiques ridicules. — Les *brahmanes* eux-mêmes, tout en conservant leur situation privilégiée à l'égard des autres Hindous, sont fort divisés. Pour 14 millions de brahmanes, on compte plus de 1 800 subdivisions brahmaniques. Dans l'Oudh, ils forment le septième de la population ; et, comme l'aumône est insuffisante pour les faire vivre, ils exercent toutes sortes de métiers, sont marchands, soldats, domestiques, cultivateurs. — Les *musulmans* sont plus de 50 millions, presque tous dans les provinces de l'ouest et de l'est (Pundjab et Bengale). Mais, sauf dans les villes, la majorité des musulmans conserve, sous l'étiquette de la religion, les superstitions et les usages des Hindous. — À ces cultes divers, il convient d'ajouter plusieurs millions de *bouddhistes*, 2 millions de *chrétiens*, les *Parsis* adorateurs du feu, et les *juifs* de Bombay.

Les **castes**. — Si l'on excepte les brahmanes, il ne reste plus que fort peu de chose des quatre classes sociales décrites au livre de Manou : *brahmanes, kçatryas, vaïsyas, soudras*. L'Inde d'aujourd'hui est divisée en une infinité de groupes sociaux, indépendants les uns des autres ; le mot *caste* désigne l'un de ces groupes. Chaque profession, chaque genre de commerce, forme une caste dont les adhérents ont un culte particulier et vivent exclusivement entre eux. — Il y a environ 2 000 castes différentes, avec des divisions et des subdivisions innombrables.

Que dire de la diversité des *langues* ? On en compte plus de 240 dans l'Hindoustan.

Les *formes* politiques ne sont pas moins variées. Au lieu de se mêler, comme en nos pays d'Europe, les apports divers de la conquête se sont superposés : *Dravidiens, Aryas, Siks, Mongols, Afghans*, se pressent sans se confondre. Il n'y a pas, au sens vrai du mot, de peuple indien, de *nation indienne*, mais un amalgame incohérent de peuples divers, souvent ennemis. Cette division est la plus solide garantie de la domination britannique dans l'Inde, et, peut-être aussi la raison d'être d'un *pouvoir supérieur* qui représente « la paix imposée par la force. »

Gouvernement. — Depuis qu'en janvier 1877, la reine d'Angleterre a été proclamée, à Delhi, *impératrice des Indes*, tous les chefs d'État indigènes reconnaissent sa suprématie ; il n'y a de différence entre eux que par le degré de sujétion. Pourtant l'État himalayen du *Nepâl*, isolé dans ses montagnes, a gardé à peu près son indépendance.

Le gouvernement général du pays appartenait autrefois à la *Compagnie des Indes* ; l'insurrection de 1877 l'a fait donner à la *Couronne*. L'Inde britannique n'est plus divisée, comme on a le tort de le répéter, en trois présidences : Bengale, Bombay et Madras. On la divise aujourd'hui en huit *provinces* :

Le *gouverneur général*, auquel on donne communément le nom de *vice-roi*, bien que ce titre n'ait rien d'officiel, est nommé pour cinq ans avec un conseil de six membres, désignés, comme lui, par la Couronne. Il a le pouvoir *exécutif* ; aucune loi ne vaut sans lui. Il veille à l'exacte application des *lois*, au bon ordre des *finances*, à la sécurité (armée et police) ; il préside aux *relations extérieures* et à celles des États indigènes entre eux ; prend de telles mesures que commande l'intérêt économique (*chemins de fer, canaux*), ou l'intérêt général de l'empire.

Le gouverneur général n'intervient fort peu dans l'administration particulière des *provinces*. Chacune d'elles a son chef particulier : *lieutenant-gouverneur*, dans les provinces du *Pundjab*, du nord-ouest et du Bengale ; *chef-commissaire*, dans les *Provinces centrales*, l'*Assam* et la *Birmanie* ; enfin, *gouverneur*, à Madras et à Bombay. Ces derniers sont soumis comme les autres au gouvernement général, bien qu'ils aient conservé certains privilèges de la tradition.

Le gouverneur lui-même n'échappe pas au contrôle : à Londres, un *secrétaire d'État*, assisté d'un conseil de quinze membres, dit *Conseil de l'Inde*, est chargé de donner une suite, et, au besoin, un appui à la conduite générale des affaires de l'Inde.

États indigènes. — Outre les *provinces* administrées directement par l'Angleterre, l'Inde compte encore un certain nombre d'*États* protégés ou vassaux. Il y en aurait plusieurs centaines si on les voulait nommer tous.

Les principaux se rattachent à deux catégories : 1° États *musulmans* et *mahrattes* : *Nizam* d'*Haïderabad*, le plus puissant de tous avec 10 millions d'habitants; États de *Gwalior*, etc.; 2° les États moins importants, où survivent encore les anciennes institutions et les *vieilles dynasties* hindoues, comme ceux du *Radjpoutana*. Il convient de mettre à part le *Maisore*, le *Travancore* et plusieurs États du *Pendjab*; les généralités à leur sujet sont presque toujours des erreurs; chacun a son régime spécial. — L'État frontière du *Kashmir* est une création récente.

L'armée régulière de l'Inde s'élève à 230 000 hommes, dont 75 000 Anglais. Depuis 1857, toute l'artillerie est anglaise; des régiments exclusivement anglais sont cantonnés sur divers points, reliés par des voies ferrées. Enfin, dans les régiments mixtes, encadrés d'officiers anglais, on a mêlé, pour prévenir toute union, les races, les castes et les religions : les *Gourkas*, les *Siks*, les *Pathans* sont d'excellents soldats.

Travaux publics. — Les *chemins de fer* ont augmenté la puissance militaire anglaise et développé la richesse économique de l'Inde, en rapprochant les centres d'approvisionnement. L'Indus est comme le Nil : sans les canaux d'irrigation, sa vallée serait inculte. De même, pour le Gange : le principal canal qui en distribue les eaux a 1 600 kilomètres. On a creusé des réservoirs dans l'Inde du centre et du sud, près du delta des fleuves. Depuis 1889, six milliards ont été dépensés pour les travaux publics.

Les villes principales de l'Inde sont : *Calcutta* (810 000 hab.), résidence officielle du gouverneur général, *Luknow*, *Bénarès*, *Delhi* (195 000), *Patna*, *Agra*, *Allahabad*, *Jeypore*, *Lahore*, *Amritsar*, *Bombay* (820 000 hab.), *Madras* (450 000 hab.) *Haïderabad*, *Bangalore*, *Colombo* (Ceylan).

Le Népal a pour capitale *Katmandou*, et le Boutan, *Tassisoudon*.

GÉOGRAPHIE ÉCONOMIQUE. — L'Inde est une ferme immense dont la fertilité est essentiellement liée au climat. On y trouve autant de *climats* que de pays différents. Le Sindh est un pays sans pluie; au contraire, il pleut dans le bas Bengale, souvent, en vingt-quatre heures, autant qu'à Londres en une année entière. D'une manière générale, l'Inde est soumise au régime des *moussons*.

A la fin de *juin*, quand le sol est uniformément aride sous un soleil de feu, la brise marine qui s'élève au *sud-ouest* pénètre par les vallées des fleuves (Nerbudah, Tapti), et, au contact du relief, se fond en pluies diluviennes au-dessus de la plaine du Gange. Alors la vie indoue acquiert une intensité inouïe. C'est l'*été* avec toutes les cultures des *régions tropicales*, principalement le *millet*, le *riz*, la *canne à sucre*, le *maïs*, l'*indigo*, le *coton*, le *thé*, le *café*, dans le sud.

En octobre, la mousson se renverse et souffle du *nord-est*; les pays de la côte orientale et méridionale reçoivent à leur tour la pluie bienfaisante. Puis le vent est fraîchit; la température est délicieuse dans l'Inde, de janvier en avril : c'est l'*hiver*, et avec lui les cultures des *pays tempérés*, le *blé*, l'*orge*, le *tabac*, l'*opium*, la *graine de lin*, la *moutarde*... La moisson est faite quand la chaleur s'appesantit de nouveau sur la terre.

Nulle part la végétation n'est aussi luxuriante qu'à Ceylan et dans le Bengale.

On évalue à 90 pour 100 la population agricole de l'Inde entière. C'est dire combien l'industrie tient peu de place dans la vie générale. Cependant les métaux, la *houille* surtout, ne manquent pas; l'*or* et les *diamants* de *Golconde* sont restés fameux. Les Hindous excellent encore dans la fabrication des *tissus*; on connaît dans le monde entier les *châles* du *Kachmir*. Bombay est le centre de l'industrie cotonnière; *Madras* accapare le commerce de la côte de Coromandel.

L'Inde est moins tournée vers l'Europe que vers la Chine. De là les récentes annexions de l'Angleterre en Birmanie (Ava), ses intrigues au Siam et la construction rapide d'une voie de pénétration par *Bhamo*, vers le Yunnan, cet immense marché ouvert au cœur même de la Chine.

ASIE FRANÇAISE

La *Cochinchine*, le *Cambodge*, l'*Annam* et le *Tonkin* forment l'Indo-Chine française. La Cochinchine seule est colonie directe et nomme un député. Les autres pays sont sous notre protectorat. Un gouverneur général réside à *Saïgon* (50 000 hab.); des résidents français dirigent : à *Hué* (30 000 hab.), les affaires de l'*Annam*; à *Phnom-Penh* (35000 h.), celles du Cambodge; à *Hanoï* (150000 hab.), le *Tonkin* [1].

Parmi les *États indépendants* de l'Indo-Chine, le plus vaste est le

[1] Pour plus de détails, voyez la *France et ses colonies*.

Siam, qui a 5 millions d'habitants. La capitale est *Bangkok* (200 000 hab.), ville bâtie sur pilotis, et plus particulièrement chinoise.

En 1893, le roi de Siam, après avoir provoqué la France par l'invasion du Cambodge, a reconnu nos droits sur toute la rive du Mékong, et les intrigues anglaises pour la formation d'un *État tampon* entre la Birmanie britannique et nos possessions n'ont pas abouti. Mais les Anglais se sont assuré en Indo-Chine des positions de premier ordre : les bouches de l'Iraouaddy; *Malacca*; Singapour; *Rangoun*. Depuis 1886 ils occupent *Mandalé*, capitale de la Birmanie, dont ils ont fait un pays de protectorat; leur zone d'influence en Indo-Chine comprend 700 000 kilom. carr. et 8 millions d'habitants.

GÉOGRAPHIE ÉCONOMIQUE : Agriculture. — L'Indo-Chine est un des pays fertiles pays du globe : la chaleur humide et la régularité des moussons en activent la fécondité. Le haut pays est riche en forêts : le *bois de teck* et le *bambou* y abondent. La principale culture alimentaire est celle du *riz*, qui, chaque année, dépasse de beaucoup la consommation, notamment en Cochinchine. Le Tonkin cultive avec succès les légumes d'Europe; la Birmanie produit le *thé* depuis l'annexion anglaise. La *canne à sucre* se trouve au Siam. Dans la péninsule de Malacca, l'avenir est aux *épices* : le *bétel* du Cambodge, le *coton* du Tonkin, sont estimés.

Les *pâturages* sont surtout favorables au gros bétail : *bœufs* du Cambodge, *buffles* du Laos, petits *chevaux* de Birmanie. La chasse au sanglier, au tigre, à l'éléphant, est bien moins importante que la pêche; on recherche, pour les vendre à un prix élevé aux gourmets, les *nids comestibles* d'*hirondelles* sur la côte d'Annam.

INDUSTRIE. — Les *métaux précieux* sont moins abondants qu'autrefois en Birmanie; on y trouve cependant encore des *pierres précieuses* : le saphir et le rubis. Malacca, l'Annam et le Tonkin fournissent la *houille*. Le Tonkin possède aussi de riches minerais d'*antimoine*; l'*étain* de Malacca est renommé; le *fer*, le *zinc*, le *plomb*, le *cuivre*, peuvent être pour le Tonkin, la Birmanie, le Cambodge, une source de richesse.

L'Indo-Chine, plus habile que l'Inde pour les travaux industriels, fabrique des *poteries*, travaille le *bronze* et sculpte sur bois. Les soieries du Siam sont renommées.

COMMERCE. — L'Indo-Chine est une des portes de la Chine méridionale. La pénétration par les fleuves n'est pas profonde : pourtant l'Iraouaddy est navigable jusqu'à *Bhamo*, à 1 200 kilom. de l'Océan; la classe au plus sûr que jusqu'à 600 kilom. de ses embouchures; et le fleuve *Rouge*, au Tonkin, est d'une navigation assez difficile. Le Mékong, ouvre l'accès du Yunnan. Mais nous n'approchons de la Chine, contrairement aux Anglais de Birmanie, qu'après avoir franchi le détroit de Malacca, gardé par la position anglaise de *Singapour*. Cet entrepôt, l'un des plus considérables du monde, fait pour plus de 700 millions d'affaires par an.

Le *Siam* est voisin de nous; mais la France ne vient qu'au sixième rang dans le commerce de Bangkok. — Pour l'*Indo-Chine française*, le commerce total est de 140 millions, dont 50 déjà pour le Tonkin. Les paquebots des Messageries maritimes vont de Marseille à Saïgon en 28 jours, à Haïphong en 32. — La valeur totale du *commerce indo-chinois* est d'environ 800 millions de francs. Après les Anglais, mais avant la France, l'Allemagne en profite.

EMPIRE CHINOIS

L'Empire chinois comprend, outre la Chine proprement dite, les vastes régions qui, sous le nom de *Tibet*, *Turkestan oriental*, *Dzoungarie*, *Mongolie*, occupent le sud-ouest, l'ouest et le nord du plateau central asiatique. La *Mandchourie* est un prolongement de la Chine; la *Corée* en est tributaire.

ÉTATS DÉPENDANTS DE L'EMPIRE CHINOIS

Le *Tibet*, isolé sur son plateau, subit la prépondérance économique de la Chine, mais il se considère comme à peu près indépendant. Toute la vie du pays est concentrée dans la longue vallée qui borde l'Himalaya. C'est là qu'est la capitale *Lhassa*, résidence du Dalaï-lama, chef spirituel du bouddhisme; l'empereur de Chine ratifie son élection, ainsi que celle du souverain temporel, vice-roi de Lhassa. — Le Tibet communique, à l'ouest, avec le Cachemire et l'Inde, par la passe de Karakoroum, qui n'est pas à moins de 5650 m.; les communications sont plus faciles avec le Turkestan oriental, par la vallée du Khotan.

Le *Turkestan oriental* s'étend dans le bassin du Tarim, fleuve aussi long que la Loire, qui recueille les eaux du Kouen-Lun, du Pamir et des monts Tian-Chan.

Sur les trois principales rivières qui forment le Tarim, se sont développées, au pied des montagnes, les oasis de *Khotan*, *Yarkand*, *Kachgar*. Celle-ci, la plus importante de toutes, commande la route du Turkestan russe vers le Tibet et vers l'Inde, par Yarkand; et, vers la Chine, par l'oasis de *Khami*. — Quant au Tarim, desséché par une forte évaporation, serré de près par les sables du désert, il finit misérablement dans la lagune de Kara-Bouran, dont le *Lob-Nor* n'est que l'égout.

Le Turkestan oriental, autrefois prospère, et habité en majorité par une population musulmane venue de l'ouest, a failli échapper aux Chinois de 1862 à 1877 : ils y sont aujourd'hui redevenus les maîtres.

La Dzoungarie. — Entre le Turkestan oriental et la Mongolie, les Tian-Chan et l'Altaï, s'ouvrent les *portes de Dzoungarie*, vaste dépression formée par l'Irtych, de l'Orient vers l'Occident. Par cette vallée ont passé les grandes invasions de barbares, Gengis-Khan, Tamerlan, Attila, les Turcs, qui ont poussé jusqu'au cœur même de l'Europe et mis la main sur l'Asie occidentale.

La Mongolie prolonge, par son désert, celui du Tarim inférieur. Toute cette région est désignée par les Chinois sous le nom générique de *Han-haï*, « mer desséchée ». Entre Ourga et les monts de Nan-Chan, sur un parcours de 400 lieues, Prjevalskiy n'a pas rencontré un seul cours d'eau. Les oasis se blottissent au pied des montagnes ; on y voit affluer les Chinois, mais aussi les Russes ; car, à l'ancienne voie d'échange par *Kiachta*, s'en est ajoutée une autre par *Ouliassoutaï*. L'ancienne capitale de Gengis-Khan, au centre du pays, Karakoroum, n'est plus qu'une ruine.

La Mandchourie, séparée, à l'ouest, de la Mongolie, par les monts Chingan ; au nord, de la Russie, par le fleuve Amour ; à l'est, de la Corée par les montagnes Blanches, n'est, vers le sud, qu'un prolongement de la Chine. Aussi le Chinois a-t-il transformé et occupé une partie du pays. Le Mandchou est surtout un soldat; le Chinois un agriculteur; on compte un million de Mandchous dans le pays. La capitale est *Moukden*, ancienne résidence de la dynastie qui règne aujourd'hui à Pékin.

La Corée, grande presqu'île comparable à l'Italie, est un pays pauvre, dont les habitants vivent surtout d'élevage. Ils sont encore mal connus, car, jusqu'en 1878, la Corée est restée obstinément fermée aux étrangers. Trois ports : *Tchimulpo*, *Fousan*, *Gensan*, sont ouverts depuis 1883 au commerce européen.

Tributaire de la Chine, à la fois sous la main du Japon, et convoitée par les Russes, la Corée peut difficilement être indépendante. La capitale est *Séoul*. Au sud, *Port-Arthur* est devenu le grand arsenal de la Chine et la principale défense de Pékin.

CHINE PROPREMENT DITE

La ligne de hauteurs qui prolonge à l'est le soulèvement du *Kouen-Lun*, sous les noms de monts *Tsia-Ling* et monts du *Honaï*, marque en Chine deux régions distinctes, mais non séparées, que réunit à l'est une grande plaine littorale.

La Chine du Nord est semée de plissements montagneux séparés par des terres fertiles : le *Hoang-Ho* l'arrose. Si riches qu'elles soient, on a beaucoup exagéré la valeur des *terres jaunes*; elles ne sauraient en tout cas être égalées aux incomparables *terres noires* de Russie. Sur le haut fleuve, Singan, et surtout *Lan-Tchéou*, commandent les relations commerciales de la Chine avec le Tibet et le Turkestan oriental. La province la plus commerçante est le *Chansi*, dont la capitale, *Taï-Yuen*, trafique avec Kiachta, Kouldja et même Samarcande. La presqu'île de *Chan-Toung* est célèbre pour sa fertilité et sa richesse.

C'est dans la plus pauvre province, le *Petchili*, que se trouve, à portée de la frontière la plus exposée, **Péking**, centre administratif et capitale de tout l'empire (plus d'un million d'habitants). Non loin de là, sur le *Peï-ho*, *Tien-Tsin* (950 000 hab.) est la tête de ligne des communications de la grande plaine de l'est. De là, en effet, part le système fluvial qui, par le *grand canal impérial*, réunit le cours inférieur des deux grands fleuves chinois : le Hoang-ho et le Yang-tsé-Kiang.

La Chine du Sud est proprement le bassin du *Yang-tsé-Kiang*. A sa sortie du Yunnan, le fleuve arrose la belle province du *Sétchouen*, dont la capitale, *Tchang-King*, est ouverte depuis 1890 au commerce européen (400 000 hab.). Puis il franchit les défilés d'*I-Tchang*, reçoit le *Min*, qui nourrit dans sa vallée 3 millions d'habitants, passe à *Han-Kéou*, au confluent du Han-Kiang, à *Ou-Tchang*, capitale du *Hou-pé*; enfin atteint *Han-tchéou* (800 000 hab.), et *Nan-King*, ancienne capitale de la Chine, fermée, comme Pékin, au commerce européen. Tout près de là s'élève *Changhaï*, l'un des ports principaux avec l'Europe (400 000 hab.). La côte abrite des ports florissants : *Ning-Po* (250 000 hab.), *Fou-Tchéou* (650 000 hab.), *Amoy* (100 000 hab.), *Canton* (1 800 000 hab.), au débouché du Si-Kiang et de la province du Kouang-Si. Canton a perdu son ancienne prospérité au profit de *Hong-Kong* (230 000 hab.), le grand entrepôt anglais qui a déjà supplanté Macao.

On estime à plus de 360 millions la population totale de l'empire chinois. Les races y sont très mélangées : dans la Chine elle-même, le Chinois-mandchou ne ressemble pas au Chinois du Midi. La religion la plus répandue est celle de Confucius ; on compte 20 millions de musulmans ; un grand nombre de bouddhistes ; environ 1 million et demi de chrétiens.

L'empereur gouverne à l'aide d'un haut conseil, d'un conseil intérieur et de six bureaux ou ministères, parmi lesquels le *Tsung-li-Yamen* est chargé des affaires étrangères. Dix-huit vice-rois exercent dans les provinces une autorité presque absolue. La dynastie qui règne à Pékin est de race mandchoue depuis 1647.

EMPIRE JAPONAIS

L'archipel du Japon (du *Nipon*, comme disent les Japonais), forme, avec les îles *Kourîles* au nord, le groupe des *Liou-kiou* et l'île *Formose* au sud, un grand cercle de feu qui, des Philippines au Kamtchatka, enveloppe la côte orientale du continent asiatique.

C'est, en effet, une terre essentiellement volcanique que celle du Japon. Ses montagnes, abondamment arrosées, sont couvertes d'une végétation merveilleuse ; mais elles recèlent de terribles ferments. Les tremblements de terre ne se comptent plus ; celui de 1854 renversa en partie la ville de Yedo et coûta la vie à 100 000 habitants. Quant aux volcans, plusieurs sont encore en activité : le *Fouzi-Yama*, dans l'île de Nipon (3745 m.), est le plus connu. La dernière éruption est celle du *Bandaï-Saa*, en 1888.

On distingue *quatre* îles principales dans l'archipel japonais.

Yéso a conservé sa parure de forêts, et sa population primitive des Aïnos, qui vivent de chasse et de pêche ; le port est *Hakodate* (45 000 habitants).

L'île de Hondo ou Nipon (pays du soleil levant), la plus grande de toutes les îles japonaises, donne son nom à l'empire ; elle en représente les trois cinquièmes en superficie, les trois quarts pour la population. Tokio, l'ancienne *Yédo*, est la capitale du Japon et la résidence de l'empereur (1 200 000 hab.). Depuis la révolution de 1867, le *mikado* n'est plus, comme autrefois, une sorte de personnage mystérieux, caché aux regards de ses sujets parmi les temples et les palais de *Kioto*; il a repris le pouvoir usurpé par les *sogouns*, brisé l'ancien système féodal des *samuraï* (porteurs de sabre), et jeté le Japon d'un seul coup en pleine civilisation occidentale. Il n'y a pas aujourd'hui de pays plus actif et plus ambitieux. *Osaka* (480 000 hab.) est le port de Kioto; mais il tend à déchoir, comme l'ancienne capitale, au profit du port voisin de *Kobé*. Au contraire, *Yokohama*, le port de Tokio, de simple village qu'il était, est devenu une ville de 150 000 habitants et le plus grand entrepôt commercial du Japon.

A citer sur la côte ouest : *Niigata*.

Sikok, avec son port *Tokoushima*, vit surtout du voisinage de Nipon. *Nagasaki* (60 000 hab.), le port de l'île Kiou-Siou, est le centre des relations avec l'Europe: *Kagosima* n'est pas encore ouvert au commerce étranger.

Le long chapelet des îles Liou-kiou a un port ouvert, *Nafa*. Enfin, les îles Sannan forment le trait d'union des possessions japonaises avec la grande île de *Formose*, abandonnée par la Chine au Japon depuis la dernière guerre.

GÉOGRAPHIE ÉCONOMIQUE DE LA CHINE ET DU JAPON. — La Chine est exceptionnellement favorisée au point de vue agricole : température, humidité, richesse du sol, tout y est réuni ; aussi a-t-on déboisé le pays à outrance, mais aussi aggravé les inondations fluviales. Les forêts n'existent que dans les régions montagneuses, au Yunnan et sur la frontière du Tibet.

Le *riz* est le mets national des Chinois : il occupe le huitième de l'espace cultivé ; au nord du Hoang-ho, il est remplacé par les céréales. La Chine méridionale est riche en arbres toujours verts, rappelant la zone méditerranéenne : lauriers, myrtes, etc. Les fruits d'Europe se mêlent à ceux des tropiques : pommes, poires, pêches, oranges, figues, bananes. Le produit des vignes est médiocre. Le bambou sert au vêtement, à l'habitation, à la marine, même à la nourriture quand ses tiges sont encore tendres.

Mais la grande richesse de la Chine est le *thé* : on récolte environ 400 millions de kilogr. de thé par an, dont deux tiers sont consommés sur place. Le *tabac*, le *pavot*, sont fort répandus : on n'a guère entravé la consommation de l'opium. Le *coton* recule devant les produits similaires de l'Amérique et de l'Inde.

Faute d'herbages, l'*élevage* fait défaut : aussi les transports se font-ils à dos d'hommes; la viande, le lait, le beurre, le fromage, sont inconnus. Les animaux domestiques sont très rares; mais la Chine élève surtout le *ver à soie*, dont Shang-haï est l'entrepôt central. Aucun pays du monde ne peut l'égaler pour cette production; l'Italie vient après la Chine.

Montagneux et dépourvu de terre jaune, le **Japon** est moins favorable que la Chine à l'agriculture; mais le climat y est excellent, et la population agricole très active. Les *forêts* occupent les deux cinquièmes de la surface totale : cèdres, pins, érables, mûriers, telles sont les principales essences. Le blé, l'orge, le sarrasin, le cèdent au *riz*, comme en Chine; mais le jardinage et la culture maraîchère sont très avancés; les primeurs et les fruits abondent. La canne à sucre et le coton réussissent peu au Japon; mais la culture du *tabac* devient tous les jours plus prospère.

L'*élevage* n'est rémunérateur que dans le nord, à *Yéso*, riche en herbages. La pêche est des plus actives : 850 000 Japonais vivent de cette industrie; c'est plus qu'en Europe. La production de la soie est très considérable; 110 millions de francs, contre 180 pour la Chine; le Japon sont immédiatement l'Italie pour la sériciculture.

INDUSTRIE. — La **Chine** est le plus riche pays du monde en *houille*; l'anthracite y suffirait aux besoins de l'univers pendant des milliers d'années; l'exploitation, d'ailleurs facile, paraît égale à 4 millions de tonnes, et se concentre plus spécialement au nord de Péking. Les métaux précieux sont peu utilisés par les Chinois. Le *fer*, comme le charbon, abonde au Chan-Si; le Chan-Toung a le *plomb* et surtout le *cuivre*. Mais le Yunnan est le grand pays à minerai : aux métaux précédents il ajoute l'*étain*; loin des ports chinois, il a le Tonkin pour débouché naturel. Le *sel* s'extrait au Petchili et près des côtes; le *kaolin*, non loin du lac Poyang.

Le *tissage de la soie* est la première industrie des Chinois : Hang-Tchéou en est le centre. Les bijoux en *jade* du Yunnan, les objets en laque, le papier, les nattes de paille, l'*encre de Chine*, étaient avec les *porcelaines*, les principales productions de l'industrie chinoise : la concurrence des produits européens leur a été préjudiciable.

L'*or* du Japon est plus rare qu'au moyen âge; mais dans cette contrée, qui adopte vite les méthodes modernes, la production de l'*argent* croît avec rapidité. La *houille* est d'une exploitation générale, surtout dans le nord, et se chiffre par 3 millions de tonnes. Le *fer* manque; le pétrole est rare; mais le pays tout volcanique est riche en *soufre*, il l'est aussi en *kaolin*.

L'industrie du Japon est très développée, plus artistique et moins exclusivement utilitaire qu'en Chine : aux traditions nationales, les Japonais savent adapter les procédés européens ; ils sont incomparables pour les *bronzes d'art*, les *laques* et *porcelaines*, les *armes*, les *papiers*. Souvent leurs produits dépassent par l'habileté de la main-d'œuvre et le goût ceux des Chinois.

COMMERCE. — Les grandes routes du *commerce intérieur* en *Chine* sont les cours d'eau : le fleuve Jaune, avec son régime très inégal, sert peu à la navigation; mais le *Yang-tsé*, directement et par ses tributaires, est une artère merveilleuse. Le système de *canalisation* est très étendu. Le cabotage est surtout actif dans le sud-est, à portée de la région montagneuse. En dehors des sentiers de mulets, il n'y a pas de routes.

On forme des caravanes : à Péking, pour la *Sibérie*; à Han-tchéou, pour le *Turkestan oriental*; à Han-Kéou, pour le *Tibet*; à Talifou, pour la *Birmanie* et le *Laos*. Le vieux parti Chinois, hostile aux relations européennes, entrave le développement des *voies ferrées*, et empêche les travaux de la ligne projetée entre Péking et Han-Kéou, entrepôt de la Chine centrale.

Le *commerce maritime*, peu actif pour l'énorme population chinoise, est en progrès : Shang-haï, à l'embouchure du fleuve Bleu, est, de beaucoup, le premier port; *Canton* suit de près, puis viennent *Amoy*, *Fou-Tchéou* et *Tien-tsin*, port de Pékin.

Le *commerce extérieur* de la Chine ne dépasse pas un milliard et demi : on *importe* surtout l'opium et les cotonnades; on *exporte* la soie et le thé. Sur 25 millions de tonnes, l'Angleterre occupe le premier rang avec 16 millions; la France ne vient qu'après l'Amérique, l'Allemagne, le Japon. Il est temps de se préparer à l'heure où la Chine, pays très riche et très actif, mais jusqu'ici très fermé à l'Europe, s'ouvrira au commerce occidental.

Au **Japon**, les routes sont bien entretenues, macadamisées, bordées d'arbres. Les habitants d'ailleurs se montrent en général favorables à l'exploitation des *chemins de fer*. Un *câble* relie Nagasaki à Shang-haï et à Vladivostock; les grands paquebots européens à destination de la Chine vont jusqu'aux îles japonaises.

Ce sont les États-Unis qui tiennent le premier rang dans le *commerce extérieur* du Japon : ils achètent bien plus qu'ils ne vendent. C'est le contraire pour les Anglais. La France vend des draps et achète de la soie. Mais le Japon, très commerçant, vend plus qu'il n'achète, s'enrichit, et veut se suffire à lui-même. Par sa position insulaire, ses progrès rapides, et le récent succès de ses armes, le Japon tend à prendre le pas sur la Chine et à jouer le rôle de l'Angleterre en Extrême-Orient.

OCÉANIE POLITIQUE ET ÉCONOMIQUE

L'Océanie comprend : 1° L'*Insulinde* ou *Malaisie*. — 2° L'*Australie* avec ses dépendances : *Tasmanie* et *Nouvelle-Zélande*. — 3° La *Polynésie*, multitude d'îles semées à la surface du Pacifique, entre le continent australien et la côte d'Amérique.

INSULINDE OU MALAISIE

L'**INSULINDE** ou **MALAISIE** n'est que le prolongement de la côte asiatique : on l'appelle encore pour cette raison, **Australasie**. Elle se développe, de la pointe d'Indo-Chine à celle de Formose, en un long chapelet d'îles : *Sumatra*, *Java*, *Florès*, *Célèbes et Philippines*, dont le demi-cercle enferme *Bornéo*. Les étendues marines qui séparent ces îles prennent des noms divers : mers de *Java*, de *Célèbes*, de *Jolo*. La mer de *Chine* s'étend entre elles et la côte d'Asie.

Les détroits sont nombreux comme les terres qu'ils séparent : détroit de la *Sonde*, entre Sumatra et Java; de *Lombok*, entre Java et Florès; de *Makassar*, entre les Célèbes et Bornéo. Le détroit de *Lombok* est le plus profond de tous (1 000 m.).

L'Insulinde n'est qu'une longue traînée de *volcans*; on en compte plus de cinquante en activité. Il n'y a pas de longs fleuves à cause de l'altitude des montagnes et du voisinage de la mer. Mais les rivages, sauf pour Sumatra et Bornéo, sont découpés à l'infini. Le *climat* est maritime entre tous, avec des pluies diluviennes et des chaleurs torrides, suivant l'alternance des moussons.

Les peuplades *primitives* qui habitaient ces parages durent faire place, vers le XIIe siècle, aux conquérants de race *malaise*. Ceux-ci, à leur tour, ont vu venir les Européens : les *Portugais* prirent Malacca et les Moluques, au début du XVIe siècle; les *Espagnols* touchèrent aux Philippines avec Magellan en 1521 ; enfin, au XVIIe siècle, les *Hollandais* prirent ses colonies au Portugal allié de l'Espagne, et les *Anglais* sont encore venus depuis.

COLONIES HOLLANDAISES. — Elles tiennent le premier rang par le nombre et l'importance : on les divise en possessions directes et en pays tributaires ou protégés; un gouverneur général les administre.

Sumatra, cette île massive, grande treize fois comme les Pays-Bas, est dominée par une arête montagneuse, dont le plus haut sommet est le mont *Ophir* (2 900 m.). Son fleuve principal est le *Djambi* (600 kil. navigables). La population est de 4 millions environ. — Villes principales : *Padang*, *Bencoulen*, *Palembang* (60 000 hab.). Au nord-ouest de l'île, le petit État d'*Atjeh*, habité par les Atchinois, n'a pu être complètement réduit. Au sud-est, l'île de *Krakatau* est connue pour son éruption formidable de 1883.

Java vaut à elle seule le quart de la France; elle culmine au *Semeroe* (3670 m.), l'un de ses trente volcans en activité. Son fleuve principal, le *Kali-Solo* (500 kil.), débouche en face de *Madoura*, île dépendante de Java. La population est de 21 millions d'habitants. Les Javanais ne sont pas de pure race malaise; on compte 200 000 Chinois dans l'île et environ 30 000 Européens. — Villes principales : *Batavia*, capitale (180 000 hab.), *Buitenzorg*, *Soerabaya* (125 000 h.), *Semarang*. — *Soerakarta* appartient à un prince indépendant.

Les îles *Bali*, *Lombok*, *Soembawa*, *Florès*, prolongent, à l'est, la ligne volcanique de Java sur une longueur de 2000 kilomètres. — Au sud, les îles *Soemba* et *Timor* ont une vie à part, et sont tournées vers l'Australie.

Bornéo est la seconde île du monde ; c'est un triangle grand une fois et demie comme la France, et que domine le *Kina-Balou*, à 4000 m. environ. L'île est une vaste forêt en partie inexplorée, avec une population primitive clairsemée : les *Dayaks*, encore cannibales. Les Hollandais régissent à Bornéo plusieurs États vassaux et ont deux résidences : *Bandjermassing* et *Pontianak*. Les Anglais sont au nord de l'île, à *Sandakan*, et dans l'île de *Labouan*.

Célèbes est formée de quatre presqu'îles soudées à un tronc commun. Cette île est la troisième de l'Insulinde pour l'étendue. Elle est presque déserte avec un million d'habitants : anthropophages *Alfourous*, dans les montagnes ; malais *Boughis*, sur la côte ; *Hollandais*, à Makassar et à *Menado*. L'île culmine au pic Bouthaïn ; les lacs sont nombreux : lac *Posso*, etc.

L'archipel de *Soela* réunit les Célèbes aux Moluques.

Les Moluques forment deux groupes : celui du sud, avec *Bouro*, *Ceram*, *Banda* et surtout *Amboine*; celui du nord, *Gilolo*, *Obi*..., capitale *Ternate*. Les Moluques, pour la flore et la faune, sont orientées vers la Nouvelle-Guinée et le monde australien. Les habitants, ceux de *Céram* en particulier, sont encore plus féroces que les Alfourous de Célèbes.

COLONIES ESPAGNOLES. — Les *Philippines* tiennent aux îles de la Sonde par l'île de *Paragua*, l'archipel de *Jolo* ou *Soulou*, les îles *Sangui*. Elles comprennent douze grandes îles : **Luçon**, **Mindanao**..., et douze cents petites, toutes volcaniques : aucune terre n'est aussi souvent ébranlée ; le *Taal* est le plus fameux de ses volcans. Son plus long cours d'eau, le *Tajo*, ou Rio-Grande, n'a que 350 kilomètres.

La population, composée de *Negritos* primitifs, de *Tagals*, de Malais (aux Soulou), s'élève à 9 millions d'habitants. On compte 50 000 *Chinois* ; les *Espagnols* ne sont pas 15 000. La capitale, **Manille** (270 000 hab.), au sud-ouest de l'île Luçon, commande la route de Chine. — Des Philippines dépendent les *Palaos*, les *Carolines* (500 îles), les *Mariannes*, arc de cercle de volcans sur une longueur de 4 000 kilomètres.

GÉOGRAPHIE ÉCONOMIQUE. — L'Insulinde doit à sa situation entre l'Asie et l'Australie, à l'articulation de ses côtes, à la richesse et du climat une importance économique de premier ordre ; l'ensemble est trois fois grand comme la France ; le dixième à peine est utilisé.

C'est, avant tout, un pays de grande exploitation *agricole* ; les riches alluvions de la plaine sont une terre d'élection pour le riz et la *canne à sucre* ; sur les pentes, aux terrains d'origine volcanique, on cultive le *café*, le *thé*, le *tabac* surtout. Enfin, dans les régions plus élevées, on trouve de bonnes prairies, et, sur le sommet des montagnes, d'immenses *forêts* encore inexploitées.

L'Insulinde est réputée, depuis longtemps, pour la culture des *épices*. *Amboine* donne le clou de girofle ; *Sumatra*, la cannelle, la vanille et la moitié du *poivre* récolté dans le monde. La culture du *café* est moins florissante qu'autrefois à *Java* ; elle l'est davantage aux Philippines (*Manille*). En revanche, Java produit plus d'*indigo* qu'aucun autre pays, l'Inde exceptée.

Manille est célèbre pour ses tabacs ; les *Philippines*, en général, pour les perles et la nacre. *Bornéo* renferme de l'or et des *diamants*, surtout de la *houille*, comme Sumatra. Mais ces richesses sont encore en partie inexploitées. Les îles *Banca* et *Billiton* sont célèbres par leurs mines d'étain.

Dans les îles importantes comme *Sumatra*, *Bornéo*, les fleuves sont les meilleures voies naturelles du commerce intérieur ; il n'existe de routes qu'à Java, mais elles sont excellentes. D'ailleurs, la mer est le lien naturel de toutes ces îles. *Batavia* et *Manille* sont les plus grands ports, après eux, *Makassar*, *Soerabaya* et *Padang*. Le voisinage de la côte indo-chinoise, qui regarde les îles de la Sonde, peut être pour elles la source d'une grande prospérité. Aussi les Anglais en ont-ils déjà admirablement profité pour leurs établissements de Bornéo.

La **NOUVELLE-GUINÉE** conduit de l'Insulinde en Australie ; c'est la plus grande île du monde, si l'on considère l'Australie comme un continent.

Les montagnes en sont encore mal connues. On a relevé 5 000 mètres de hauteur dans la chaîne côtière qui a nom Charles-Louis. Parmi les fleuves, qui sont nombreux, le *Fly* a été exploré sur une longueur de 800 kilomètres. La végétation de l'île, moins riche que celle de l'Insulinde, annonce celle de l'Australie. Il est remarquable d'ailleurs que la Nouvelle-Guinée s'élève sur le même socle sous-marin qui porte l'Australie ; le bras de mer qui les sépare est sans profondeur.

La population de Bornéo atteint à peine 2 millions. Devant l'invasion étrangère, les indigènes *Papous* reculent et tendent à disparaître ; par la douceur de leur caractère et leurs aptitudes, ils diffèrent entièrement des indigènes féroces qui habitent les îles inexplorées de l'Insulinde.

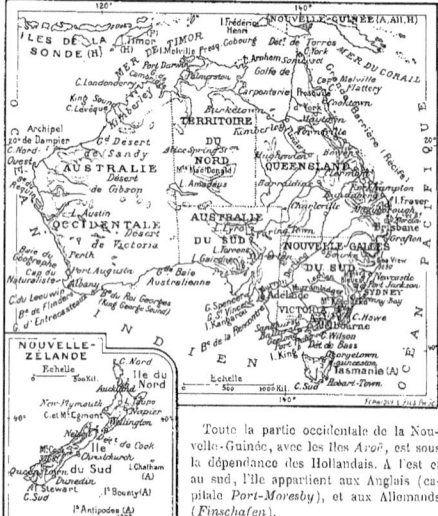

Toute la partie occidentale de la Nouvelle-Guinée, avec les îles *Aroé*, est sous la dépendance des Hollandais. À l'est et au sud, l'île appartient aux Anglais (capitale *Port-Moresby*), et aux Allemands (*Finschafen*).

AUSTRALIE

L'**Australie** est un continent grand comme l'Europe, et dont les formes massives rappellent l'Afrique.

Née d'hier à la civilisation, l'Australie est encore imparfaitement connue. C'est au XVIIIe siècle seulement, vers 1770, que Cook longea la côte occidentale ; Bass reconnut la côte du sud et de l'est en 1798. Mais l'intérieur n'a été traversé que de nos jours, par Mac Donald Stuart (1860-63), du sud au nord ; par Warburton, de l'est à l'ouest.

Le relief australien se développe le long de la côte orientale avec les *Alpes australiennes* (mont Kosciusko, 2 240 m.), les *Montagnes Bleues* (Sea-view, 1 800 m.), et leur prolongement, les *monts du Queensland* (600 et 1 000 m.), jusqu'à la pointe du cap York. — Quelques hauteurs granitiques de 6 à 800 m. protègent la côte occidentale. — L'intérieur est une vaste dépression relevée au centre par les monts Mac-Donald (1 000 m.).

Les hauteurs de la Tasmanie (1 500 m.) prolongent celles de l'Australie au sud.

La côte orientale, du golfe Spencer et de la baie d'*Adelaïde* au golfe de Carpentarie, est profondément découpée par le relief ; c'est là que s'élèvent les plus grandes villes d'Australie : *Melbourne*, au fond du port Philipp ; *Sidney*, avec *Botany-Bay* et *Port-Jackson* ; *Brisbane* et la baie de Moreton ; *Mayborough*, *Rockhampton*. Mais un immense récif de corail, la *Grande-Barrière*, rend difficile l'accès de cette côte, du cap *Sandy* au détroit de *Torrès*. Ce détroit lui-même est semé d'innombrables récifs et n'a que 25 mètres dans sa plus grande profondeur.

De l'autre côté du golfe de Carpentarie, derrière les *îles Melville* et *Bathurst*, Palmerston s'abrite au fond de *Port-Darwin*. Le *golfe de Cambridge*, le cap *Lévèque*, celui du nord-ouest avec la *baie d'Exmouth*, sont les principales articulations de la côte occidentale.

De la *baie du Requin* à celle *du Géographe*, la ligne est presque droite, avec la rade peu sûre de Perth jusqu'au golfe de Spencer, on ne rencontre plus qu'un vrai port, la baie du Roi George.

Le climat australien est varié. Dans le *nord*, c'est le régime des moussons, avec deux saisons bien tranchées : celle *des pluies* et *la sécheresse*. L'est doit aux brises marines et aux montagnes, d'abondantes précipitations à peu près régulières. — L'intérieur est un désert, moins sec que le Sahara parce qu'il est plus voisin de la mer. Mais la température, à cause du rayonnement, y subit tous les extrêmes de froid et de chaud, et, quand souffle vers la côte le vent sec ou *sirocco*, le thermomètre, à Melbourne, monte jusqu'à 44° à l'ombre. Il n'y a de vraiment tempéré que

OCÉANIE POLITIQUE ET ÉCONOMIQUE

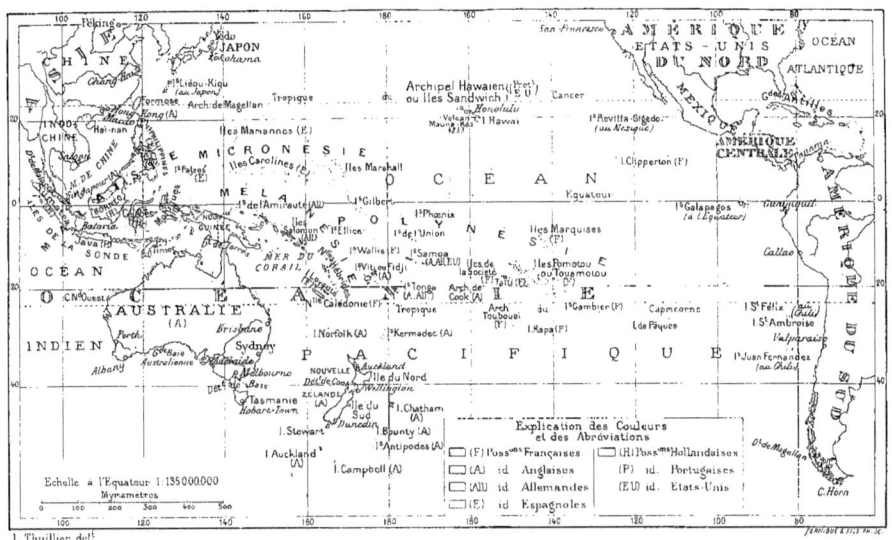

le climat des villes qui s'abritent, comme *Sydney*, entre les montagnes et la mer.

Les cours d'eau se réduisent à un seul vrai fleuve, le *Murray*, qui, avec son affluent le *Darling*, draine la pente occidentale des montagnes. Sur le versant oriental qui longe la côte, de nombreux torrents se jettent à la mer. — Au nord et à l'ouest, il n'y a que des fleuves intermittents, longs *chapelets de mares* qui débordent par les pluies d'orage. L'intérieur renferme des lagunes, le *lac Torrens*, le *lac Eyre*, véritables chotts comme ceux d'Algérie.

La flore et la faune d'Australie sont d'une originalité remarquable; plus de 7000 espèces de plantes, et 150 variétés d'animaux lui appartiennent exclusivement. On trouve, dans les forêts de l'est, l'*eucalyptus géant*, qui s'élève jusqu'à 150 mètres. Le centre et l'ouest sont couverts de fourrés épineux. — À citer, parmi les animaux, le *kangourou* de grande taille; le *casoar*, parmi les oiseaux.

POPULATION. — On estime que les indigènes d'Australie étaient au nombre de 200 000 environ à l'arrivée des Européens; mais, bien que la colonisation soit de date récente, ils sont aujourd'hui réduits à quelques milliers et en train de disparaître. C'est en 1778 que sir Philipp débarqua un millier de déportés à Botany-bay. Après eux, la fièvre de l'or attira les colons: ils sont aujourd'hui 4 millions et demi, la plupart Anglais, mêlés de quelques Allemands et de 50 000 Chinois.

L'Australie se divise en six *États*, soumis à des régimes divers au point de vue politique. L'Australie occidentale, la plus grande et la moins peuplée, est une colonie de la Couronne; capitale *Perth*, ville principale *King-George-Sound*. L'Australie du sud, qui s'étend en hauteur, du golfe Spencer au golfe de Carpentarie, a un parlement local, avec un gouverneur nommé par la reine; capitale *Adélaïde* (135 000 hab.), ville principale *Palmerston*.

La colonie de Victoria est la plus petite et la plus prospère de toutes, avec la Nouvelle-Galles du Sud. Les deux capitales sont *Melbourne* (500 000 hab.) et *Sydney* (380 000 hab.). Mais, tandis que la province de Victoria est à peu près indépendante, la Nouvelle-Galles reçoit de la Couronne un gouverneur et un conseil législatif. On rattache à cette dernière province les îles *Howe* et *Norfolk*. Le Queensland, détaché de la Nouvelle-Galles, a un régime analogue; capitale *Brisbane* (9500 h.).

Les Australiens tendent à fondre ces diverses provinces en une fédération qui englobera la Nouvelle-Zélande et la Nouvelle-Guinée, et les rendrait maîtres de l'Océanie.

La Tasmanie est entièrement européenne et possède un gouvernement comme celui de Victoria; capitale *Hobart-Town* (30 000 hab.).

La NOUVELLE-ZÉLANDE, découverte par Tasman (1642), et reconnue par Cook (1769), est plus grande que l'Angleterre et l'Écosse réunies. Elle comprend deux terres principales: l'*Ile du Nord* et l'*Ile du Sud*, séparées par le détroit de Cook.

L'île du Sud est dominée par une véritable chaîne alpestre (mont *Aspiring*, mont *Cook* (3768 m.). L'île du nord, moins élevée, monte encore à 2500 m. (mont *Egmont*), entre la péninsule *Wellington* et l'isthme d'*Auckland*.

Ces îles sont volcaniques; l'isthme d'Auckland ne compte pas moins de soixante volcans. Partout jaillissent les sources chaudes (*geysers*): le lac *Taupo* bouillonne, l'île *Whakari* dégage une fumée brûlante.

Rien de mieux découpé que les côtes de la Nouvelle-Zélande (cap *Sunders*, péninsule de *Banks*). On trouve, au sud-ouest, des fiords comparables à ceux de la Norvège. L'île *Stewart* (*Rakioura*) est séparée de la Nouvelle-Zélande par le détroit de Foveaux.

Si l'on compte 40 000 indigènes *Maoris*, la population de la Nouvelle-Zélande atteint 700 000 âmes. La colonie se gouverne elle-même. Capitale *Wellington* (30 000 hab.); villes principales *Dunedin*, *Auckland*, *Christchurch*.

GÉOGRAPHIE ÉCONOMIQUE. — L'Australie est avant tout un pays de grande *exploitation agricole*. Le manque d'eau régulière, plutôt que la nature des terrains qui en maint endroit serait favorable, a restreint aux régions mieux arrosées du sud et de l'est (Nouvelle-Zélande, Australie méridionale, Victoria) la culture des *céréales*. On cultive avec succès la canne à sucre dans le Queensland, la vigne et le tabac dans l'État de Victoria; mais l'*élevage* est au premier rang des préoccupations australiennes.

Sur d'immenses étendues, la terre argileuse conservant l'humidité précaire que lui déversent les pluies d'orage, se couvre de prairies naturelles où paissent de nombreux troupeaux. On a compté en Australie jusqu'à vingt-cinq moutons par tête d'habitant. Les laines australiennes sont connues pour leur finesse et leur blancheur: *Londres* en est l'entrepôt; chez nous, *Dunkerque*. Au commerce des laines, la Nouvelle-Zélande a joint l'*exportation des viandes*, et inondé nos marchés d'Europe. Aussi, malgré la sécheresse de l'air et la rapide multiplication des lapins qui ont dévasté de grands espaces et menacé de la famine troupeaux et colons, l'élevage est-il encore pour l'Australie la principale source de richesse.

Les mines d'ailleurs ne manquent pas. Depuis les fameuses mines d'or, qui attirèrent les premiers colons et produisent encore le tiers du monde entier, jusqu'aux mines d'argent et de houille de la Nouvelle-Galles du Sud (Newcastle) et du Queensland. Le fer, l'étain abondent, mais l'industrie s'emploie surtout à la transformation des *produits agricoles* (filatures, fonderies, tanneries, distilleries). La grande industrie métallurgique ne fait que de naître.

Une *voie ferrée* suit la côte ; des voies de pénétration s'en détachent à l'ouest. On doit réunir, à travers le continent, Adélaïde et Palmerston. De ce point part le *câble* qui réunit l'Australie à l'Europe par Batavia, Singapour ; un autre réunira Sydney à Vancouver.

L'Angleterre compte pour moitié dans le commerce australien ; après elle vient l'Allemagne. L'Australie, à peine connue il y a un siècle, est aujourd'hui l'un des pays les plus riches du monde, et l'on peut prévoir le jour où, ayant conquis son indépendance politique et économique, comme les États-Unis, elle deviendra maîtresse de l'Océanie et dominera le Pacifique. Quoi qu'il arrive, la prépondérance de la race anglo-saxonne est dès maintenant assurée dans ces parages.

POLYNÉSIE

D'Australie en Amérique, les **Archipels polynésiens** émergent à la surface du Pacifique sur une longueur de 2500 lieues. Toutes ces îles sont d'origine *volcanique* ou *madréporique*. Des récifs de corail, disposés en *atolls*, ou couronnes à fleur d'eau, sont peu à peu surélevés par les matériaux qu'y déposent les vagues : ainsi prend naissance sur le récif un chapelet de petites îles. La végétation y est exubérante ; les animaux sont rares, mais les oiseaux variés à l'infini. — Les *indigènes* de la Polynésie, bien que d'une origine commune, diffèrent suivant les îles ; le contact des Européens leur a été funeste.

COLONIES FRANÇAISES. — Elles forment deux groupes : l'un à *l'ouest*, la Nouvelle-Calédonie, avec les îles *Loyauté* ; l'autre à l'est, les *archipels des Toubouaï*, de la *Société*, les *Tuamotou*, les *îles Marquises*.

La Nouvelle-Calédonie a 300 kilomètres de long sur 60 de large en moyenne ; c'est une île trois fois grande comme la Corse. Elle est dominée par le massif de *Humboldt* (1634 m.), et entourée d'une ceinture de coraux. Le climat est très sain, la température chaude (23° en moyenne à Nouméa). Les naturels ne sont plus qu'une vingtaine de mille. Depuis 1853 la France a fait de l'île un lieu de *déportation* (île Nou et presqu'île Ducos). Aussi le nombre des colons libres ne tend-il à augmenter que fort peu. Un gouverneur, assisté d'un conseil, administre l'île.

Dans la dépendance de la Nouvelle-Calédonie se trouvent les îles *Loyauté*, dont les colons disputent aux Anglais l'archipel voisin des *Nouvelles-Hébrides* ; ceux de Franceville ont même proclamé leur indépendance. L'île principale est *Vanikoro*. L'archipel de *Santa-Cruz* complète, au nord, les Nouvelles-Hébrides.

Taïti, et son annexe *Moorea*, font partie des *îles de la Société*. Taïti est une île formée de deux parties réunies par un isthme étroit, et dominée par le *Diadème* (2450 m.) ; elle a douze lieues de long sur sept de large. La population indigène, réputée autrefois pour sa beauté et la douceur de ses mœurs, est réduite à 9000 âmes. Taïti, protégée par la France depuis 1842, a été annexée en 1880 à notre domaine colonial ; la capitale est *Papeete*. — Au nord-ouest, les *îles Sous-le-Vent* ; à l'ouest, les *Toubouaï* ; plusieurs des Tuamotou, et les îles Gambier, sont encore possession française ; on y pêche les huîtres perlières. — Les *Marquises* (Nouka-Hiva) sont colonies françaises depuis 1880 ; les *îles Wallis*, occupées en partie depuis 1887-89. Ces îles doivent leur importance à la situation qu'elles occupent sur la route de Panama vers la Nouvelle-Calédonie et vers l'Australie.

COLONIES ANGLAISES. — Outre une partie de *Bornéo* et de la *Nouvelle-Guinée*, l'*Australie* et la *Nouvelle-Zélande*, les Anglais possèdent encore, au centre de l'Océanie, les îles *Viti* ou Fidji (Viti-Levou, grande comme la Jamaïque et Vanoua-Levou), capitale *Mbau*. — En 1888, l'Angleterre s'est annexée, au nord-est, les îles *Christmas, Fauning, Penchyn* et *Échiquier* ; une autre *Christmas*, près de Java ; le protectorat de l'archipel *Cook* ; les îles *Souvarow, Humphrey, Phœnix, Gilbert* et *Ellice*. Enfin elle a obtenu en 1885 la moitié des *îles Salomon*, et dispute les *Nouvelles-Hébrides* à la France.

COLONIES ALLEMANDES. — Les *îles* de l'*Amirauté*, l'archipel *Bismark*, le nord des *îles Salomon*, l'est de la *Nouvelle-Guinée*, les *îles Marshall*, forment en Océanie, le groupe colonial allemand. L'île Bougainville, qui appartient au groupe des îles Salomon, a des sommets de 3000 mètres ; la partie orientale, d'origine volcanique, est élevée et couverte d'une végétation exubérante. On estime la population à près de 400000 habitants. Des *compagnies commerciales* régissent ces îles au nom de l'Allemagne. En 1872, elles ont essayé de s'imposer dans le groupe des *îles Samoa* ou les Navigateurs ; un conflit faillit éclater à ce propos avec les États-Unis : depuis 1890, la neutralité des Samoa est reconnue. L'Allemagne partage avec l'Angleterre le protectorat des *îles Tonga*.

COLONIES AMÉRICAINES. — Les États-Unis occupent les *îles* de l'*Union* et *plusieurs des Manihiki* ; mais ils guettent les *îles Havaï* ou **Sandwich**, l'archipel le plus rapproché du continent américain sur la route d'Australie. Le groupe des *Sandwich* comprend huit îles, dont les principales sont : *Havaï, Maruï, Oahu*, qui possède la capitale *Honolulu* (23000 hab.). D'origine volcanique, ces îles ont des sommets de 4000 mètres : sur les flancs du Mauna-Loa, dans l'île Havaï, s'ouvre le cratère du *Kilaœa*, dont le fond est aujourd'hui un lac de lave.

GÉOGRAPHIE ÉCONOMIQUE DE LA POLYNÉSIE. — C'est par les *produits spontanés* de leur sol, plutôt que par l'étendue, que les îles du Pacifique sollicitent l'attention. La végétation y est exubérante. Sans parler des forêts aux essences précieuses qui couvrent les sommets (*cèdres*, bois de *santal*, *ébénier*) ; les indigènes ont sous la main, et sans travail, tout ce qui est utile à leur alimentation : l'*arbre à pain*, le *cocotier*, le *bananier*, l'*igname*, la *patate*, le *taro*, partout en abondance.

Ce sont, en particulier, les îles *Fidji, Tonga, Samoa*, les *Tuamotou*, les *Carolines*, qui fournissent la noix de coco desséchée (*koprah*), dont se sert en Europe l'industrie des savons. La *canne à sucre* trouve partout des conditions favorables. Havaï est au premier rang pour l'*élevage* et la culture du *riz*, Taïti, pour la pêche des *huîtres perlières* ; la Nouvelle-Calédonie, pour ses plantations de *riz* et de *café*, et ses *mines* (*houille*, antimoine, cobalt, *nickel*).

L'industrie existe à peine en Polynésie ; le *commerce d'importation* est peu important, car les indigènes, trouvant dans les produits spontanés de leur sol ce qui est nécessaire à leur existence, n'ont pas de besoins et refusent tout travail.

Quatre puissances se disputent l'influence dans la région du Pacifique. La France, qui est la plus anciennement établie, a deux excellents ports, *Nouméa* et *Papeete*, de grandes étendues et 100000 habitants ; mais ces possessions ne se rattachent à rien. Au contraire, les *Fidji*, que possède l'Angleterre, forment groupe avec les îles Ellice, Phœnix, Gilbert, et se relient au continent *australien*. De même, à l'autre extrémité du Pacifique, les *Sandwich* se rattachent commercialement aux *États-Unis*. Enfin, pour être les derniers venus, les *Allemands* ne sont pas les moins actifs ; ils se sont fait une part considérable. Mais leurs colonies, comme les nôtres, sont en l'air et en dehors des routes suivies. C'est pourquoi l'Allemagne eût tant voulu s'annexer les *Samoa* pour en faire le centre de ses possessions sur la route de Panama en Australie.

CARTES ET TEXTE

POUR L'ÉTUDE DE L'HISTOIRE DEPUIS LES ORIGINES

HISTOIRE ANCIENNE

HISTOIRE GRECQUE — HISTOIRE ROMAINE

HISTOIRE GÉNÉRALE

DE LA MORT DE THÉODOSE A CELLE DE SAINT LOUIS (395-1270)

HISTOIRE ANCIENNE DES PEUPLES DE L'ORIENT

LES ORIGINES

La création de l'homme est de date relativement peu éloignée. Après le *déluge*, les grandes familles issues des trois fils de Noé : *Sem*, *Cham* et *Japhet*, se répandirent dans la vallée de l'Euphrate. Le petit-fils de Cham, *Nemrod*, y fonda *Babylone*, près du golfe Persique, pendant que sa race, remontant le fleuve, poussait avec *Chanaan* vers les côtes de *Syrie*, et plus loin, jusqu'en *Égypte* et en *Éthiopie*. La race de Sem disputa aux Chamites les fertiles plaines du Tigre et de l'Euphrate : *Assur* y fonda *Ninive*; *Héber*, père des Hébreux, s'y établit. Le reste reflua vers l'ouest. La race de Japhet, répandue entre la Caspienne et le plateau de Pamir, dans le bassin de l'Oxus, déborda sur l'*Iran* et la vallée de l'*Indus*.

LES HÉBREUX

LES PATRIARCHES

Ce fut un sémite que Dieu choisit pour conserver le dépôt de la foi primitive. Abraham, « père des croyants », naquit à *Our*, en Chaldée, remonta le cours de l'Euphrate avec son père, et partit d'*Harran*, à l'appel de Dieu, pour le *pays de Chanaan*. Son fils Isaac, ses deux petits-fils Esaü et Jacob menèrent comme lui la vie de pasteur. Jacob est le père des *douze tribus d'Israël* : ce fut *Joseph*, son fils préféré qui, vendu par ses frères, sauva les siens en les attirant en *Égypte*, et les établit sur la terre fertile de *Gessen*.

L'Exode. Les descendants de Jacob prospérèrent en Égypte, tant que dura la puissance des Hycsos ou *rois pasteurs*, dont la capitale fut Tanis. Avec les *princes éthiopiens* de race chamite, qui s'étaient imposés à toute la vallée du Nil, l'ère des persécutions commença : *Ramsès II* (Sésostris) et son successeur *Ménéphtah* soumirent les Israélites aux plus durs travaux, condamnèrent à mort tous leurs premiers-nés. Il fallut Moïse, miraculeusement échappé à la mort, pour effrayer le Pharaon par les plaies terribles dont Il frappa l'Égypte, et arracher ses compatriotes à la tyrannie. Ils partirent, au nombre de 600 000 hommes, sous la conduite de *Moïse*, et se dirigèrent par la *mer Rouge* et le désert de *Sin* vers la terre de Chanaan : trois mois après, Dieu leur donnait sa loi sur le mont Sinaï.

La loi comprend un dogme fondamental : l'unité de Dieu; une morale dont la règle est le *Décalogue*. Dieu reste le seul maître d'Israël, mais chaque tribu a son chef particulier, ses juges. D'ailleurs, la loi est la même pour tous et protège la femme, l'enfant, l'esclave, l'étranger; l'usure est défendue, le crime puni par la loi du talion. Avant tout, le culte, qui est la manifestation de dépendance du peuple envers son maître, est soigneusement réglé : le *grand prêtre*, les prêtres, les lévites assurent la garde du *Tabernacle*, offrent les sacrifices. Les fêtes sont nombreuses et brillantes : la *Pâque*, qui rappelle la sortie d'Égypte; la *Pentecôte*, la promulgation de la loi; la fête des *Tabernacles*, souvenir du séjour au désert. Le septième jour de chaque semaine : *sabbat*; la septième année : *année sabbatique*, appartiennent à Dieu. Enfin, chaque cinquantième année : *année jubilaire*, rend la liberté aux esclaves israélites, leurs dettes aux débiteurs, et son champ au propriétaire.

LA CONQUÊTE

Après quarante ans de séjour au désert, longue épreuve voulue par Dieu pour les façonner à l'obéissance, les Israélites, toujours errant de la mer Rouge à la mer Morte, s'approchèrent enfin du *pays de Chanaan*. Moïse n'en fit pas la conquête, et s'établit seulement sur la rive gauche du Jourdain; mais Josué, chargé après lui de la conduite d'Israël, franchit le fleuve, emporta *Jéricho*, *Haï*, s'établit à Sichem. En vain le roi de Jébus coalise tout le sud, il est défait à *Gabaon*; de même les tribus chananéennes du nord sont culbutées près du lac *Méran*; après sept ans d'efforts, les vainqueurs se partagent le pays. On plaça le Tabernacle à *Silo* dans la tribu d'*Éphraïm*, qui était celle de Josué.

Les Juges. Cependant les Israélites avaient imposé leur présence aux anciens habitants de la Palestine, plutôt qu'ils n'avaient conquis le pays : disséminés au milieu des populations chananéennes, ils en prirent facilement les mœurs et le culte ; mais Dieu suscita des hommes énergiques, les *juges*, qui, sans rallier toutes les tribus à la fois sous leur autorité ni se succéder régulièrement, suffirent par leur courage et l'esprit dont ils étaient animés à sauver la foi et l'indépendance d'Israël. Ce furent : *Gédéon*, qui triompha des Madianites; *Jephté* et *Samson*, qui combattirent à la fois, le premier les Ammonites, le second les Philistins; *Samuel*, enfin, qui vengea la défaite d'*Aphec* et la honte du grand prêtre Héli, par la victoire de *Masphath*.

La tyrannique injustice de ses fils ayant amené les anciens d'Israël à lui demander un roi, Samuel leur donna *Saül*. Mais, dans sa pensée, Dieu restait le seul maître, le roi n'en étant que le capitaine; et lui, son prophète, gardait le droit de reprendre le prince au nom de Jéhovah.

LES ROIS

Apogée de l'empire juif. Saül (1094-1055) gagna par une brillante victoire sur les Ammonites l'obéissance de tout le peuple : sacré d'abord par Samuel, il fut proclamé solennellement à *Galgala*. Mais son triomphe lui fit trouver trop lourde la tutelle du prophète : non content d'assurer la paix en repoussant les incursions des *Philistins*, des *Moabites*, des *Iduméens*, des *Amalécites*, il voulut être prêtre en même temps que roi, offrir les sacrifices comme il gagnait des batailles. Son ambition le fit rejeter par Samuel, qui lui suscita un rival : *David*.

D'abord admis près du roi, l'élu de Samuel prit bientôt un grand empire sur son esprit inquiet; mais la victoire qu'il remporta sur *Goliath* le rendit suspect, et le dévouement de sa femme Michol, l'amitié de Jonathas, eurent de la peine à le sauver des fureurs de Saül. Réfugié d'abord chez les Moabites, ce furent les Philistins, ses anciens ennemis, qui, après avoir essayé de le perdre, offrirent un refuge à David dans la ville de *Siceleg*. Profitant de ces démêlés, les Philistins attaquèrent et défirent Saül sur le mont *Gelboë*; le vieux roi ne survécut pas à sa défaite.

David (1055-1016). Après une lutte de sept ans contre *Isboseth*, fils de Saül, d'abord proclamé roi, puis abandonné par *Abner* et assassiné, David fut salué à *Hébron* par toutes les tribus. Bientôt la citadelle de *Jébus*, dernier refuge des Chananéens au cœur du pays, fut emportée; David en fit sa capitale, y transporta l'arche en grande pompe sur la colline de Sion, s'y construisit un palais, et *Jérusalem*, la cité nouvelle, rayonna de l'Euphrate à la mer Rouge sur tout Israël, comme le symbole de son union et de sa victoire définitive. David organisa l'empire juif tout en veillant à sa sécurité.

Salomon (1016-975). L'héritier de David, fils de Bethsabée n'avait rien d'un guerrier. Le *temple* qu'il fit construire à Jérusalem dépassait en richesse, sinon en grandeur, tout ce que l'Égypte et l'Assyrie avaient rêvé de plus beau. Salomon, allié du pharaon d'Égypte et d'*Hiram*, roi de Tyr, voyait affluer dans ses trésors le tribut des *peuples soumis*, les présents des *princes*, les *dîmes* du peuple, l'impôt des caravanes et les gros profits des *expéditions* lointaines entreprises par ses vaisseaux unis à ceux de Tyr. Prince magnifique, poète heureusement inspiré, ce prince eut la faiblesse de céder au goût des femmes étrangères qui remplissaient son palais, et d'oublier le vrai Dieu pour adorer les idoles. Dieu l'en punit en décidant la division de son empire.

LE SCHISME

Le fils de Salomon, *Roboam*, ne fut reconnu que par les deux tribus de Benjamin et de Juda. *Jéroboam*, ancien intendant des finances, fut proclamé par les autres tribus d'Israël. Il y eut désormais *deux royaumes* vivant côte à côte avec des fortunes diverses, d'abord ennemis puis alliés.

Le royaume d'Israël plus riche, plus peuplé, mais moins homogène, ne vécut que deux siècles et demi (975-720), sans cesse agité par de sanglantes révolutions. Après *Jéroboam*, des soldats de fortune : *Boasa*, *Amri*, *Jéhu* fondent des dynasties presque aussitôt renversées. Leur impiété fut notoire, surtout celle d'*Achab*, dont la femme, *Jézabel*, osa braver le prophète Élie. Le dernier roi d'Israël fut *Osée*: échappé au roi d'Assyrie Salmanasar, il tomba avec *Samarie* sous la main de *Sargon*.

Le royaume de Juda, moins étendu, mais plus uni, devait durer près de quatre siècles (975-588). L'alliance d'Israël lui fut un moment fatale par le mariage de son roi *Joram* avec la fille de Jézabel, *Athalie*. Devenue reine à la mort de son fils *Ochozias*, entraîné dans la ruine d'Achab, cette femme cruelle fit périr tous les siens : un seul échappa, et ce fut son châtiment ; tout le peuple proclama *Joas*, Athalie fut écrasée. Juda connut alors des jours heureux ; mais déjà s'élevait à l'orient la puissance qui, après avoir abattu le royaume d'Israël, devait à son tour écraser celui de Juda.

L'Assyrien *Sennachérib*, successeur de Sargon, mit le siège devant Jérusalem : la ville n'échappa que par la fermeté du prophète *Isaïe* et du pieux roi *Ézéchias*. Mais la menace écartée reparut avec *Assarhadon*, qui emmena captif à Babylone le roi *Manassé* et lui imposa tribut. Juda n'était plus libre ; et comme si l'Assyrie ne suffisait pas à l'asservir, l'Égypte s'en mêla. Le pharaon *Néchao*, imprudemment provoqué par *Josias*, le défait et le tue, envoie le fils du vaincu *Joachaz* mourir en exil, et donne le pouvoir à son second fils *Joakim*, au prix d'un lourd tribut. La victoire de l'Assyrie sur l'Égypte ramena pour Juda un nouveau maître. *Nabuchodonosor* prend trois fois Jérusalem, l'anéantit enfin, et transporte à Babylone ce qui restait des habitants avec leur roi *Sédécias*.

Après **soixante-dix ans** de captivité, les Juifs rendus à la liberté par un décret (535) de *Cyrus*, roi des Perses, vainqueur de l'Assyrie et de la Chaldée, revinrent dans leurs foyers au nombre de quarante mille, sous la conduite de *Zorobabel* ; le temple fut relevé ; *Esdras* rétablit la juridiction et la loi mosaïques. Enfin *Néhémias* releva les murailles de Jérusalem. Avec le souverain pontificat héréditaire, les Juifs purent croire au retour de l'ancienne indépendance.

Ils vécurent en paix sous les *Perses* ; passèrent sous la domination *d'Alexandre*, avec le reste de l'Orient ; firent partie du *royaume de Syrie* sous Antiochus Épiphane, dont les fureurs ne purent vaincre l'héroïque obstination des *Machabées* (143). Les Juifs reconnaissants voulurent le souverain pontificat héréditaire dans la famille des Machabées jusqu'au jour où l'Iduméen *Hérode* s'en empara (37). Mais déjà la Judée était *province romaine*, et administrée par un procurateur, *Ponce Pilate*. Alors parut le **Christ**, sauveur du monde.

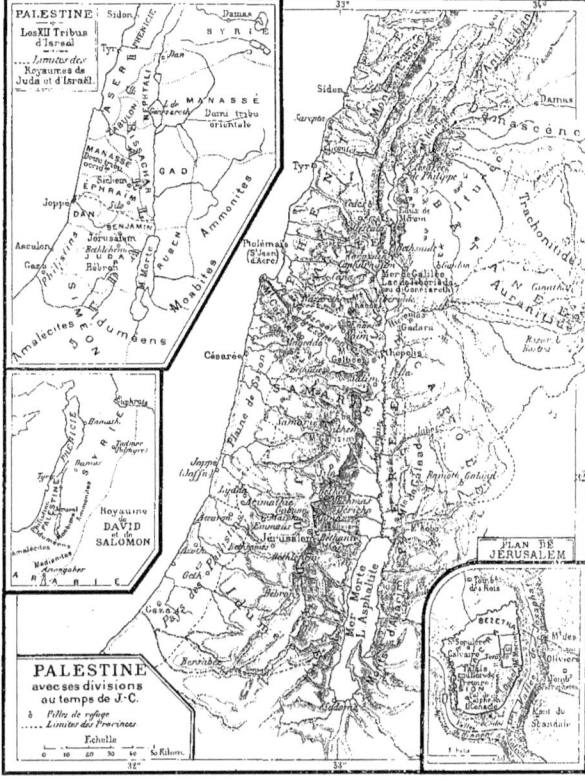

LES ÉGYPTIENS

LE NIL

L'Égypte est une création du *Nil* (6500 kilom.). — Issu des grands lacs africains de région équatoriale, le fleuve, après avoir reçu le *Bahr-el-Gazal*, sur sa gauche, le *Nil bleu*, à droite, se dirige vers le nord entre deux chaînes peu élevées, la chaîne *libyque* et la chaîne *arabique*, qui jalonnent son cours au milieu du désert. Parfois le Nil range de si près ces hauteurs, que les récifs accumulés à travers de son lit forment des rapides auxquels on a donné le nom de *cataractes*. On compte six cataractes principales ; la dernière, en descendant, se trouve au-dessus d'*Assouan* : c'est là proprement que s'ouvre la *vallée du Nil*.

Aucun nouvel affluent ne vient grossir le fleuve ; au contraire, des canaux ramifiés à l'infini captent ses eaux et les portent jusqu'à la frontière du désert. Aussi le Nil, appauvri par ces abondantes saignées, réduit par l'évaporation sous un soleil de feu, ne pourrait-il atteindre la mer si une crue abondante et régulière ne venait chaque année quintupler au moins, durant trois mois, le volume de ses eaux. Vers la fin de *juin*, le Nil se gonfle sous l'apport des pluies tropicales ; à la fin de *septembre* ses eaux décroissent, laissant partout un limon épais et noir où tout pousse à l'envi et presque sans culture.

Autrefois le *Nil* se jetait dans la mer en amont de Memphis ; la Méditerranée affleurait aux dunes de sable qui ont servi de base aux pyramides. Mais le flot reculant devant les *alluvions* du fleuve, peu à peu l'ancien golfe s'est comblé, les marécages ont fait place aux terres fertiles ; seules quelques *lagunes* emprisonnées par des cordons littoraux (lacs *Mariout*, *Menzaleh*, *Timsah*), rappellent que le *Delta* était jadis le domaine de la mer. Au travers des terres accumulées, le Nil s'est frayé une issue : les anciens comptaient jusqu'à *sept embouchures* ; il n'y en a plus aujourd'hui que *deux* importantes, la branche de *Rosette* et celle de *Damiette*.

L'histoire de l'Égypte comprend *trois périodes* correspondant aux changements de *capitale*, centre de gravité du pays : 1° période memphitique ou *ancien empire*, de la première à la dixième dynastie : *Memphis*, capitale ; 2° période thébaine, *moyen et partie du nouvel empire*, de la dixième à la vingtième dynastie : *Thèbes*, capitale ; 3° période saïte, *dernière partie du nouvel empire*, de la vingtième à la trentième dynastie : *Saïs*, capitale.

PÉRIODE MEMPHITIQUE (5004-3064)

Le *Delta* était une route ouverte du côté de la Syrie vers la vallée du Nil ; c'est par là que vinrent les premières *invasions*. Les Égyptiens étaient originaires d'Asie ; il leur fallut plusieurs siècles pour tirer parti du Nil, aménager ses alluvions et former une nation. Longtemps leurs tribus indépendantes gardèrent des chefs particuliers, un culte, des prêtres, interprètes de la volonté divine ; ce régime *théocratique* fit place, vers le VI° siècle, au régime *monarchique*.

Ménès réduisit les États indépendants en provinces (*nomes*) ; leurs

L'ÉGYPTE

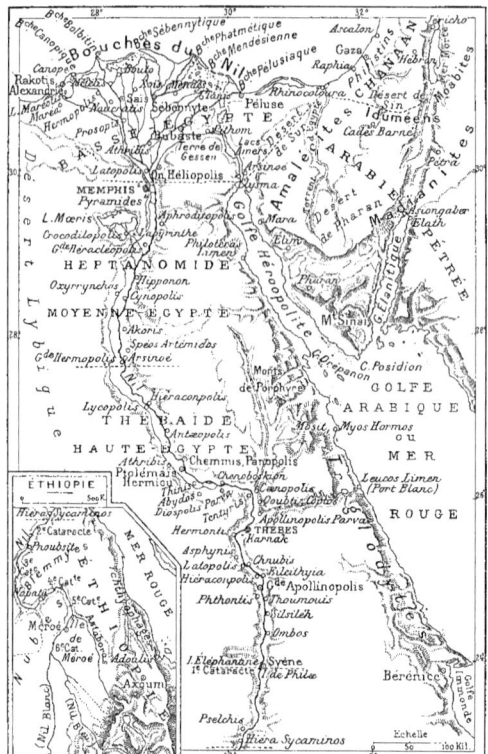

chefs, en *gouverneurs héréditaires* : une capitale, *Memphis*, s'éleva sur la rive gauche du Nil. Mais l'œuvre de Ménès était loin d'être complète ; les gouverneurs essayèrent de ressaisir leur ancienne indépendance ; deux dynasties s'usèrent à briser leurs efforts et à fondre toutes les provinces en un seul peuple, de la première cataracte au Delta.

La quatrième et la sixième dynasties sont les deux plus célèbres de l'ancien empire. La *quatrième* compte des princes comme *Snevrou*, qui ferma aux nomades la frontière orientale du Delta ; *Khéops*, *Khéphren* et *Mikérinos*, qui élevèrent les plus hautes pyramides (137 m. 135 m. 66 m.). Les pharaons pensaient, en élevant ces montagnes de pierre au-dessus de leur tombeau, mettre leurs cendres à l'abri de toute profanation ; les grands les imitèrent, et des pyramides moins hautes, mais en très grand nombre, s'élevèrent avec les siècles, de *Ghizeh* (en face le Caire) jusqu'à Memphis, sur la frontière du désert. — La *sixième* dynastie donna encore de grands princes à l'Égypte ; mais déjà les pharaons avaient déplacé le centre de l'empire, la décadence s'annonçait ; elle survint malgré l'énergie de la reine *Nitocris*. Après elle, cinq siècles d'anarchie bouleversèrent l'Égypte.

PÉRIODE THÉBAINE (3064-656)

Avec le moyen empire (3064-1703) s'élève une Égypte nouvelle : la capitale s'est déplacée en remontant le fleuve vers l'Éthiopie toujours menaçante ; les dieux sont changés : *Ammon*, de *Thèbes*, a supplanté *Phtah*, de Memphis. La douzième dynastie fut la plus glorieuse de toutes celles qui ont régné sur l'Égypte. *Amenemhat I*er commença sur la frontière orientale de l'empire une série de forteresses qui devaient la défendre contre les Asiatiques ; d'autre part les Éthiopiens descendants de Cham, toujours soumis, jamais vaincus, étaient en partie domptés. Mais *Ousirtesen I*er fut le vrai conquérant de l'Éthiopie ; la route du Nil fut barrée aux invasions par des fortifications formidables élevées à Semneh, non loin de la deuxième cataracte. *Amenemhat III* fut le grand constructeur de cette dynastie ; mettant à profit les loisirs de la paix, il fit creuser le *lac Mœris*, régulateur des crues du Nil, et se construisit tout près du lac, un palais, le *labyrinthe*, qui passait aux yeux des anciens pour une des merveilles du monde.

Les successeurs de ces grands princes laissèrent tomber le pouvoir, reculèrent jusqu'à *Xoïs*, en plein Delta, le siège du gouvernement ; loin d'eux, l'Égypte se divisa.

Invasion des pasteurs. — Alors l'invasion, toujours prête en Asie, renversant la barrière fortifiée élevée contre elle par les anciens pharaons, envahit le Delta, remonta jusqu'à Memphis, et proclama l'un de ses chefs, *Saïtès*. Les conquérants appartenaient à des tribus chananéennes qui, remontant la vallée de l'Euphrate, affluaient en Syrie : d'autres suivaient encore. Pour parer la route aux nouveaux arrivants et garder sa conquête, Saïtès construisit à la hâte quelques forteresses destinées à contenir les princes thébains ; et, ramenant ses forces en arrière, les concentra dans le camp retranché d'*Avaris*. — Désormais rien ne pouvait sauver Thèbes de l'asservissement. La domination des *rois pasteurs* (*Hycsos*) s'imposa au Nil pour six cents ans avec *Tanis* pour capitale. — Ce fut un prince thébain, *Ahmès I*er, fondateur de la dix-huitième dynastie, qui refoula les conquérants, enleva le camp retranché d'Avaris et rendit l'Égypte à elle-même.

Le nouvel empire (1703-525) porta l'Égypte à l'apogée de sa puissance ; des princes guerriers comme *Toutmès III* reculèrent la frontière du nord jusqu'à l'Euphrate, celle du sud jusqu'à l'Abyssinie. Mais ces conquêtes lointaines ne pouvaient être durables ; la Syrie surtout demeurait indocile : *Séti I*er et son fils *Ramsès II* passèrent leur vie à combattre les tribus belliqueuses (*Khétas*) qui tenaient la vallée de l'Oronte. Ramsès II, despote orgueilleux et prodigue, laissa l'Égypte épuisée, la révolte prête parmi les vaincus. Son fils *Menephtah* ne put empêcher de nouveaux venus, les Libyens, de s'établir à l'ouest du Delta et s'entêta vainement contre les Hébreux, qui avec Moïse échappèrent enfin à sa tyrannie. *Ramsès III* écarta pourtant la ruine prochaine par sa double victoire sur la flotte et l'armée syriennes, entre *Raphia* et *Péluse*. En même temps, il élevait à Thèbes un palais, comme au temps des grands souverains : on eut l'illusion du passé, mais cette illusion dura peu. Au milieu de la défaillance générale le grand prêtre d'Ammon, *Her-Hor*, s'empara du pouvoir ; d'autres l'imitèrent, la confusion fut bientôt à son comble.

PÉRIODE SAÏTE (656-525)

Thèbes était trop éloigné des barbares, qui tenaient le Delta sous une perpétuelle menace. Du vivant même de Her-Hor, un roi se fit reconnaître à *Tanis*, puis un autre à *Bubaste* ; enfin les princes de *Saïs*, un moment écartés par l'Éthiopien *Sabacon*, finirent par dominer tout les autres.

La dynastie saïte jeta quelque éclat sur l'Égypte. *Psamétik*, abandonnant les conquêtes lointaines, abrita l'Égypte au sud contre les Éthiopiens, à l'ouest contre les Syriens, à l'est contre les Assyriens ; la paix fleurit, les arts et la fortune publique avec elle. *Néchao II*, fils de Psamétik, avait l'esprit des grandes entreprises : il essaya de rétablir le canal des Deux-Mers (Méditerranée et mer Rouge), creusé autrefois par Seti I*er ; créa une marine militaire, et ses vaisseaux firent pour la première fois le tour de l'Afrique. Moins sage que Psamétik, il voulut rétablir la domination égyptienne jusqu'à l'Euphrate ; mais, vainqueur à *Mageddo* du roi de Juda Josias, qui essayait de lui barrer la route, il dut reculer devant un ennemi nouveau, l'Assyrien *Nabuchodonosor*. Vaincu à *Karkémis*, Néchao regagna précipitamment le Delta : le vainqueur eût pu y pénétrer à sa suite. *Apriès*, successeur de Néchao, eut peine à se défendre ; enfin *Amasis* ne fit que reculer par son habile politique la chute définitive. Échappée à l'Assyrie, l'Égypte allait tomber sous la main des *Perses* : ce fut *Cambyse*, fils de Cyrus, qui en fit la conquête (525).

CIVILISATION ÉGYPTIENNE

Toute l'histoire de l'Égypte est écrite sur ses monuments. Le peuple égyptien était profondément religieux : on croyait, dans le mystère des temples et parmi les esprits éclairés, en un seul Dieu, créateur de toutes choses; mais des superstitions grossières ne tardèrent pas à défigurer cette croyance primitive. Le Dieu créateur, unique dans sa trinité féconde, prit divers noms : *Râ* d'Héliopolis, *Phtah* de Memphis, *Osiris* d'Abydos, *Ammon* de Thèbes. Osiris, Isis, Horus, formaient la trinité d'Abydos. En voulant adorer Dieu dans ses œuvres, on oublia le créateur : *Osiris* fut le soleil, *Isis* la lune. Le pharaon représentant de Dieu sur la terre; les animaux, le bœuf surtout, dont les travaux assuraient la fécondité de l'Égypte, eurent leurs temples, des prêtres, un culte. Les Égyptiens croyaient à l'immortalité de l'âme, à la récompense du bien et au châtiment du mal.

Leur état social et politique était très simple : au-dessous du *roi*, maître absolu; les *prêtres*, à la fois juges et scribes; la classe *militaire* vouée par le sang à la défense du pays; enfin *l'artisan* et le *travailleur des champs*. Le sol appartenait au roi, aux prêtres, aux soldats; les *fellahs* travaillaient pour eux, souvent moyennant une redevance comme fermiers. Mais les exigences de l'impôt, la corvée pour l'entretien des routes et des canaux et la construction des monuments, imposaient au peuple de rudes travaux. On s'expliquerait mal autrement ces entreprises prodigieuses, les *pyramides*, le *lac Mœris*, le *labyrinthe* et surtout les temples, les palais, qui firent de *Thèbes* la ville la plus extraordinaire de l'antiquité et peut-être du monde. Ce qui en reste sur la rive du Nil (*Louqsor-Karnak*), après six mille ans de conquête et de pillage, a de quoi confondre l'imagination.

Les œuvres de la sculpture étaient proportionnées à la grandeur des monuments. Pourtant l'art égyptien savait être au besoin délicat, témoin ces bijoux récemment arrachés par M. de Morgan à la pyramide de *Dachour*; ces portraits de princesses et de rois dont les momies dorment leur dernier sommeil dans les salles de l'*Institut archéologique de France* au Caire (Palais de *Ghizeh*, ancien musée de *Boulacq*). Nous commençons à connaître l'Égypte : elle a mérité d'être appelée la *mère des civilisations*.

ASSYRIENS ET BABYLONIENS

La région du Tigre et de l'Euphrate nourrit de bonne heure, comme la vallée du Nil, une nombreuse population. Les terres les plus favorisées étaient : la *Mésopotamie*, plaine fertile sillonnée de canaux, entre les deux fleuves dans leur partie moyenne; la *Chaldée*, plus en amont, jusqu'au golfe Persique, pays de grasses alluvions couvertes de froment et de palmiers; enfin, sur la rive gauche du Tigre, la *Susiane*, adossée au plateau de l'Iran; et plus haut, en remontant le fleuve, l'*Assyrie*, jusqu'aux montagnes arméniennes. Toute cette région était divisée en cités avec des chefs particuliers; c'étaient : *Élassar* (*El-Ashour*), *Chalé* (*Kolakh*), *Ninive*, en Assyrie; *Our*, *Agané*, *Babylone* (ancienne *Babel*), en Chaldée. Assise au milieu de riches cultures, au débouché des communications avec la mer, *Babylone* crût rapidement; mais sa population de marchands, occupés surtout à s'enrichir, ne put échapper longtemps à la domination du haut pays où régnait Ninive, avec une population avide et disciplinée sous des desseins ambitieux.

L'EMPIRE ASSYRIEN dura de 1270 à 625. Ses fondateurs, toujours en quête de quelque fructueuse razzia, tenaient leurs troupes en haleine par de fréquentes incursions dans les pays voisins : Arménie, Syrie, Asie Mineure, Chaldée. *Téglatphalasar II* fut un vrai conquérant après une période de décadence prématurée (745-722). Non content de piller les vaincus, il les organisa, établit son autorité du golfe Persique à la Méditerranée : les rois de Syrie furent contraints à l'hommage; Israël, démembré, réduit à Samarie. — *Salmanasar IV* entreprit le siège de cette ville : il ne put l'achever. — Ce fut Sargon, fondateur d'une nouvelle dynastie, qui mit fin au royaume d'Israël par la ruine de sa capitale (720). Bientôt Sargon prenait à Babylone la couronne de Chaldée : il eût peut-être, sans une mort prématurée, vaincu la résistance de Suse et réduit l'Arménie redevenue indépendante.

La conquête de Suse fut l'œuvre de Sennachérib. Impuissant contre Jérusalem, qu'il assiégea dans deux reprises, ce prince tourne tous ses efforts contre l'Orient, écrase la coalition de *Suse* et de *Babylone*, détruit cette dernière de fond en comble. — Assarhaddon, prince brave, actif et généreux, releva de ses ruines la capitale de la Chaldée; l'enrichit et en fit son séjour préféré. Cependant la Syrie, trop éloignée du siège de l'empire, et la Phénicie principalement, qui avait jour sur la mer, relevaient la tête. Assarhaddon remonte l'Euphrate, ruine Sidon, prend Jérusalem et envoie son roi, *Manassé*, à Babylone; enfin, poussant par l'isthme dans la vallée du Nil, le roi d'Assyrie pille Thèbes, organise l'Égypte en une confédération vassale et rentre chargé de dépouilles dans sa capitale. — Son fils Assourbanipal régna par la terreur, étouffa dans le sang la révolte de Babylone, fit de Suse un monceau de ruines : avec cette ville prenait fin le puissant empire d'*Élam*. Sa chute précéda de très près celle de Ninive. L'orgueilleuse capitale tomba sous les efforts réunis de *Cyaxare*, roi des Mèdes, et de *Nabopolassar*, gouverneur de Babylone (625). Les vainqueurs se partagèrent l'empire d'Assyrie : aux *Mèdes* le haut pays, à *Nabopolassar*, devenu roi de Babylone, toute la région qui s'étend par l'Euphrate, du golfe Persique à la Méditerranée.

L'EMPIRE CHALDÉEN (625-536) ne dura pas un siècle. Échappé à l'audacieuse tentative de l'Égyptien Néchao, il atteignit d'un coup son apogée avec **Nabuchodonosor**. Pour venger sa défaite de *Karkémis*, l'Égypte souleva le roi de Judée Joakim contre la domination chaldéenne. Nabuchodonosor, en trois campagnes, réduisit Joakim, son fils Jéchonias, enfin *Sédécias*. Jérusalem fut prise et réduite en cendres, son roi mutilé, emmené captif à Babylone avec une partie de la population. *Tyr*, qui s'était aussi soulevée, à l'instigation de l'Égypte, résista pendant treize ans au vainqueur des Juifs : il dut à la fin composer et retirer ses troupes. Nabuchodonosor est resté célèbre par les grands travaux. *Babylone* agrandie, entourée d'une double enceinte, percée de cent portes de bronze, éleva sur les deux rives de l'Euphrate les terrasses de ses palais; et la tour à sept étages d'où le dieu *Bel*, massive idole faite d'or, dominait orgueilleusement son empire. Hérodote, qui vit Babylone, la préférait à Thèbes elle-même. *Cyrus* la prit, vingt-six ans après Nabuchodonosor (536), et ensevelit l'impie Balthasar sous d'énormes décombres, seule chose qui reste aujourd'hui de Babylone.

Religion et mœurs d'Assyrie et de Chaldée. — Bien que d'origine diverse, Ninive et Babylone avaient une population assez mêlée, une religion et des mœurs semblables. Pour tous, *Hou* est le dieu suprême; au-dessous de lui, *Anou* représente la matière dont a été fait le monde; *Bel* la force qui l'a organisée, *Aou* l'intelligence qui le dirige. L'Assyrie adorait Hou sous le nom d'*Assour*; pour Babylone, *Bel* est le dieu national. Puis venaient d'autres dieux, le *soleil*, la *lune*, le *firmament*, qui formaient une seconde triade; enfin les astres divinisés comme *Ninip* (Saturne), qui était l'*Hercule assyrien*. Les prêtres chaldéens avaient poussé fort loin l'étude de l'astronomie; mais c'étaient surtout des magiciens sans scrupule.

Le roi, vicaire *des dieux*, est le maître absolu de la vie et de la conscience de ses sujets. Des *satrapes* le représentent à la tête des provinces qui font directement partie de l'empire; les pays conquis gardent en partie leurs lois, leurs princes, mais payent tribut et rendent hommage. Les *Assyriens* étaient surtout un peuple de soldats; les *Babyloniens* un peuple de commerçants. Babylone fut le plus grand marché de l'Asie; ses étoffes, ses armes étaient sans rivales. Ce qui reste des palais assyriens à *Khorsabad*, à *Ninive*, avec leurs revêtements de briques émaillées et de peintures à fresques, témoigne d'un art simple, vigoureux, mais encore inexpérimenté.

MÈDES ET PERSES

Partis de la région de l'*Oxus*, entre la Caspienne et le plateau de Pamir, les **Aryas**, primitifs descendants de *Japhet*, avaient formé *deux groupes*, dont l'un prit à droite par la *vallée de l'Indus* : ce sont les *Aryas de l'Inde*; l'autre se répandit sur le plateau de l'Iran. Les *Mèdes* et les *Perses* formaient l'avant-garde du groupe iranien, du côté de l'Euphrate; ils occupaient l'isthme qui s'étend entre la Caspienne et le golfe Persique, les *Mèdes* au nord, les *Perses* au sud-est, jusqu'à la mer.

ARYAS DE L'IRAN

La **MÉDIE**, séparée de la Caspienne par la chaîne de l'Elbourz, qui monte à plus de 5000 m., était un pays de plateaux et de hautes montagnes, riche en bétail. Divisés en cités avec de petits chefs indépendants, les Mèdes apprirent au voisinage de l'Assyrie à s'organiser et à se battre. Hérodote parle de deux princes, *Déjocès* et *Phraorte*, qui avaient imposé leur autorité à tous les Mèdes : mais il a fort exagéré leur rôle. Le vrai fondateur de la monarchie mède fut Cyaxare, fils de Phraorte (632-536). Détourné de Ninive par une invasion de *Scythes* accourus de l'autre côté du Caucase, *Cyaxare* revint assiéger la capitale de l'Assyrie, et la

EMPIRE DES PERSES

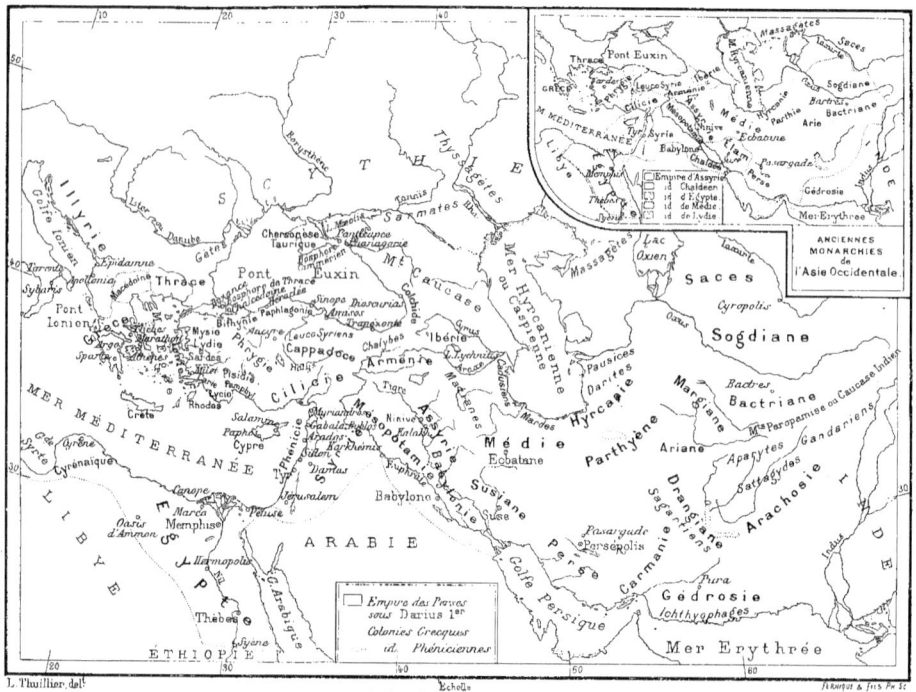

prit (625) avec l'aide de Babylone ; ses États furent poussés au nord jusqu'à l'Halys, qui lui servit de frontière avec son voisin le roi de Lydie, maître de l'Asie Mineure. Le fils de Cyaxare, *Astyage*, allié de *Crésus*, roi de Lydie, et de *Nabuchodonosor*, roi de Babylone, régna longtemps en paix : le roi des Perses, *Cyrus*, le détrôna, et substitua la suzeraineté persane à celle des Mèdes ; il y eut seulement un changement de dynastie.

La **PERSE**, balayée sur le littoral par les tourbillons de sable et brûlée par un soleil de feu, nourrissait à l'intérieur une population simple et rude, pépinière d'excellents soldats. L'avènement de **Cyrus** (560) excita la défiance de ses voisins, le roi de Lydie et celui de Babylone, qui se coalisèrent, d'accord avec le pharaon d'Égypte Amasis. *Crésus* fut vaincu sous les murs de *Sardes*, sa capitale ; *Babylone* fut emportée par surprise après un long siège ; tout le *plateau de l'Iran* reconnut Cyrus. Mais ce fut son fils *Cambyse* qui se chargea de le venger de l'Égypte.

Cambyse (529), devenu seul maître de l'empire par le meurtre de son frère *Smerdis*, pénétra dans la vallée du Nil, renversa le nouveau pharaon *Psammétik* et donna le gouvernement de l'Égypte à l'un de ses officiers. Il voulait, séduit par leurs richesses, mettre la main sur *Carthage* et sur l'*Éthiopie*; 50 000 hommes qu'il envoya le long de la mer pour frayer une route vers la grande cité africaine, furent ensevelis sous les sables du désert ; lui-même faillit mourir de faim sur le Haut-Nil sans atteindre l'Éthiopie. Ce double échec l'irrita ; sa fureur fut au comble lorsqu'il apprit qu'un imposteur, se donnant pour le frère qu'il avait assassiné, venait d'être reconnu en Perse. Accouru à cette nouvelle, Cambyse périt avant d'avoir pu atteindre son rival.

Darius (521-485), fils d'Hystaspe, de la famille royale des *Achéménides*, fut proclamé à sa place ; le faux *Smerdis* mis à mort. Il fallut encore cinq ans de luttes pour que Darius fît accepter partout son autorité. Aussitôt la paix assurée, il en profita pour organiser l'empire, ce que Cambyse et Cyrus n'avaient pu faire. Les peuples vaincus conservèrent en partie leurs institutions, sous condition de tribut et d'hommage, mais tout l'empire fut divisé en *gouvernements*, ayant chacun à sa tête trois officiers : un *satrape*, représentant du pouvoir central, un *secrétaire royal*, chargé de le surveiller ; enfin un *général*, directement soumis au prince. A l'exception de la Perse proprement dite, toutes les provinces furent soumises au payement d'un *impôt régulier* en argent et en nature. Darius mit à profit ces ressources considérables pour faire explorer, par l'amiral grec *Scylax*, toute la côte, de l'Indus au golfe Persique. Il voulut même, pour mettre à l'abri des invasions barbares la frontière septentrionale de l'empire, prévenir les *Scythes*, en les tournant par la *Macédoine* et la *Thrace*, jusque dans les régions éloignées du Tanaïs. Les Scythes s'enfuirent et ne reparurent plus ; mais deux nouvelles provinces étaient acquises à l'empire.

Cependant les Athéniens, effrayés par le voisinage du *grand roi*, poussaient à la révolte les *cités ioniennes* de Lydie. Darius châtia durement les révoltés, et envoya contre les *Athéniens*, pour se venger, une flotte et une armée, dont la dernière fut défaite à *Marathon*. Ces revers ne diminuèrent pas sensiblement l'empire des Perses, qui jamais n'avait été plus puissant.

Les Perses pratiquaient la *religion de Zoroastre* (2500 av. J.-C.), contenue dans le livre de la loi ou *Zend-Avesta*; elle est connue sous le nom de *mazdéisme*, et admet deux principes : celui du bien, *Ormuzd*, créateur et régulateur du monde ; le principe du mal, *Ahriman*, qui cherche à détruire son œuvre. Dix puissances aident chacun dans la lutte ; mais Ahriman doit à la fin être vaincu. Ormuzd n'a ni temples ni autels ; son culte se réduit à l'entretien du *feu sacré* et à quelques sacrifices. Il s'était formé une caste sacerdotale, celle des *Mages*, intermédiaires nécessaires entre le peuple de Dieu. Leurs pratiques portèrent une grave atteinte à la religion de Zoroastre. Les *mœurs des Perses* furent à l'origine simples et rudes ; elles se corrompirent avec la fortune et le contact des Mèdes.

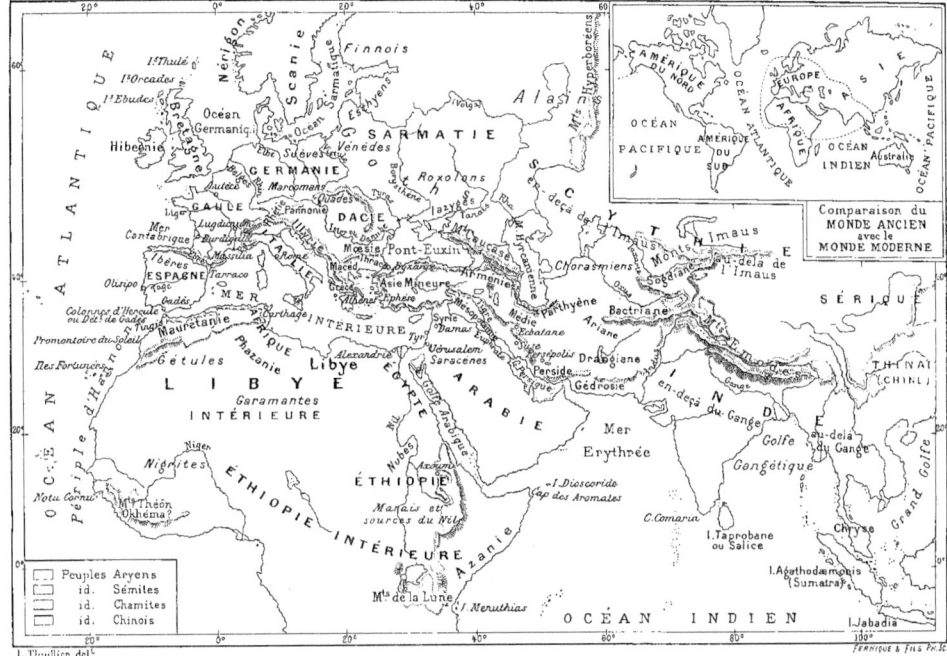

Une étiquette minutieuse présidait aux relations sociales. Trop occupés de la guerre, les Perses eurent peu le temps de s'adonner aux arts et aux sciences; les Grecs et les Égyptiens travaillèrent pour eux. On peut juger, par les ruines de *Persépolis* et de *Suse*, qu'ils avaient un goût sûr et le sentiment de la grandeur.

ARYAS DE L'INDE

Les **Aryas** de l'Inde eurent la fortune de leurs frères de l'Iran; ils descendirent la vallée de l'Indus, puis celle du Gange, et mirent enfin la main sur toute la péninsule. Leur histoire est marquée par trois époques.

1° **Période védique** ou *primitive*, ainsi nommée des *Vedas*, hymnes sacrés des *Aryas*. Lorsqu'ils abordèrent la vallée de l'Indus, les Aryas gardaient encore leur organisation primitive: peuple de pasteurs groupés par familles et par tribus sous un chef, le *râja*, ils conservaient la vague tradition d'un dieu unique; mais le peuple, en personnifiant les attributs divins, en avait fait autant de dieux : *Agni*, le feu; *Indra*, le ciel; *Sourya*, le soleil, telle était la trinité védique; mais *Agni*, dieu par excellence, foyer de la famille, était l'objet d'un culte particulier.

2° **Période brahmanique.** Vers 1500 av. Jésus-Christ, les Aryas s'avancèrent dans la vallée du Gange, soumirent les populations de race chamite, les *Parias*, qu'ils y trouvèrent établis. Après de longues guerres racontées en vers infinis par le *Mahabarata*, le *Ramayana*, les *Pouranas*, ils constituèrent une société nouvelle. Le code en fut promulgué par les prêtres ou *Brahmanes*, dans le livre des lois de *Manou*. Il y a un dieu suprême, *Brahma*, d'où tout découle, où tout revient; avec lui une trinité : *Brahma* qui crée, *Vichnou* qui conserve, *Siva* qui détruit; enfin une multitude de dieux inférieurs. Le monde est impur, il faut que l'âme se purifie pour passer dans un autre corps. La société fut divisée en quatre castes : les *Brahmanes*, vivante image de Dieu; les *Kcatryas*, guerriers; les *Vaisyas*, artisans; les *Coudras*, serviteurs. Au-dessous de tous, les vaincus, race impure de Parias.

3° **Période bouddhique.** Un prince de famille royale, *Çakya-Mouni* (l'anachorète), entreprit, vers 586 av. J.-C., d'arracher l'Inde au joug des Brahmanes; il prêcha l'égalité de tous, la charité; délivra l'homme de la transmigration en lui promettant le néant (*nirvâna*) après la vie. Point de culte, point d'autels; mais Bouddha lui-même ne tarda pas à être honoré comme un dieu.

Le bouddhisme, professé aujourd'hui par près de 500 millions d'adeptes, s'est abîmé dans d'étranges pratiques. L'Inde elle-même, où il avait pris naissance, est restée aux Brahmanes; nous la retrouvons telle qu'elle était il y a 30 siècles, avec sa religion, sa langue (le sanscrit), ses castes devenues très nombreuses, mais rigoureusement fermées, et les admirables chefs-d'œuvre qu'elle a produits dans les lettres, les arts, les sciences même, où aucun peuple de l'antiquité ne pouvait rivaliser avec elle.

PHÉNICIENS

Les **Phéniciens**, de race chamite, étaient au premier rang des tribus chananéennes qui, parties du golfe Persique, remontèrent l'Euphrate, franchirent le seuil du fleuve et occupèrent le pays jusqu'à la mer. Disséminés sur la côte, les Phéniciens y fondèrent plusieurs villes, *Byblos*, *Béryte* (aujourd'hui Beirout), *Arce* (Saint-Jean-d'Acre ou Ptolémaïs), *Tyr* et *Sidon*. Aucun lien politique n'unissait les cités phéniciennes. Elles n'avaient de commun que l'origine, la langue, et aussi l'esprit d'entreprise; car, serrés de près sur une étroite bande littorale par les hauteurs du Liban, les *Phéniciens* durent chercher leur subsistance du côté de la mer, et devinrent de bonne heure les plus habiles marins de l'ancien monde.

SIDON était la plus puissante des cités phéniciennes. Soumise à la suzeraineté de l'Égypte, cette docilité lui valut le monopole du commerce dans le *Delta*. Bientôt ses marins, longeant la côte d'Afrique, fondaient deux colonies importantes : *Leptis* (en Tripolitaine), *Cambé*, devenue depuis la fameuse Carthage. En même temps les îles de la Méditerranée étaient reconnues : *Chypre*, *Rhodes*, la *Crète*, *Cythère*, les îles *Ioniennes*; des postes étaient fondés au loin sur les *côtes de Sicile* et d'*Italie*. Enfin par delà le Bosphore redouté, sur les rivages orageux du *Pont-Euxin*, la *Colchide* livrait ses trésors. Mais les Sidoniens, pirates redoutables autant que commerçants audacieux, se firent de nombreux ennemis : à leur école on apprit à les battre; la flotte des Philistins défit la leur; Sidon fut prise, sa puissance abattue (vers 1200 av. J.-C.).

TYR fut la première après Sidon; jamais les Phéniciens n'eurent plus d'audace. La Méditerranée occidentale fut conquise avec *Malte*, la *Sicile*, la *Sardaigne*, la *Corse*. On franchit, à l'ouest, les *colonnes d'Hercule*; le pays de *Tharsis* (Espagne) fut exploré. D'intrépides aventuriers se risquèrent en plein Océan : les uns rangèrent la côte d'Afrique jusqu'au *cap Vert*; d'autres poussèrent vers le nord jusqu'aux îles de l'*Étain*, ou îles *Cassitérides* (îles Scilly), en vue de la Grande-Bretagne.

Tyr était devenue la métropole commerciale du monde, le trait d'union entre les peuples. Ses richesses paraissaient inépuisables : *Hiram*, son roi, fournit à David et à Salomon les artistes et les matériaux précieux avec lesquels furent édifiés le temple de Jéhovah et les palais des rois de Juda. Après un siècle et demi d'une prospérité inouïe, **Tyr**, affaiblie par les révolutions, humiliée par *Sennachérib* (700), contrainte par les marines rivales de l'Étrurie, de la Grèce et de Carthage elle-même, ne tarda pas à déchoir. Ses colonies ne la reconnaissaient plus (650); l'*empire carthaginois* succédait en Occident à l'*empire tyrien*. Enfin, alliée de force à Nabuchodonosor, soumise à Darius, traitée sans merci par *Artaxercès Ochus*, la Phénicie fut définitivement incorporée à l'empire d'*Alexandre*, Tyr ensevelie sous ses ruines (332). La ville se releva; mais sa puissance était abattue pour toujours.

Les *Phéniciens* mirent à contribution le monde entier pour l'aliment de leur commerce et de leur industrie : les épices et les pierres précieuses de l'*Inde*, l'encens d'*Arabie*, le froment d'*Égypte*, l'ivoire de l'*Afrique*, l'argent de l'*Espagne*, l'étain de *Bretagne*, l'ambre de la *Baltique*, la pourpre de *Crète*, le cuivre de *Candie*, l'or de *Thasos* et de *Colchide* affluaient dans les bazars de *Sidon* et de *Tyr*. Nul ne les égalait pour le tissage des étoffes aux riches couleurs, les verreries, les bijoux, les bronzes, les ivoires ciselés. Mêlant d'une façon originale les arts d'Assyrie à ceux de l'Égypte, les Phéniciens les portèrent à tous les coins du monde. Nous leur devons les lettres de l'alphabet, les premiers calculs arithmétiques et astronomiques. Les Grecs, ces artistes incomparables, s'instruisirent à leur école. Mais les Phéniciens apportaient avec eux les pratiques d'un culte dur et licencieux : l'*Astarté* de Sidon (la lune) devint la *Vénus* des Grecs; *Melkarth*, de Tyr, fut adoré sous le nom d'*Hercule*. Chaque ville de Phénicie avait ses dieux particuliers; mais, au-dessus de tous régnait *Baal* (Moloch), l'ancien Bel de Babylone.

MONDE CONNU DES ANCIENS. Courtiers universels, les Phéniciens « ces rouliers des mers » contribuèrent surtout à élargir les limites étroites dans lesquelles se remuait l'*ancien monde*. Par eux, l'*Occident* fut entraîné dans le mouvement de l'*Orient* : l'Europe, à peine entrevue, ne connaissait bien que l'Afrique que la vallée du Nil et la côte septentrionale, récemment colonisée. C'est en vain que la flotte de Néchao avait fait le tour du massif continent africain; l'intérieur devait échapper pour longtemps encore, à toute investigation sérieuse. L'Asie, au contraire, sauf la plaine sibérienne et la péninsule indo-chinoise, était ouverte jusqu'en *Chine* aux relations du commerce international. Le monde n'en était plus réduit aux vallées de l'Euphrate et du Nil.

Déjà *trois* puissants *empires*, issus de races différentes, s'étaient élevés successivement : l'*empire égyptien*, de race chamite; l'*empire assyrien*, issu de *Sem*; celui des Perses, descendants de *Japhet*. Cette dernière race, héritière des civilisations primitives, en transmettra la flamme aux Grecs, puis aux *Romains*, dominera enfin par l'*Idée chrétienne* le monde civilisé.

HISTOIRE GRECQUE

TEMPS PRIMITIFS. — Les premiers habitants de la Grèce furent les *Pélasges*. Ils se disaient *autochtones;* mais on croit qu'ils vinrent de l'*Iran*, par l'Asie Mineure, avec les autres immigrants d'origine *aryenne* qui ont peuplé l'Europe. Ils élevèrent sur plusieurs points de la péninsule hellénique des citadelles, dont les murs cyclopéens de *Tirynthe* et de *Mycènes* attestent la puissance. Vers 1600, des étrangers se mêlèrent à eux : l'Égyptien *Cécrops*, en Attique, le Phénicien *Cadmus*, en Béotie, le Phrygien *Pélops*, au sud de l'isthme. Les Pélasges primitifs s'organisèrent; mais la tribu des **Hellènes**, établie en Thessalie, prit le pas sur les autres. Des quatre grandes familles qui la composaient, les *Éoliens* et surtout les *Achéens* jouèrent le premier rôle; puis ce fut le tour des *Doriens* et des *Ioniens*, depuis illustres sous le nom de *Spartiates* et d'*Athéniens*.

PÉRIODE HÉROÏQUE. L'arrivée des colons orientaux marque le début de la *période héroïque;* elle se termine vers 1200, à la chute de Troie. Tout n'est pas fable dans ces quatre siècles. C'est l'époque des héros : *Thésée, Œdipe, Persée, Bellérophon, Hercule;* le temps des grandes entreprises : conquête de la *toison d'or*, guerre des *sept chefs*, siège et prise de *Troie*. On retrouve dans les récits merveilleux d'*Homère* l'image fidèle de cette époque.

Au dieu unique, dont les antiques Pélasges venaient consulter l'oracle à *Dodone*, se sont joints les *dieux* apportés de l'*Asie;* l'imagination des Grecs aidant, ils sont devenus légion : puissances de la nature, passions de l'homme, tout fut divinisé. La famille de Jupiter compta 12 grands dieux, qui habitaient sur lui sur le sommet de l'*Olympe;* mais seuls Jupiter, le créateur, et Apollon, le soleil, furent des dieux *nationaux*. Chaque cité d'ailleurs eut sa divinité protectrice : Minerve régnait à *Athènes*, Junon à *Argos*, Vénus à *Cypre*. Les Grecs d'Homère avaient toute la violence mais aussi les qualités des natures primitives; leur vie était rude. Les objets précieux trouvés à *Mycènes*, et conservés au musée d'Athènes sous le nom de *trésor d'Agamemnon*, témoignent d'une industrie déjà ingénieuse; mais l'architecture est encore toute massive, la sculpture dans l'enfance. Formés à l'école des Phéniciens, les Grecs devaient être bientôt les premiers artistes du monde.

INVASION DORIENNE. — Affaiblis par les expéditions lointaines, les *Achéens* cessèrent de dominer la Grèce et firent place à des peuples nouveaux. C'est d'Épire que partit l'invasion, au XIIe siècle. Les *Thessaliens*, quittant les bords de l'Achéloüs, franchirent les hauteurs du Pinde et occupèrent la vallée du Pénée, l'antique *Hémonie*, foyer de la patrie hellénique : le pays occupé s'appellera désormais *Thessalie*. Pour échapper à la conquête, la plupart des *Hellènes* de famille éolienne s'exilèrent et fondèrent au sud, dans la vallée du Céphise, un État nouveau, voisin de l'Attique et dont Thèbes fut la capitale : ce fut la *Béotie*.

D'autres exilés plus aventureux encore franchirent les montagnes, s'établirent entre l'Œta et le Parnasse : c'étaient les **Doriens** : le pays s'appelle *Doride*. Mais leur nombre, trop grand pour un espace si étroit, les poussa bientôt de l'autre côté du détroit, sur le Péloponèse : les *Achéens*, refoulés au nord de la péninsule, se firent le long de la côte une nouvelle patrie (*Achaïe*). Tout le reste du pays, sauf l'*Arcadie*, qui resta comme un îlot indépendant au milieu du flot envahisseur, tomba au pouvoir des Doriens : la *Messénie*, la *Laconie*, l'*Argolide*. Ce furent les Doriens de Sparte qui firent dominer leur race sur la terre conquise.

La Grèce bouleversée, réduite par l'invasion des barbares thessaliens, se retrouvait après un siècle rajeunie par un sang nouveau et prête pour de nouvelles destinées. Déjà, pendant qu'elle s'organise, les marins hellènes, à l'exemple des Phéniciens, sillonnent la Méditerranée, fondent partout des colonies.

COLONIES GRECQUES. Toute la côte d'Asie, de l'Hellespont à Rhodes, fut colonisée par les Grecs. Les Éoliens au nord avaient abordé *Lesbos*, élevé sa capitale Mitylène et fondé Cymé sur le continent. Les Ioniens, après avoir occupé les *Cyclades*, *Chio* et *Samos*, peuplèrent la côte, de l'Hermus au Méandre avec Phocée, Smyrne, Éphèse, Milet. Enfin les Doriens, pris à la route naturelle du Péloponèse en Asie par *Cythère*, la *Crète*, *Rhodes*, avaient fondé Cos, Cnide et Halicarnasse.

Toutes ces colonies atteignirent en peu de temps un haut degré de prospérité, les lettres et les arts s'y développèrent dans tous les genres à la fois et donnèrent *Homère*, *Sapho*, *Hippocrate*, *Pythagore*, *Hérodote*. Mais les plus illustres des villes grecques d'Asie furent Milet et Phocée, qui eurent à leur tour de nombreuses colonies : la première enveloppa la mer Noire de ports établis à l'embouchure des fleuves; la seconde, s'élançant à la suite des Phéniciens dans la Méditerranée occidentale, fonda Marseille, d'où devaient sortir, à gauche et à droite du Rhône, Antibes, Nice, Monaco. Déjà les côtes d'Italie et de Sicile étaient conquises par *Tarente*, *Sybaris*, *Syracuse* et *Agrigente*. Tout ce pays devenait pour les Grecs une nouvelle patrie, la Grande Grèce, comme on l'appelait.

La prospérité des colonies grecques fut de courte durée : l'isolement les tua. Si l'on excepte Marseille et Syracuse, toutes étaient en décadence quand la Grèce elle-même sortit enfin du long sommeil où la retenait le lent travail de son organisation (XIIIe-VIe siècle).

CONSTITUTION DE SPARTE

Isolée sur les bords de l'Eurotas au centre de montagnes abruptes, **Sparte** était campée plutôt qu'établie au milieu des vaincus. *Lycurgue*, pour maintenir sa domination, fit des Spartiates un peuple de soldats. A seize ans le Spartiate cessait d'appartenir à sa famille pour être jusqu'à soixante à la disposition de l'État. Les exercices qui forment un corps robuste, les repas publics dont la frugalité est devenue proverbiale, suffisaient à la vie du Spartiate. Citoyen, mais soldat avant tout, le travail lui était interdit sous peine de déchéance : les vaincus, *Laconiens* et *Hilotes*, travaillaient pour lui. On avait, après la conquête, abandonné les plus mauvaises terres aux anciens propriétaires du sol. les *Laconiens*, appelés depuis *Périèques*, parce qu'ils vivaient de leurs maigres ressources dans les montagnes qui environnaient Sparte. Au-dessous des Laconiens, les *Hilotes*, pauvres serfs de la glèbe, étaient voués à tous les caprices du maître. Les Hilotes ne comptaient pas; les Laconiens, au contraire, étaient libres et pouvaient devenir citoyens par l'adoption; mais seuls les Spartiates faisaient partie de la cité.

La **constitution** de *Lycurgue* comprenait essentiellement 1° *deux* rois, dont l'un faisait échec à l'autre pour prévenir toute tyrannie : chacun d'eux à son tour offrait les sacrifices, commandait l'armée, présidait le sénat. 2° le **Sénat**, composé de trente vieillards âgés au moins de soixante ans et choisis parmi les plus nobles familles ou *eupatrides* : le sénat préparait les lois, décidait la paix et la guerre, jugeait les causes criminelles. 3° les **éphores**, magistrats populaires au nombre de cinq, chargés de surveiller le roi, de juger les causes civiles, de contrôler le sénat et de présider l'assemblée populaire. 4° enfin l'**assemblée du peuple**, qui votait les lois sans discussion : les Spartiates seuls en faisaient partie.

Cette société, organisée en dehors de la famille et uniquement pour la guerre, périt faute de citoyens : trois cents ans avant Jésus-Christ, il n'y avait pas 700 Spartiates.

CONSTITUTION D'ATHÈNES

Thésée avait groupé les *dèmes* indépendants de l'Attique en une cité dont *Athènes* fut le foyer : **Codrus**, le dernier de ses rois, périt pour la sauver. Les eupatrides en profitèrent pour mettre la main sur le pouvoir : à la place du roi il y eut un **archonte**, choisi dans la famille de Codrus, mais responsable et assujetti à un conseil composé de nobles. L'*archontat* était *héréditaire* et à *vie* ; bientôt il fut *électif* et *décennal* (752), enfin *annuel* et composé de *neuf* membres (683). C'en était fait du principe monarchique. Le peuple, livré à l'arbitraire des eupatrides, maîtres du pouvoir et de la richesse, réclama des lois. *Dracon* rédigea les anciennes coutumes : elles étaient impitoyables. Alors la cité se remplit de troubles : **Solon** la sauva de la tyrannie, peut-être de la ruine (594).

La **constitution** de *Solon* repose sur le principe de la division par *classes*, d'après le *revenu* : la naissance ne suffit plus pour prétendre au pouvoir ; il est vrai, les eupatrides restent les maîtres, étant les plus riches, mais la carrière politique est ouverte à tous. On distinguait *quatre* classes. A la *première* appartenait l'*archontat* et l'*aréopage*; les *trois* premières payaient l'impôt, recrutaient l'armée, exerçaient les fonctions publiques ; la *quatrième*, celle des *thètes*, exempte de charges, faisait seulement partie de l'assemblée du peuple.

A la tête du pouvoir *neuf* **archontes** : l'*éponyme* est le premier ; le roi fait les fonctions de pontife, le *polémarque* commande les troupes, les autres sont *thesmothètes*, législateurs et juges, mais leurs décisions ne sont pas définitives : on peut en appeler à un jury spécial nommé *Héliée*. L'**Aréopage**, composé de neuf membres choisis parmi les archontes sortis de charge, jugeait les crimes et veillait à l'exécution des lois. — Le **Sénat** ou conseil des quatre cents (100 sénateurs par classe) préparait les affaires soumises à l'assemblée : il se divisait en 10 *prytanées* siégeant à tour de rôle. — L'**Assemblée** *du peuple* comprenait tous les citoyens : elle votait, après discussion, sur les propositions du Sénat, nommait les

GRÈCE ANCIENNE

fonctionnaires, décidait la paix ou la guerre et jugeait en dernier ressort. Toutefois les arrêts de l'*Aréopage* étaient sans appel.

En même temps qu'il organisait l'État, Solon réglait d'une façon plus équitable la condition des *familles*, assurait l'éducation des enfants, favorisait l'agriculture, le commerce, décourageait l'oisiveté, dont Lycurgue avait fait une loi. C'est que Solon voulait faire des *hommes libres*, et non pas seulement des combattants.

Échapper à la guerre civile par la sagesse de Solon, Athènes se donna un maître: **Pisistrate** (561). La constitution fut respectée et Pisistrate usa du pouvoir avec modération; la ville fut transformée, enrichie, les lettres et les arts favorisés. — Les deux fils du tyran, *Hipparque* et *Hippias*, lui succédèrent; mais le premier ayant été assassiné, son frère devint méfiant et cruel. Athènes s'en affranchit en 510; ce fut pour retomber dans la lutte des partis.

Les eupatrides ne pouvaient prendre leur parti du progrès populaire accompli par la constitution de Solon. **Clisthènes** l'accentua encore par une nouvelle répartition du peuple en dix *tribus* et l'établissement de l'*ostracisme*. **Aristide** enfin ouvrit par décret l'accès des charges à tous les citoyens (478); *Éphialte* diminua l'aréopage et fit passer une partie de ses pouvoirs au jury populaire des *Héliastes* (460). Ainsi le peuple jugeait, faisait les lois, administrait et gouvernait ; c'est la démocratie qui triomphe à Athènes, tandis que Sparte est aux mains d'une aristocratie toute militaire.

Au vi⁵ siècle la Grèce présente les formes politiques les plus diverses : son *unité* est toute *religieuse*. Elle se traduit par les *amphictionies*, surtout par les jeux, dont les plus célèbres furent ceux d'Olympie : on les célébrait tous les ans, depuis 776, et cette date marque le début de l'*ère grecque*.

GUERRES MÉDIQUES (500-449)

Sparte avait établi sa prépondérance dans le Péloponèse par des guerres victorieuses, une contre *Argos* et deux en *Messénie*, malgré l'héroïque effort d'*Aristodème*, puis d'*Aristomène*. Vers 628, Sparte dirige le Péloponèse et domine en Grèce ; Athènes, par les guerres médiques, va passer du second au premier rang.

L'accroissement extraordinaire de l'empire des Perses était une menace pour l'indépendance de la Grèce : toute l'Asie occidentale et la vallée du Nil étaient au pouvoir de Darius (500) ; déjà même il étendait la main sur la mer Égée par la prise de Samos. D'ailleurs il ne prenait plus la peine de cacher ses projets ambitieux. La Grèce se prépara donc à la lutte, et ce fut la ruine des cités grecques d'Asie qui la fit éclater.

La première guerre médique débuta en 492 par le désastre de *Mardonius*, gendre du roi Darius, au mont Athos. En 490, les généraux persans *Datis* et *Artapherne* sont battus à Marathon par Miltiade. Athènes était sauvée ; mais elle se montra ingrate : après l'échec de Paros, Miltiade alla mourir dans une obscure prison.

La seconde guerre médique (480) vit aux prises des forces considérables : *Xerxès* avait succédé à Darius ; *Thémistocle*, chef du parti populaire, a Miltiade. Très personnel, intelligence supérieure, volonté hardie, Thémistocle prépara la défense et créa une flotte. Xerxès, aux *Thermopyles*, n'avait trouvé que les 300 héros de *Léonidas* ; mais la défaite navale de *Salamine* (20 septembre 480) décida sa défaite. En un même jour (479), les Perses sont battus à *Platées*, en Béotie, où périt Mardonius, et à *Mycale*, sur les côtes d'Ionie. La Grèce continentale était sauvée de l'invasion.

Pausanias avec les Spartiates, *Cimon* avec les Athéniens, poursuivirent la guerre. Pausanias descend en Cypre et s'empare de Byzance (476), mais son arrogance le fait disgracier. *Cimon*, fils de Miltiade, vainqueur en Macédoine, bat une flotte persane à l'embouchure de l'*Eurymédon* (465). Sur ces entrefaites Xerxès mourait assassiné. Thémistocle, proscrit comme Miltiade par l'ingratitude des Grecs, vint demander asile au fils de celui dont il avait été le pire adversaire : *Artaxerxès* le reçut noblement, et Thémistocle fut fait seigneur de Magnésie, où il mourut (461). La *paix de Cimon*, en 449, mit fin aux guerres médiques ; les Athéniens renonçaient à Cypre, mais les villes d'Ionie gardaient leur indépendance et les Perses devaient rester à trois jours de marche de la côte.

HÉGÉMONIE D'ATHÈNES. — Athènes avait sauvé la Grèce de la main des Perses, elle prit la tête des autres cités. La *confédération de Délos*, organisée par *Aristide* en 475, devint un empire athénien. Mais c'est par la *civilisation* qu'Athènes fut la première en Grèce au siècle de *Périclès*.

Petit-fils de Clisthènes, **Périclès** combattit les aristocrates comme Cimon et Thucydide, devint le chef du parti populaire, l'organisa, fixa les salaires des juges et des sénateurs, obligea tout Athénien de dix-huit ans à quitter l'éducation de la famille pour le collège public des *éphèbes*, fixa enfin à l'âge de trente ans l'accès aux magistratures. Son temps fut une ère de prospérité générale : les étrangers affluaient, la richesse publique s'accrut. Mais surtout cette époque jeta un vif éclat littéraire et artistique.

Athènes doit à Cimon le temple de *Thésée*, celui de la *Victoire Aptère*, l'*Athéné Promachos* de l'Acropole. A Périclès on doit l'*Odéon*, l'*Érechtéion*, l'incomparable *Parthénon* et les portiques de marbre des *Propylées*. Les architectes *Ictinos* et *Mnésiclès* ; les sculpteurs *Myron*, *Polyclète* et *Phidias* ; les peintres *Polygnote*, *Zeuxis* et *Parrhasius*, sont les contemporains des tragiques *Eschyle*, *Sophocle* et *Euripide* ; du comique *Aristophane* ; des historiens *Hérodote* et *Thucydide* ; du médecin *Hippocrate*, du philosophe *Anaxagore*, ami de *Périclès*, qui lui-même fut un grand orateur.

De brillantes fêtes religieuses réunissaient périodiquement les Athéniens : les *Dionysies* célébraient Bacchus ; les *Panathénées*, Minerve ; les *Éleusinies*, Cérès. Athènes assujétissait ses alliés et déversait dans ses colonies ou *clérouchies* son surcroît de population. Les dernières années de Périclès furent tristes ; combattu à la fois par l'aristocratie et par la démagogie, il fut obligé de rendre compte de son administration, et ne fut peut-être sauvé d'une disgrâce que par la guerre du Péloponèse.

GUERRE DU PÉLOPONÈSE

La jalousie militaire de Sparte, la rivalité commerciale de Corinthe, ont provoqué la guerre du Péloponèse, qu'expliquent encore la rivalité de race et l'opposition politique entre Spartiates, et Athéniens. La guerre se divise en trois parties.

1º *Guerre de dix ans* (431-421). Deux fois l'Attique fut envahie ; la peste, apportée d'Égypte, sévit avec fureur sur Athènes, et en 429 emporta Périclès. Alors un démagogue, le corroyeur *Cléon*, disputa le pouvoir à *Nicias*. Il fut même vainqueur à *Sphactérie* ; mais les revers de *Délion* et d'*Amphipolis* amenèrent en 421 la paix de *Nicias*, qui remit les choses au point où elles étaient avant la guerre.

2º *Guerre de Sicile* (415-413). *Alcibiade*, doué de brillantes qualités mais dénué de sens moral, poussa les Athéniens à la conquête de la Sicile. On commit la faute de le rappeler : condamné à mort par contumace, Alcibiade passa aux Spartiates. Ceux-ci, dirigés par un habile général, *Gylippe*, infligèrent aux Athéniens Nicias et *Démosthène* le désastre de *Syracuse*. Si les vainqueurs avaient su profiter de leur victoire et attaquer Athènes avant qu'elle ne fût remise de son premier effroi, tout était perdu pour elle ; on lui laissa un répit qui la sauva.

3º *Guerre décélienne* (413-404). Athènes, victorieuse à *Sestos*, *Abydos* et *Cyzique*, rappela Alcibiade, qui venait de rompre avec Sparte ; mais on ne tarda guère à le remplacer par dix généraux, dont l'un *Conon*, bloqué à Mytilène, fut délivré en 406 par la victoire des Îles *Arginuses*. Bientôt Sparte prenait une revanche éclatante avec *Lysandre* à la journée d'*Ægo-Potamos* : Athènes elle-même fut prise (404). La suprématie en Grèce passait aux Spartiates.

L'HÉGÉMONIE DE SPARTE ne dura qu'une trentaine d'années : Lysandre, épris d'absolutisme, voulait soumettre toute la Grèce à Sparte et Sparte à lui-même. Son ambition inquiéta les éphores et le perdit. Les *trente tyrans* qu'il avait imposés à Athènes furent chassés (403) par *Trasybule*, mais la réaction démocratique se déshonora par le procès et la *mort de Socrate* (399).

Un instant, Sparte se relève moralement par l'expédition des *Dix-Mille* (401-399) : Cléarque avait enrôlé pour *Cyrus le Jeune*, frère du roi Artaxerxès Mnémon, une armée grecque de 13000 hommes ; après l'échec de *Cunaxa*, près de Babylone (401), les Grecs, dirigés par l'Athénien *Xénophon*, qui en haine de la démagogie avait émigré à Lacédémone, accomplirent en pays ennemi, jusqu'à Trébizonde, une héroïque retraite ; Xénophon, après la rupture de Sparte avec la Perse resta encore un utile conseiller pour le roi spartiate *Agésilas*.

Les Grecs opprimés s'étaient ligués contre Sparte : Lysandre périt à la bataille d'*Haliarte* (395). Battue sur mer à *Cnide* par *Conon* à Athènes, et harcelée par les *peltastes*, milice légère qu'avait organisée *Iphicrate*, Sparte ne put maintenir son hégémonie jusqu'à 371 que par une trahison, le traité d'*Antalcidas* (387), qui livra aux Perses les Grecs d'Asie.

L'HÉGÉMONIE DE THÈBES fut éphémère comme celle de Sparte. Heureusement placée au centre de la Grèce, Thèbes, d'abord jalouse d'Athènes, s'unit à elle pour combattre leur commun ennemi. Deux héros lui donnèrent la prépondérance. En 379 *Pélopidas* chasse les tyrans imposés par Sparte, puis, victorieux en Thessalie, meurt au combat de *Cynoscéphales* (364), tandis qu'*Épaminondas* vainqueur à *Leuctres* (371), avait paru sous les murs de Sparte (370) et imposé sa loi au Péloponèse. L'hégémonie thébaine était fondée ; mais Thèbes, pour durer, se rongit pas de recourir à l'alliance persane. Toute la Grèce protesta. En vain Épaminondas créa une flotte (362) ; sa mort à *Mantinée* (362) entraînait avec lui la suprématie thébaine.

LA MACÉDOINE

Protégée mais isolée par ses montagnes, la Macédoine n'eut d'abord d'autre histoire que celle de ses rois jusqu'à *Philippe* ; par son savoir militaire et une habile politique, ce prince rétablit l'ordre à l'intérieur du pays, assura ses frontières contre les barbares et conquit les villes grecques du littoral, *Amphipolis*, *Pydna*, *Potidée*. Philippe avait des troupes d'élite, surtout la *phalange*, lourde masse d'hoplites couverts de fortes armures, impénétrables aux traits ennemis. Il occupa la Thessalie : c'était la Grèce entamée, ouverte à la conquête.

Quand Philippe se présenta aux *Thermopyles*, sous prétexte d'inter-

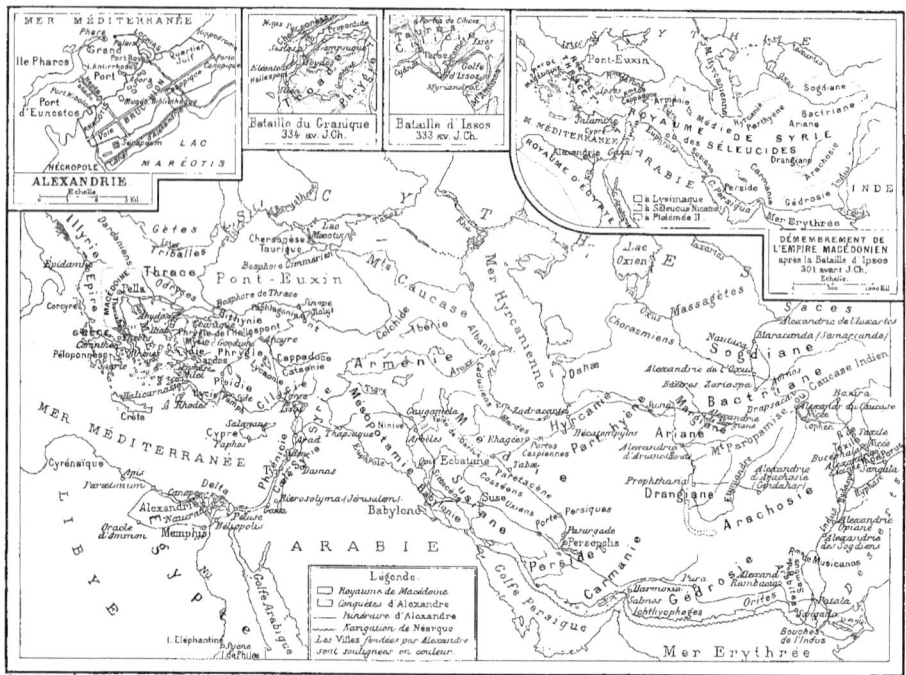

venir dans la *guerre sacrée*, il trouva un parti d'Athéniens qui l'arrêta. Alors, dissimulant ses projets, il achève par la prise d'*Olynthe* la soumission de la Chalcidique, endort les Athéniens par de longs pourparlers, et, reprenant brusquement l'offensive, franchit les Thermopyles, arrive à Thèbes et d'un coup finit la *guerre sacrée*. Content de s'assurer une place dans les conseils de la Grèce, Philippe remet à plus tard la conquête qu'il rêve.

Une *deuxième guerre sacrée* lui en fournit le prétexte. Cette fois il trouva les Thébains et les Athéniens unis pour la liberté commune. Tous furent battus à *Chéronée* (338), Thèbes détruite, Athènes enchaînée par la paix de *Démade*, Sparte elle-même réduite. Enfin le roi de Macédoine est proclamé généralissime des Grecs au *congrès de Corinthe* (336).

Deux ans après Philippe fut assassiné. Son successeur n'avait que vingt ans, mais c'était Alexandre.

Alexandre, après avoir assuré la soumission de la Grèce, entreprit aussitôt la conquête de l'Asie.

En trois victoires, l'empire des Perses est abattu : la rencontre du *Granique* (334) livre l'Asie Mineure ; après le combat d'*Issus* (333), Alexandre devient maître de Tyr (332), de la Palestine, et de l'Égypte, où il fonde Alexandrie ; la bataille d'*Arbelles* (331) lui ouvre Babylone, Suse et Persépolis. Alors le conquérant marche sur l'Asie centrale, soumet de 329 à 327 la *Bactriane* et la *Sogdiane* ; mais, devenu despote, il punit de mort la franchise de son ami *Clitus*, du philosophe *Callisthène* et du vieux général *Parménion*. La mutinerie de ses troupes sur l'*Hyphase* (326) contraignit Alexandre à la retraite. — Après d'utiles fondations, il revient en 325 par la *Gédrosie* à Suse, où il épouse Barsine, fille de Darius ; puis à *Ecbatane*, où il perd son ami *Ephestion* ; enfin à Babylone, sa nouvelle capitale, où il meurt en 323, à trente-deux ans.

Alexandre, un des plus grands hommes de l'antiquité, voulait fonder autant que conquérir ; mais le temps lui fit défaut. Son siècle, inférieur à celui de Périclès, compte surtout de grands orateurs : *Démosthène*, *Eschyne*, *Hypéride* ; d'éminents philosophes, *Platon* et *Aristote*. La comédie alors donnait *Ménandre* ; l'histoire, *Xénophon* ; la poésie bucolique, *Théocrite* ; les sciences, *Euclide* et *Archimède* ; les beaux-arts, *Praxitèle*, *Lysippe* et *Apelle*.

LES ROMAINS

La *guerre lamiaque* (323-322) marque les derniers efforts de la Grèce pour l'indépendance. En 301 les ambitions rivales qui animaient les généraux d'Alexandre aboutirent à la bataille d'*Ipsus* et au démembrement de son empire. Trois États en sortirent : l'**Égypte** avec *Ptolémée*, l'**Asie** avec *Séleucus*, la **Macédoine** avec *Cassandre*.

Florissante pendant un siècle (323-221) sous les trois premiers *Lagides*, l'Égypte, malgré la prospérité d'Alexandrie, ne fit que tomber jusqu'à la conquête romaine. — En Asie, *Séleucus I*[er], brave et organisateur, fonda Séleucie et Antioche ; fit largement pénétrer l'hellénisme dans le monde oriental. Mais la présomption d'*Antiochus le Grand* fut le signal de la décadence : l'empire des Séleucides fut démembré en États barbares (*Parthes* et *Bactriane*), ou romains (*Galatie* et *Judée*). — La Macédoine et la Grèce furent encore plus vite asservies. En vain la *ligue achéenne*, conduite par Aratus, essaya de prévenir la conquête ; en vain le roi de Macédoine *Philippe V* se fit l'allié d'Annibal. Rome, séparant habilement la cause des Grecs de celle des Macédoniens, proclama la liberté de la Grèce (Flaminius, 201). Peu après, la Macédoine succombait avec son roi *Persée* à *Pydna* (168), sous les coups de Paul-Émile. La Grèce elle-même, malgré *Philopœmen* et les derniers efforts de la *ligue*, devint province romaine en 146, sous le nom d'*Achaïe*.

HISTOIRE ROMAINE

L'histoire romaine comprend trois époques : 1° la royauté ; 2° la république ; 3° l'empire.

LA ROYAUTÉ (753-510)

Une tradition constante fixe à l'année 753 avant notre ère la date de la fondation de Rome. Les auteurs auxquels on doit l'histoire des premiers temps de Rome ayant écrit longtemps après cette époque (*Tite-Live* mourut en 19 après J.-C.), leur témoignage ne peut être recueilli qu'avec réserve, mais non rejeté, comme ont tenté de le faire certains critiques. Il subsiste encore des monuments de cette époque lointaine (prison *Mamertine*, *Cloaca maxima*). En résumé, beaucoup de légendes entourent un fonds de vérité.

Les principaux faits de cette période sont : la fusion des *Romains* et des *Sabins* (enlèvement des Sabines ; la succession de quatre rois alternativement romains et sabins : *Romulus*, *Numa Pompilius*, *Tullus Hostilius*, *Ancus Martius*) ; la ruine d'*Albe*, métropole de Rome (combat des Horaces et des Curiaces), l'introduction à Rome de la civilisation *étrusque* (trois rois étrusques : *Tarquin l'Ancien*, *Servius Tullius*, *Tarquin le Superbe*).

Gouvernement de la royauté. — Dans la Rome primitive, le *roi* est tout, de droit ; mais, en fait, ne peut rien de sérieux sans l'assentiment du Sénat et de l'assemblée populaire.

Le roi est à la fois *chef de la religion*, *juge suprême*, et *général d'armée*. Il est suppléé à la tête des troupes par le commandant des *celeres*. Des *questeurs* et des *duumvirs* ou questeurs ordinaires et extraordinaires lui aident à rendre la justice. S'il s'absente, un *préfet de la ville* veille à l'ordre public. Comme grand prêtre, le roi est assisté des *flamines*, les *pontifes* et les *augures*. On honore les dieux de la cité, de la famille (*lares et pénates*) et les *grands dieux* d'origine grecque qui ont été importés par les étrangers au temps de Tarquin l'Ancien.

Le Sénat, composé de 300 membres, est convoqué par le roi : il n'a pas d'attributions bien définies ; mais son avis équivaut presque toujours à un ordre. C'est lui qui, à la mort du roi, gère les affaires publiques et propose un candidat au peuple.

L'assemblée populaire, composée de tous les *citoyens*, divisés en trois *tribus* (chaque tribu en *curie*), élit le roi, vote sans discussion sur les grandes affaires qu'on lui soumet. Mais, sauf pour la confirmation du roi (*lex curiata de imperio*), son vote n'a pas force de loi. Il est vrai qu'il n'est pas facile de s'y soustraire.

Le peuple romain se compose essentiellement des *gentes* appartenant aux trois *tribus* primitives qui ont formé la *cité romaine* : l'ensemble forme le *patriciat*. Le reste, *clients* et *esclaves*, ne compte pas ; encore moins la *plèbe*, amas d'étrangers que la voix du vainqueur a entraînés à la suite de Servius, des *terres*, des *lois protectrices*, un *culte*, une place dans l'armée (répartition de la population en classes d'après le revenu, chaque classe en *centuries*) obtiennent enfin le droit de cité.

LA RÉPUBLIQUE (510-30)

L'histoire de la république romaine peut se résumer en quatre périodes : **formation, conquête de l'Italie, conquête du monde, guerres civiles**.

1. FORMATION (510-367). Il s'agit, pour Rome, non point encore de conquérir, mais de se défendre contre les incursions de ses ennemis (*Porsenna*, 509 ; les *Volsques* et *Coriolan*, 490 ; les *Véiens*, dont la capitale est réduite, 396 ; les *Gaulois* à Rome, 390). Or la chute de la royauté n'a fait que substituer chez à vie deux *consuls* annuels ; la société romaine demeure partagée entre deux ordres, les *patriciens* et les *plébéiens* : c'est la plèbe qui fournit les légions de qui Rome attend sa défense. A la faveur de cette situation, les plébéiens obtiennent successivement des défenseurs contre le patriciat (institution du *tribunat*, 493), l'égalité civile (législation des *décemvirs*, les *Douze Tables*, 450), enfin l'égalité politique (la loi *Licinia*, adoptée en 367, établit le partage du consulat).

Gouvernement de la République. — En prenant la place des rois les consuls en avaient gardé les honneurs et les prérogatives. Peu à peu pouvoirs furent enlevés aux magistrats distincts ; on ne leur laissa que la première place au Sénat, dans les comices et à la tête des armées. A leur place, les *préteurs* rendaient la justice criminelle de concert avec les comices, et la justice civile à l'aide d'un *jury* ; plus tard ils furent chargés d'administrer les provinces. Les *censeurs*, au nombre de deux, élus tous les cinq ans, dressaient la liste des citoyens d'après le cens, celle des sénateurs, et réglaient le budget. Les *édiles* avaient la police et l'entretien de la ville ; les *édiles curules* jugeaient les affaires commerciales. Les *questeurs* enfin administraient le trésor.

Le Sénat, composé de 300 membres, choisis autrefois par le roi, puis par les consuls, enfin par les censeurs, fut ouvert aux plébéiens en 400. Il réglait spécialement les affaires du *culte*, les *finances*, le *gouvernement des provinces*. Mais rien d'important ne se faisait sans lui.

L'assemblée du peuple. — Elle était de deux sortes : *a*. *Assemblée centuriate*, où patriciens et plébéiens réunis votent par centuries pour l'élection des magistrats supérieurs, consuls, préteurs, censeurs, et jugent en *dernier ressort* des affaires criminelles ; — *b*. *Assemblées tributes*, où l'on vote par tribus pour l'élection des magistrats inférieurs. Si l'assemblée ne compte que des plébéiens, sous la présidence du tribun, on l'appelle *comice de la plèbe* ; ses votes, appelés *plébiscites*, seront obligatoires pour tous les citoyens en 287.

2. CONQUÊTE DE L'ITALIE (343-265). — Les plus puissants voisins de Rome étaient les Samnites. Rome prit contre eux la défense de Capoue, les battit au mont Gaurus, et profita de la paix qui suivit ce succès pour réduire ses alliés de la veille, les *Latins*, qui réclamaient le droit de cité (bataille du Vésuve). Les *Samnites*, inquiets, reprirent les armes. N'ayant pas su profiter de leur victoire des *Fourches Caudines* (320), ils gagnèrent à leur cause les Étrusques, les Ombriens, les Gaulois. Les batailles de *Sentinum* (295) et du lac *Vadimon* (281) livrèrent aux Romains le nord et le centre de l'Italie.

L'insolence des *Tarentins* leur fournit l'occasion de conquérir le reste de la péninsule. *Pyrrhus*, roi d'Épire, allié des Tarentins, acheta chèrement les victoires d'*Héraclée* et d'*Asculum* : enfin, battu à *Bénévent* (275), il quitta l'Italie, laissant aux Romains une conquête facile.

Organisation de l'Italie. Rome divisa les vaincus pour les dominer. On distinguait, en Italie, les villes *annexées* et les villes *alliées*. Les villes annexées furent de trois sortes : *cités romaines*, dont les habitants étaient de fait citoyens romains ; *municipes*, dont les habitants, citoyens sans droit de suffrage, n'étaient ni électeurs ni éligibles ; *préfectures*, qui devaient accepter pour juges les préfets et souvent les magistrats envoyés de Rome. Les villes *alliées* étaient *cités latines* ou *cités italiennes*. Les premières, assimilées elles-mêmes d'après les intérêts romains ; leurs habitants à Rome devenaient de plein droit citoyens. Les cités italiennes étaient tenues plus à l'écart de la cité, avec des privilèges restreints.

Peu à peu toutes les villes d'Italie voulurent entrer dans la cité romaine. Après la *guerre sociale* (91-88), il n'y eut plus de différence entre elles. Des postes militaires, habilement distribués par le Sénat, sous le nom de *colonies romaines*, parmi les populations vaincues, continuèrent de les surveiller et de rendre impossible tout retour vers le passé.

3. CONQUÊTE DU MONDE (264-133). — L'intervention des Romains en Sicile, entre les Mamertins et les Syracusains, eut pour résultat de les mettre aux prises avec les *Carthaginois*, établis dans une partie de cette île. Telle est l'origine des guerres puniques.

Dans la **première** de ces guerres (264-241), Rome entame fortement la puissance maritime de Carthage (victoire du consul Duilius à *Mylès* et réduit la *Sicile* en province romaine (bataille des Îles *Égates*, 241), sort que partageront bientôt la *Sardaigne* et la *Corse*.

La **seconde** guerre est marquée d'abord par les succès d'*Annibal* (Trasimène, 217 ; *Cannes*, 216). Mais le frère de ce dernier, *Asdrubal*, fut battu et tué au *Métaure* (207) ; et la descente en Afrique de *Publius Scipion*, qui dut à la victoire de *Zama* (202) le surnom d'*Africain*, contraignit *Annibal* à quitter l'Italie. Il suffira de peu d'efforts à *Scipion Émilien*, le second Africain, pour prendre et détruire *Carthage* (troisième guerre, 149-146).

Entre temps, Rome avait étendu sa domination sur la *Gaule cisalpine* (222) et l'*Illyrie*.

L'appui qu'avait donné à Annibal *Philippe V*, roi de **Macédoine**, servit de prétexte à Rome pour porter la guerre dans ce pays. La victoire remportée par le consul *Flamininus* à *Cynocéphales* (197), affaiblit Philippe ; son successeur Persée sera battu par *Paul-Émile* à *Pydna* (168).

Annibal, réfugié auprès d'*Antiochus*, roi de Syrie, avait excité ce prince contre les Romains. Après la bataille de *Magnésie* (190), gagnée par Lucius Scipion sur Antiochus, l'*Asie Mineure* se trouva partagée entre une vingtaine de petits peuples, dont aucun n'était assez puissant pour dominer les autres.

Rome était ainsi certaine de ne plus trouver grande résistance lors-

ITALIE ANCIENNE

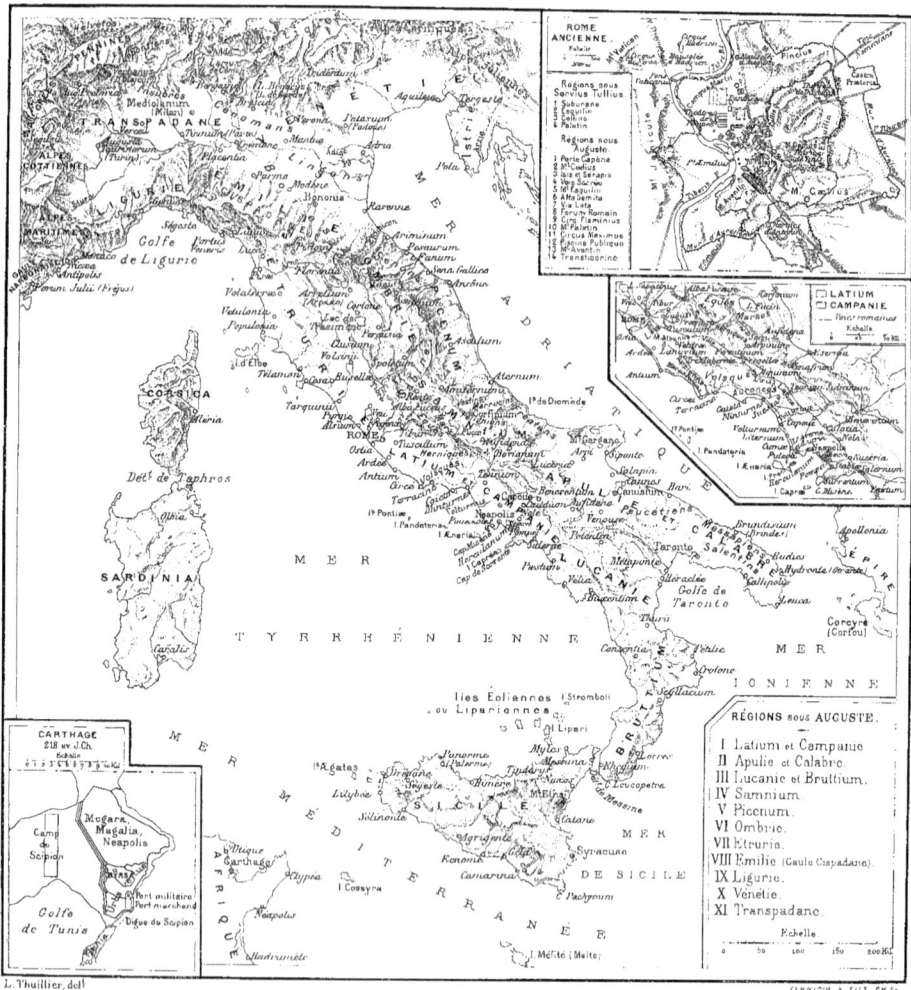

qu'elle voudrait établir définitivement sa domination sur la péninsule hellénique et l'Asie Mineure. Les intrigues d'Andriscus en Macédoine; le soulèvement de Critolaüs en Grèce; enfin le testament d'*Attale*, roi de *Pergama* (129), donneront lieu à la formation des nouvelles *provinces* de **Macédoine**, d'**Achaïe** et d'**Asie**. — L'**Espagne**, où les Romains avaient combattu les Carthaginois, fut aussi réduite en province (133).

Organisation des provinces. — Tous les pays conquis formèrent 9 provinces, dans chacune desquelles les droits et les charges furent inégalement distribués. On distinguait les *colonies romaines*, les villes dites *libres*, les *villes stipendiaires*, qui gardaient à peine une apparence de vie municipale. A la tête de chaque province était un *proconsul* ou un *préteur*, suivant que la conquête était plus ou moins affermie. De quelque nom qu'on l'appelât, le gouverneur était maître absolu : *armée,*
justice, finances, étaient dans sa main. L'impôt était lourd : *capitation, impôt foncier, douanes, réquisitions*. Des agents avides le percevaient au nom de l'État, pressuraient les villes par l'usure, avec la complicité et pour le plus grand profit du gouverneur et du Sénat lui-même.

4. GUERRES CIVILES (133-30). — La classe moyenne ayant disparu de la société romaine, il ne restait plus qu'un patriciat riche et corrompu, une populace misérable et dégradée. Cet état de choses menait aux révolutions.

Les **Gracques**, *Tibérius* et son frère *Caïus*, essayèrent de donner quelque aisance au peuple en lui faisant distribuer des terres et en l'accoutumant au travail. Ils se heurtèrent à l'hostilité de la noblesse, et payèrent de la vie leur généreuse tentative (133-123). La guerre civile devenait inévitable : elle éclata par la rivalité de *Marius* et *Sylla*.

MÉDITERRANÉE ROMAINE

L. Thuillier, Del?

Marius, chargé de terminer en *Numidie* la guerre contre *Jugurtha* (commencée par Cécilius Métellus, 109), forma pour cette expédition des légions de prolétaires : grave innovation qui devait modifier profondément l'esprit de l'armée, et attacher le soldat moins au bien de l'État qu'à la fortune de son général. Triomphateur à son retour d'Afrique (106), Marius se distingua contre les Teutons et les Cimbres à *Aix* et à *Verceil* (102-101). Mais il ne joua qu'un rôle effacé dans la *première* partie de la guerre sociale, et fut remplacé dans la *seconde* par son ancien lieutenant **Sylla** (89).

Alors commence une rivalité qui entrera dans la période aiguë, quand Sylla obtiendra le commandement de la guerre contre *Mithridate*, roi de *Pont* (88). En l'absence de Sylla, *Marius*, maître de Rome par la force, inaugura contre la noblesse le sanglant régime des proscriptions, et mourut après quelques jours d'un septième consulat (86). Le retour de *Sylla* fut marqué par de terribles représailles. Nommé dictateur (82), il établit une constitution aristocratique qui réduisait presque à néant la puissance tribunitienne. *Sylla* mourut en 78.

Pompée, gendre de Sylla, et **César**, neveu de Marius, continuent la lutte en renversant les rôles.

Pompée, d'abord protégé de Sylla, combattit en Espagne le soulèvement organisé par Sertorius (76-72), et mit fin aux *guerres serviles* par la défaite de Spartacus (71). Mais il évitait de se prononcer entre le Sénat et le peuple. Consul en 70, il renversa malgré son origine la constitution de Sylla au profit du peuple et des chevaliers, et termina enfin la guerre contre Mithridate (63).

Cependant, à Rome, **Cicéron** déjouait la conjuration de *Catilina* (62). Au lieu de cette dictature, Rome subit le **triumvirat** de *Pompée, Crassus* et *César* (60).

Consul en 59, **César** obtint l'année suivante le gouvernement de la Gaule Cisalpine et de la Narbonnaise. En six ans il conquit la *Gaule*, et ne voulant d'autre maître que lui, franchit le Rubicon, marcha contre Pompée. Celui-ci avait fui : César battit à *Lérida*, en Espagne, une armée sans général. Il pensait ne trouver à *Dyrrachium*, en Épire, qu'un général sans armée; mais il fut défait (49). La journée de *Pharsale* fut sa revanche (48). Pompée fugitif périt à Péluse, en Égypte. César, vainqueur de Pharnace, roi de Pont (*Veni, vidi, vici*), et des fils de Pompée à *Munda* (45), obtint le *consulat à vie*. Bientôt il était assassiné par *Brutus* et *Cassius* (15 mars 44).

Alors *Antoine*, **Octave** et *Lépide* formèrent, pour venger César, un *second triumvirat*. Après la seconde bataille de *Philippes* (42), où furent tués Brutus et Cassius, les triumvirs commencèrent à se diviser. Lépide fut déposé (36) et la rupture éclata entre Antoine et Octave. A la bataille d'*Actium*, le sort des armes se prononça en faveur de ce dernier (31). La mort d'Antoine (30) laissant Octave sans adversaire, l'empire était fondé (30).

L'EMPIRE
(30 av. J.-C.; 395 ap. J.-C.).

Gouvernement de l'empire. — Octave reçut le titre d'*Auguste*, et sous des noms divers cacha un pouvoir absolu : *souverain pontife, censeur, tribun du peuple, imperator*, il fut maître de la *religion*, du *Sénat*, de l'*assemblée du peuple*, de l'*armée*. Si la forme républicaine survit aux anciennes magistratures, ce n'est plus qu'un décor; le pouvoir effectif est aux mains de l'empereur. Pour lui, le *préfet du prétoire*, chef de la garde impériale, commande à Rome et bientôt devient chef de la justice civile et criminelle, le *préfet de la Ville* est chargé de la haute police dans Rome et dans toute l'Italie : c'est un vrai ministre de l'intérieur; le *préfet des Vigiles* veille à la sécurité des rues; le *préfet de l'annone* aux approvisionnements; les *curateurs* sont substitués aux édiles pour les travaux publics. Toute l'Italie est partagée en 11 *circonscriptions*, avec des *municipes* indépendants, sous la surveillance des agents impériaux.

EMPIRE ROMAIN

Les *provinces* sont au nombre de 22, 10 *sénatoriales*, 12 *impériales*. Le Sénat nomme 10 gouverneurs; mais partout l'empereur est le maître et les *gouverneurs*, tenus en éveil et responsables, cessent d'exploiter les provinces pour les *administrer*. L'*armée*, nécessaire à la défense des frontières, devient permanente, toute dévouée à l'empereur; elle sera bientôt la maîtresse de l'État.

Le règne d'*Auguste* (30 av. J.-C.; 14 ap. J.-C.) fut pour Rome une ère de prospérité; son siècle, le plus beau des lettres romaines. On vit presque à la fois, en poésie, *Lucrèce*, *Catulle*, *Ovide*, *Virgile*, *Horace*; en prose, *César*, *Varron*, *Salluste*, *Tite-Live*, surtout *Cicéron*, l'émule de *Démosthène*, emporté par les passions politiques avant l'avènement d'Auguste.

Malgré les intentions pacifiques de l'*empereur*, il fallut pourtant contenir les Barbares (*Tibère* contre les Pannoniens et les Marcomans, 13 av. J.-C.; *Drusus* sur le Rhin, 11 av. J.-C. Désastre de *Varus*). C'est sous le règne d'Auguste que naquit N.-S. Jésus-Christ.

Famille d'Auguste. — *Tibère* (14-37) succéda à Auguste, son père adoptif. Les neuf premières années du règne furent heureuses, tant à l'intérieur qu'à l'extérieur (succès de *Germanicus*). Mais la faveur donnée à Séjan livra l'empire à la tyrannie. — *Caligula*, petit-neveu de Tibère (37-41), fut un fou furieux. — *Claude*, oncle de Caligula, était faible d'esprit. Son règne (41-54) fut pourtant assez prospère (succès en Grande-Bretagne, en Germanie, en Orient, en Afrique). — Il eut pour successeur son fils adoptif *Néron* (54-68), qui le premier persécuta les chrétiens.

Les Flaviens. — Après les princes de la *famille d'Auguste*, il y eut trois Césars de passage : *Galba* (68), *Othon* (69), *Vitellius* (69). Celui-ci abdiqua à la nouvelle d'une révolte dont les auteurs avaient proclamé *Vespasien*. Ce prince (69-79) et ses deux fils, *Titus* (79-81) et *Domitien* (81-96), forment la dynastie des Flaviens. La révolte du Batave *Civilis*, en Gaule, fut réprimée. Les Juifs s'étant soulevés, *Jérusalem* fut prise, son temple détruit, et alors commença la dispersion du peuple juif (70). La Grande-Bretagne fut conquise par *Agricola* : les frontières du Rhin et du Danube furent protégées. Domitien mourut assassiné et ses meurtriers proclamèrent *Nerva* (96-98).

Les Antonins. — On appelle ainsi, du nom porté par le meilleur d'entre eux, *six empereurs* unis seulement par l'adoption, sauf les deux derniers, et dont l'époque passe pour l'une des meilleures de l'histoire. *Nerva* laissa le gouvernement à son fils adoptif *Trajan* (98-117). Ce prince conquit la Dacie, par-delà le Danube (106), et conduisit contre les *Parthes* une expédition qui l'entraîna sur l'Euphrate jusqu'au golfe Persique. — Le règne d'*Adrien* (117-138) fut pacifique; ce prince passa plus de la moitié de son règne en voyage, laissant partout des preuves de sa munificence. — *Antonin* (138-161) fut un empereur débonnaire. — *Marc-Aurèle* (161-180) montra un grand esprit d'équité et un dévouement sincère au bien public. Bien qu'il n'aimât point la guerre, il dut la faire pour défendre l'empire contre les Parthes et les Germains. — *Commode* le Gladiateur (180-192) fut un monstre : avec lui commence une période d'agitations intérieures et de malheurs au dehors.

Les princes syriens. Après Pertinax et Didius Julianus s'ouvre la série des empereurs dits *Syriens*. — *Septime Sévère* (193-211) fut un rude soldat : on le vit, toujours actif, à Babylone, à Thèbes sur le Nil, en Écosse. — L'agitation qui marqua les règnes de *Caracalla*, *Macrin* et *Héliogabale* s'apaisa sous celui du sage *Alexandre Sévère*. — Les trente-trois années qui suivirent la mort de ce prince furent une période d'anarchie : sept empereurs et vingt généraux endossèrent la pourpre (235-268).

Les princes illyriens. — L'empire se releva sous les princes *illyriens*. — *Aurélien* (270-275) fortifia Rome, battit les Alamans et soumit Zénobie (destruction de Palmyre, 273). — *Tacite* ne fut empereur que six mois et se servit des Barbares contre eux-mêmes. — *Dioclétien* (285-305), jugeant l'empire trop grand pour être défendu par un seul homme, se donna un aide, *Maximien*, qu'il fit Auguste et le chargea de l'Occident, pendant que lui-même veillait sur l'Orient. Bientôt chacun des *deux Augustes*, trouvant encore la charge trop lourde, se fit aider par un César. Dioclétien choisit *Galère*, Maximien eut *Constance Chlore*. Mais Dioclétien restait le maître suprême. Ainsi fut constituée la **tétrarchie**. — Les deux *Augustes* ayant abdiqué (305), les deux *Césars* les remplacèrent et se choisirent à leur tour chacun un aide. Mais Constance étant mort, *Constantin* son fils fut proclamé (306). On vit jusqu'à six empereurs à la fois. A la fin, *Constantin*, vainqueur de Maxence (312) et de ses autres rivaux, resta seul (324). Il avait, au lendemain de sa victoire sur Maxence, signé *l'édit de Milan* (313), qui donna aux chrétiens la liberté. En 325 se réunit le concile œcuménique de *Nicée*. Constantin compléta l'œuvre d'organisation ébauchée par Dioclétien.

Nouvelle organisation de l'empire. — L'empire fut divisé en quatre grandes préfectures : *Orient*, *Illyrie*, *Italie*, *Gaule*, avec chacune un *préfet du prétoire* à sa tête. Les quatre préfectures furent divisées en 14 diocèses, avec chacun un *vicaire*; les 14 diocèses en 49 *provinces*, sous un président ou *recteur*. Les villes se gouvernaient elles-mêmes, avec un conseil, *curie*, responsable des impôts. A la tête de l'État, l'empereur, maître absolu, gouverne avec l'aide des ministres et d'un conseil ou consistoire. — Au nouvel empire, il fallait une nouvelle capitale. *Constantinople* fut fondée sur l'emplacement de l'antique Byzance, au carrefour des routes d'Orient et d'Occident (330).

L'empire, d'abord partagé entre les trois fils de Constantin, fut réuni, après la mort de l'aîné, Constantin II (340), et du plus jeune, Constant (350), aux mains de *Constance* (350-361). — *Julien l'Apostat*, neveu de Constantin (361-363), après avoir délivré la Gaule des Germains, essaya vainement de restaurer le paganisme. — Après le règne éphémère de *Jovien* l'empire fut partagé entre *Valentinien*, empereur d'Occident (364-375), et son frère *Valens*, empereur d'Orient (364-378). Ce partage devait cesser un instant, sur la fin du règne de *Théodose le Grand* (379), mais pour être consommé définitivement à la mort de ce prince.

FIN DE L'EMPIRE D'OCCIDENT

Théodose, en mourant (395), laissa l'empire à ses deux fils : *Arcadius* eut l'Orient, *Honorius* l'Occident. De toutes parts, la frontière cédait sous la poussée du *monde barbare*.

On peut ramener à *trois races* principales la masse confuse des Barbares qui se remuait derrière la double ligne du Rhin et du Danube : 1° les *Germains* (Francs, Thuringiens, Alamans, Frisons, Saxons, Bataves, Burgondes, Lombards, Suèves et Vandales) entre le Rhin et la Vistule; 2° les *Slaves* ou *Sarmates* (Wendes, Tchèques, Slovaques, Serbes) entre la Vistule et le Tanaïs; 3° les *Scythes* ou *Tartares* (Huns, Avares, Bulgares, Madjyars) du Tanaïs aux monts Ourals.

Ce furent les *Goths*, puissante nation germanique venue du nord, à travers le monde slave, jusqu'aux bords du Danube, qui, cédant sous la poussée des Huns, franchirent les premiers la frontière de l'empire vers l'Orient. Valens essaya vainement de les arrêter et se fit tuer sous les murs d'*Andrinople* (378). *Théodose* préféra composer avec les Barbares et leur céda des terres en *Illyrie*. L'orage détourné de Constantinople alla fondre sur l'*Occident*.

L'*empire d'Occident* fut défendu par trois hommes : Stilicon, Constance et Aétius.

Fascinés par le voisinage de Rome, les *Goths* quittent l'Illyrie sous la conduite d'*Alaric*, tournent l'Adriatique et pénètrent en Italie : Honorius leur opposa Stilicon. Mais en même temps les hordes germaniques, suivant la route ouverte par les *Francs*, franchissaient le Rhin : *Alains*, *Suèves*, *Vandales*, aux ordres de *Rhadagaise*, débordent sur la Gaule : c'est la *grande invasion* (406).

Impuissant à faire tête sur toutes les frontières à la fois, *Stilicon*, général d'Honorius, sacrifie la Gaule pour sauver l'Italie : Alaric, battu à *Fésules*, reprend le chemin de l'Illyrie. Mais la *Gaule* abandonnée s'était donné un empereur pour sa propre défense. Stilicon allait le réduire, quand il mourut assassiné. Les Barbares, un instant interdits, reprirent leur route; Alaric revint sur *Rome* et la pilla (410).

Le nouveau général d'Honorius, *Constance* essaya de se faire jour au milieu de la confusion : ne pouvant vaincre les Barbares comme Stilicon, il les tourne les uns contre les autres, les fixe en diverses régions. A son appel les *Visigoths* quittent l'Italie, passent en Gaule et chassent les *Vandales* de l'autre côté des Pyrénées : on leur donne pour ce service la vallée de la Garonne, de Toulouse à l'Océan. De même les *Burgondes* sont fixés en Séquanaise, dans la vallée de la Saône; les *Francs* au nord de la Gaule, en Toxandrie. Mais la mort prématurée de Constance (422), celle d'Honorius qui ne laissa qu'un enfant, *Valentinien III*, déchaînèrent presque aussitôt les Barbares. Burgondes et Visigoths débordent de leurs frontières : les Francs *Saliens* descendent du nord jusqu'à la Somme; les Francs *Ripuaires*, ceux qui étaient restés sur la rive du Rhin, poussent jusqu'aux Vosges.

Aétius releva contre les Barbares le drapeau de Stilicon : il fait tête de tous côtés à la fois, bat les uns après les autres, enfin réunit tous les vaincus contre un ennemi commun, les *Huns d'Attila*, et sauve la Gaule aux *champs Catalauniques* (451). Mais Attila, vaincu, se retire comme Alaric et attend son heure. A la mort d'Aétius (453) il reprend par un détour le chemin de Rome : la capitale de l'empire ne dut son salut qu'au pape saint Léon, qui éloigna le barbare.

Après Stilicon, Constance, Aétius, c'en est fait de l'empire. Rome délivrée des Huns voit accourir les *Hérules*, les *Lombards*, les *Ostrogoths* : le titre d'empereur n'est plus qu'un mot, bientôt même il n'y eut plus d'empereur : Odoacre, chef des Hérules, se proclame *roi d'Italie* en 476. C'est la *fin de l'empire d'Occident*. L'empire d'Orient, heureusement échappé à l'invasion, doit vivre encore dix siècles et tomber enfin sous les coups des derniers venus parmi les Barbares, les *Turcs Ottomans* (prise de Constantinople, 1453).

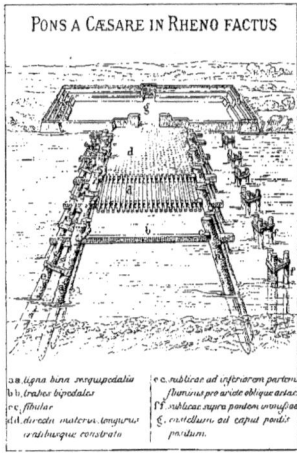

PONS A CÆSARE IN RHENO FACTUS

a a. ligna bina sesquipedalia
b b. trabes bipedales
c c. fibulae
d d. directa materia longurus et adibusque constrata
e e. sublicae ad inferiorem partem
f f. sublicae supra pontem vinculum
g. castellum ad caput pontis pontium

LA GAULE AU TEMPS DE CÉSAR

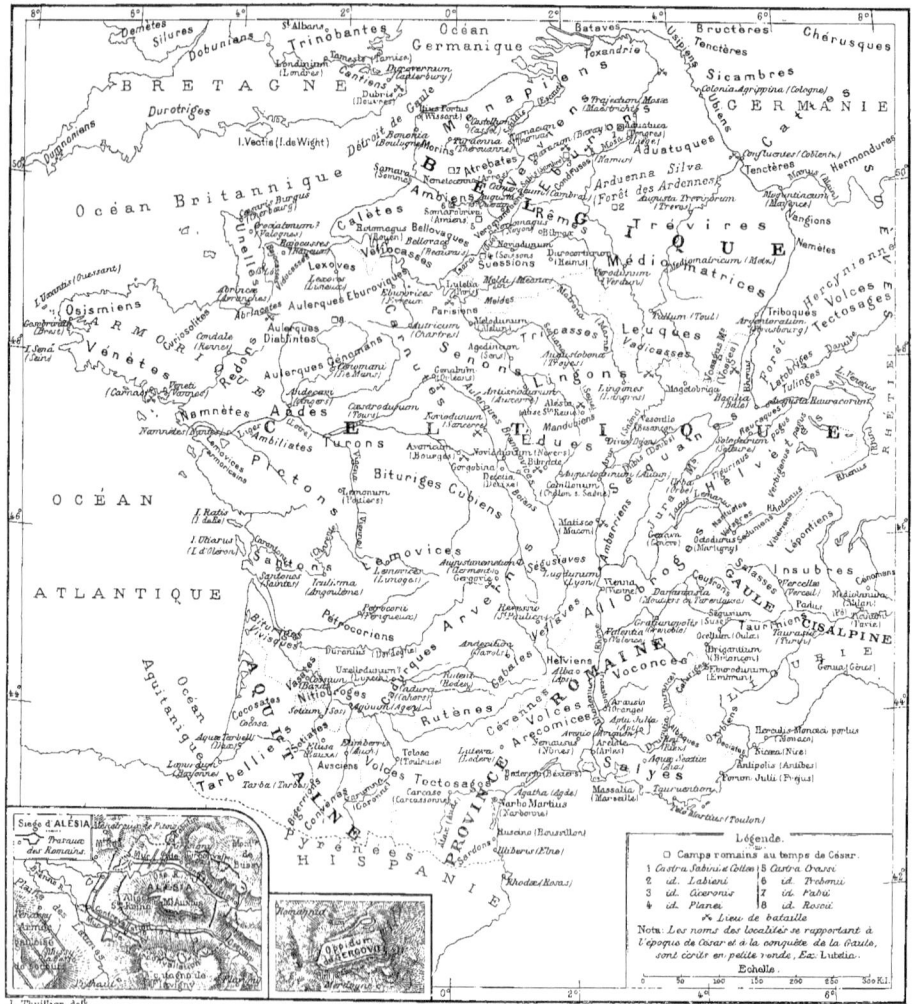

HISTOIRE DE LA GAULE

Annexée depuis cinq siècles, la *Gaule* demeurait, à la chute de l'empire, une proie sans défense à la merci des barbares. On sait comment elle fut conquise. Nos origines d'ailleurs sont fort obscures, et nous ne savons bien que ce que le vainqueur a voulu nous dire. Des races diverses, *Ibères* au sud, *Celtes* ou *Galls* au centre et à l'ouest, *Kymris* et *Belges* vers le nord; tout cela partagé en *tribus* indépendantes et souvent ennemies, n'ayant d'autre lien que de vagues traditions religieuses, et les essais encore incertains d'une civilisation primitive; un amas de peuples enfin plutôt qu'une nation, tel fut l'obstacle que les Romains durent aplanir sous le niveau de la conquête.

Ils n'avaient qu'à profiter de leurs divisions pour soumettre les tribus gauloises les unes après les autres et conquérir le sol par morceaux. Appelée par *Marseille* contre les *Ligures*, Rome prit pied en 123 sur le littoral gaulois, et fonda une nouvelle *province*, des Alpes aux Pyrénées. C'est de là qu'elle partit, après la défaite des Cimbres et des Teutons, pour conquérir la Gaule entière.

César fit cette conquête en sept campagnes (58-50). Sous prétexte de défendre les *Éduens* contre les *Séquanes* et ceux-ci contre les *Suèves* d'*Arioviste*, il s'établit dans l'est. Puis il s'avance : *Rèmes* et *Suessions*, *Bellovaques* et *Aduatiques* (Namur), *Venètes* d'Armorique, tous passent successivement sous le joug. Pour assurer sa conquête, César fit l'isole de la *Germanie* et de la *Bretagne* par une double campagne. Complots (*Ambiorix* et les *Éburons*), soulèvement général, rien ne peut le lui arracher ; battu sous *Gergovie*, César prend sa revanche devant *Alise*, et la Gaule frémissante mais non soumise jette les armes avec son chef *Vercingétorix* (52).

Alors on la *divise* pour prévenir tout retour d'indépendance : les anciens noms de peuples font place à des noms de provinces : *Lyonnaise*, *Belgique*, *Aquitaine*. La *religion* des druides, seul lien des vaincus, est proscrite : tout change, le costume, le langage. Des villes s'élèvent partout avec les monuments d'une civilisation nouvelle ; la Gaule devient romaine : elle a ses écrivains, ses sénateurs, comme l'Italie. Mais, exploitée par des procureurs avides, minée par le *fisc*, dépeuplée par l'*esclavage*, elle se meurt du mal qui ronge l'empire. Déjà pourtant un nouveau principe de vie, le *Christianisme*, ranimait la vieille sève gauloise ; l'invasion, au lieu de l'étouffer, lui donna une nouvelle vigueur, et la Gaule, rajeunie par l'effort, devint le salut de l'Occident.

L'EMPIRE FRANC MÉROVINGIEN

Les *Francs* étaient connus pour leur valeur. A la solde de l'empire, mais alliés indociles, ils avaient la garde du Rhin, quand survint la grande invasion : entraînés par le flot des barbares, ils firent comme les autres se mirent à piller. Pourtant un groupe considérable, celui des *Francs Saliens*, avait reçu des terres au nord de la Gaule (Toxandrie) ; les *Saliens* étaient avec leur chef *Mérovée* à la bataille des champs Catalauniques : on les vit même, mécontents de *Chilpéric*, successeur de Mérovée, obéir à *Ægidius*, chef des milices romaines. Mais en se ralliant aux défenseurs de la Gaule contre de nouveaux arrivants barbares, les Francs comptaient travailler pour eux-mêmes. A la chute de l'empire, ils occupaient le nord de la Gaule jusqu'à la Somme. *Clovis* leur chef résolut de conquérir le reste (481).

LA CONQUÊTE

Si l'on excepte les *Gallo-Romains* de la Seine et de la Loire, gardés par *Syagrius* et les débris des légions, *trois peuples barbares* se partageaient le sol de la Gaule : les *Burgondes* à l'est, les *Visigoths* au sud, les *Francs* au nord. Ce furent les *Francs* qui l'emportèrent.

Clovis se jette sur le *premier obstacle* à sa marche en avant et bat *Syagrius* à *Soissons* (486) ; puis il entame le pays *gallo-romain* de la Seine. A ce moment les Francs Ripuaires l'appellent à leur secours contre une bande venue de Germanie. Clovis refoule les *Thuringiens*, revient à sa conquête et l'assure par son mariage avec une princesse chrétienne, *Clotilde*, nièce de Gondebaud roi des Burgondes. La Seine se soumet, la Loire en partie. Encore une fois Clovis doit interrompre sa marche pour arrêter dans l'est une nouvelle invasion, celle des *Alamans*. Vainqueur à *Tolbiac* (496), il se fait chrétien : sa cause devient celle de l'Église ; les dernières résistances tombent, les évêques l'appellent.

Il se jette alors sur le *second obstacle* à sa domination, bat les Burgondes à la journée de *Dijon* (500) et leur impose tribut. Mais la soumission des vaincus était précaire : Clovis remet à plus tard le soin de la compléter. — Il fond sur le midi, bat son *troisième ennemi*, les Visigoths, à *Vouillé* (507) près de Poitiers. Toute la Gaule obéit aux Francs : il n'y a d'exception que pour la *Provence* (ancienne province romaine), qui reste aux Ostrogoths d'Italie, et la *Septimanie* (entre le Rhône, les Cévennes et les Pyrénées), aux Visigoths.

Mais cette conquête avait été trop rapide pour ne pas soulever de vives compétitions. Clovis les réprima durement, même dans sa famille, et mourut en 511, sans avoir assuré l'avenir.

Ses quatre fils, *Thierry*, *Childebert*, *Clodomir* et *Clotaire*, complétèrent son œuvre par la soumission définitive de la *Bourgogne* et de la *Provence* (434) : ce fut Théodebert fils de Thierry qui fit cette brillante partie. Déjà son père avait soumis au delà du Rhin les Alamans, les Bavarois, les Thuringiens et mis fin à leurs velléités d'invasion. Ainsi s'affermissait l'œuvre de la conquête. Clotaire, resté seul de tous ses frères, fut maître de tout l'empire franc (558).

GUERRES CIVILES

La conquête terminée, les Francs se divisèrent. Des quatre fils de Clotaire, Caribert eut Paris et l'Aquitaine, Gontran la Bourgogne, Chilpéric la Neustrie, Sigebert l'Austrasie. Caribert étant mort le premier, l'Aquitaine fut partagée par villes, d'une façon tout à fait incohérente. Paris, mis à part, restait indivis. Aux premiers ferments de discorde allumés par les questions de partage s'ajoutait la vieille jalousie de l'est contre l'*ouest*, compliquée encore et personnifiée par la haine de deux femmes : Brunehaut, femme de Sigebert, roi d'Austrasie : Frédégonde, seconde femme de *Chilpéric*, roi de Neustrie. Il n'en fallait point tant pour allumer la guerre.

Frédégonde fit assassiner le mari de sa rivale, Sigebert, roi d'Austrasie ; son propre mari Chilpéric ; le fils de Brunehaut. Childebert II, Brunehaut, maîtresse de la Bourgogne et de l'Austrasie au nom de ses petits-fils, eut le malheur de les tourner l'un contre l'autre, et de satisfaire son

EMPIRE DE CHARLEMAGNE

impérieux besoin de domination aux dépens des grands, dont elle se fit des ennemis. Alors Frédégonde, exploitant habilement les haines accumulées, bat les troupes austrasiennes à *Latofao*. Après elle, son fils *Clotaire II*, à la tête des grands coalisés, s'empare de Brunehaut, la fait mettre à mort et reste seul maître des Francs.

Le règne de Dagobert (628), son fils, fut *l'apogée de l'empire franc* : les Germains jusqu'à l'Elbe, les Lombards d'Italie, les Visigoths d'Espagne acceptaient sa suzeraineté militaire. Dagobert lui-même n'est plus un chef de bande, mais un vrai *roi*, justicier de ses peuples, entouré de sages ministres qui l'aident dans le gouvernement. Tout l'occident paraissait groupé autour de la monarchie franque. Mais cet éclat passager disparut avec *Dagobert* (638) : les ambitions personnelles, les jalousies de races mal assoupies se réveillèrent ; l'Austrasie se redressa contre la Neustrie, les grands contre la royauté

LA DÉCADENCE

Des deux fils de Dagobert, le premier, *Sigebert*, fut roi d'Austrasie, avec *Pépin de Landen* pour maire du palais ; le second, *Clovis II*, roi de Neustrie. La royauté menacée essaya de se défendre, surtout en Neustrie, où les leudes étaient moins forts et moins turbulents ; mais les violences d'*Ébroïn* compromirent la cause qu'il voulait relever à son profit. Les grands d'Austrasie, après s'être défait de deux rois, accourent à l'appel des grands de Neustrie. Tous unis sous *Pépin d'Héristal*, petit-fils de Pépin de Landen, le plus puissant d'entre eux, défont les troupes royales à *Testry* (687). C'était la victoire définitive des grands sur la royauté, de l'Austrasie sur la Neustrie. Désormais, les *maires austrasiens de la famille d'Héristal* seront tout-puissants, jusqu'au jour où l'un d'entre eux, *Pépin le Bref*, remplacera par une dynastie nouvelle les descendants dégénérés de Clovis.

LES MAIRES DU PALAIS

Le pouvoir des *maires du palais* correspond à la période dite des *rois fainéants*. **Pépin d'Héristal** (687-714) rétablit de l'autre côté du Rhin la suprématie militaire des Francs, compromise par leurs discordes. Il laissait en mourant la mairie d'Austrasie à son fils *Théodebert*. Mais les Neustriens ne voulurent point d'un enfant. Un autre fils de Pépin, **Charles**, depuis surnommé **Martel** (714-741), les contraignit à l'obéissance par trois victoires : *Stavelo*, *Viney*, *Soissons*, et garda le pouvoir.

Pendant qu'il rattachait les Saxons, les Bavarois, les Thuringiens, les Alamans à la confédération franque, une nouvelle invasion, celle des Arabes, l'appella dans le Midi. Charles y court, arrête les Arabes à *Poitiers* et sauve la chrétienté (732). Tout le Midi, la Bourgogne réduite à merci par la prise des villes du Rhône, la Provence elle-même, reconnaissent l'autorité du vainqueur de Poitiers.

Il laissait l'empire franc restauré à ses deux fils, *Pépin* et *Carloman*. Le second s'étant fait religieux, *Pépin*, resté seul, jugea que le moment était venu de prendre le titre de roi dont il avait le pouvoir, relégua le dernier Mérovingien, *Childéric III*, dans un monastère, et se fit sacrer dans l'église de Soissons par saint Boniface (752).

LES ARABES

Plus heureux que l'Occident, l'Orient avait échappé à la grande invasion barbare : ce fut pour tomber sous la main des Arabes. Jamais conquête ne fut plus rapide que celle de Mahomet et de ses successeurs. La *fuite du Prophète* à Médine (622) en marque le point de départ (*hégire*) : à sa mort (632) l'*Arabie* était gagnée.

Abou-Bekr commença la conquête de la *Syrie*. Ce fut *Omar* qui l'acheva pendant que *Kaled* et *Amrou* ses lieutenants soumettaient la *Perse* et l'*Égypte*. Alors *Othman* construisit une flotte, prit *Chypre*, *Rhodes*, menaça Constantinople. A ce moment il fut assassiné ; son héritier *Ali*, écarté et vaincu par *Moaviah*, qui fonda une nouvelle dynastie, celle des *Ommiades* (661).

Avec les Ommiades le mouvement des conquêtes continue. Sous *Abd-el-Malek* et *Valid*, *Mousa* soumet tout le *nord de l'Afrique* et envoie son lieutenant *Tarik* en *Espagne* (bataille de *Xérès*, 712). L'islam passa les Pyrénées, envahit la *Septimanie*, menaça l'Europe chrétienne. C'est alors que *Charles Martel* arrêta l'invasion arabe à Poitiers (732). — Mais à l'autre extrémité du monde, l'*Inde* était conquise. *Soliman* jugea le moment venu de prendre enfin *Constantinople* : il échoua ; ses héritiers furent massacrés, le pouvoir donné par les partisans d'Ali à un nouveau kalife *Abou1-Abbas*, chef de la dynastie des *Abbassides* (750).

Les Ommiades avaient pris *Damas* pour capitale ; les **Abbassides** s'établirent à *Bagdad*. Malgré la perte de l'Espagne où le dernier des Ommiades échappé au massacre, *Abdmérame*, venait de fonder le kalifat de Cordoue (758), le règne des Abbassides jeta d'abord un vif éclat. *Haroun-al-Raschid* est le plus illustre de cette dynastie. Il ne manquait à la conquête arabe que *Constantinople*. Mais, un moment tributaire, la ville avait repris sa liberté. Aussi bien, les Abbassides ne pouvaient-ils songer à la réduire, car leur empire sombrait en États indépendants. A Bagdad même le Kalife, prisonnier de sa *garde turque*, n'avait gardé qu'une ombre d'autorité. Ce seront les Turcs qui, rajeunissant l'islam, prendront enfin Constantinople au XVᵉ siècle, et seront maîtres de l'Orient.

L'EMPIRE FRANC DE CHARLEMAGNE

Pépin le Bref (752-768), après avoir mis ordre aux affaires d'Italie, délivré le pape *Étienne III* d'*Astolphe*, roi des Lombards, et assuré l'indépendance de la papauté par l'établissement des *États de l'Église* (756), s'occupa de réduire la *Septimanie*, dernier refuge des Visigoths, et l'*Aquitaine*, toujours en armée pour l'indépendance, avec son duc *Guaifer*. Des deux fils de Pépin, *Charles* et *Carloman*, le second mourut prématurément (768-771) ; le premier fut Charlemagne.

CHARLEMAGNE (771-814) entreprit de fondre l'Occident en un tout uni par les mêmes institutions monarchiques et religieuses. Pour cela il lui fallait : 1° *achever par la conquête la soumission des peuples barbares* ; 2° *organiser les peuples soumis*.

1° La *soumission définitive des Barbares* fut assurée par cinq expéditions contre les plus intraitables d'entre eux, les *Saxons* et leur chef *Witikind* (772-785) ; deux expéditions contre *Didier* et *les comtes lombards* ; une expédition contre les *Arabes* de l'Èbre. Charlemagne ne fut pas heureux de l'autre côté des Pyrénées : contraint de lever le siège de Saragosse, il eut encore la douleur de perdre son neveu Roland dans la retraite, aux défilés de *Roncevaux*. Néanmoins l'œuvre de la conquête s'achevait. — Une dernière poussée barbare, fomentée par la *conspiration de Tassillon de Bavière* fut le signal, faillit tout remettre en question. A l'aide de ses deux fils, *Pépin*, créé roi d'*Italie*, *Louis*, roi d'*Aquitaine*, Charlemagne jette les *Avares* au Danube, repousse les *Arabes* jusqu'à l'Èbre, en finit avec les *Saxons*, qui sont déportés et remplacés par des Francs. Alors, maître de l'Occident, Charlemagne reçoit à *Rome* la *couronne impériale* des mains du pape *Léon III* (800).

2° Organisation. Charlemagne n'est pas seulement un chef militaire comme les maires austrasiens : il *gouverne*. L'assemblée des Francs (le *mall*) n'a seulement voix consultative. Le pouvoir central a deux sortes d'agents dans les provinces : *agents permanents*, *ducs* et *comtes*, etc., qui administrent les revenus, lèvent les hommes d'armes, rendent la justice, d'après les anciens codes barbares reformés et complétés par les *capitulaires* ; *agents inspecteurs*, ou envoyés du maître, *missi dominici*, qui contrôlent les officiers permanents dans l'exercice du pouvoir. (La justice est organisée militairement en *marches*, avec des *margraves*, *comics* des marches). Les évêques sont les conseillers ordinaires, souvent les représentants de l'empereur, les meilleurs auxiliaires en tout cas de son œuvre civilisatrice. Partout la foi se répand, les écoles s'organisent, les arts s'éveillent (*Eginhard*, *Alcuin*) ; Charlemagne lui-même donne l'exemple du travail.

DÉMEMBREMENT DE L'EMPIRE (814-840).

Le grand empereur mourut trop tôt pour les siens et pour son œuvre : le poids en écrasa son fils *Louis le Débonnaire*. Après avoir maintenu par le *capitulaire* d'*Aix-la-Chapelle* (817) l'unité de l'empire, le faible prince ne sut pas la défendre contre les compétitions de ses fils : *Lothaire* fut associé à l'empire, *Louis* reçut la Germanie, *Pépin* l'Italie. Un fils putné, *Charles*, fut le prétexte de trois révoltes des fils de l'empereur contre leur père.

Quand Louis le Débonnaire mourut, le trouble était au comble, l'empire partagé en *deux* camps : d'un côté, *Lothaire*, l'empereur désigné et *Pépin II*, fils du roi d'Italie ; de l'autre, *Louis le Germanique* et *Charles le Chauve*. On en vint aux mains à *Fontanel*, bataille inutile, qui aboutit au *Serment de Strasbourg*, par lequel Louis le Germanique et Charles le Chauve se jurèrent une amitié perpétuelle. Enfin la paix se fit au *traité de Verdun* (843), par le démembrement de l'empire. On en forma trois États nouveaux : la France avec *Charles le Chauve* pour roi ; l'Allemagne avec *Louis le Germanique* ; l'Italie avec *Lothaire*, qui conservait son titre d'empereur et recevait en outre, avec l'ancienne capitale Aix-la-Chapelle une longue bande de terre marquée par les cours opposés de la Meuse et du Rhône, la *Lotharingie*, appelée depuis la *Lorraine*, le sujet perpétuel de contestations entre les pays voisins.

Charles le Chauve (843-877) eut de la peine à se faire reconnaître : les nationalités contenues mais non réduites par la main de Charlemagne avaient profité de la guerre civile pour ressaisir leur indépendance : l'Aquitaine appelait les *Sarrasins*, la Bretagne les *Normands*. Contre ces nouveaux Barbares, Charles le Chauve confia la défense de l'ouest à *Robert le Fort*, duc de France ; lui-même se chargea d'arrêter les Sarrasins dans le midi. Mais, tandis que les troupes royales étaient battues près d'*Angoulême*, *Robert le Fort* culbutait les Normands et tombait glorieusement à *Brissarthe*, (866). Déjà s'illustrait, sous le petit-fils de Charlemagne, la maison rivale qui devait supplanter la sienne.

Dans l'impuissance du pouvoir central, chacun pourvut à sa propre défense : *ducs*, *comtes*... chargés d'administrer les provinces, élèvent des forteresses, agissent en souverains, prétendent être maîtres de la terre et du titre qu'ils ont maintenant à défendre. Charles le Chauve dut céder à l'entraînement général, reconnaître aux grands, par l'*édit de Kiersy-sur-Oise* (817), l'hérédité des titres et des bénéfices qu'ils ne détenaient jusque-là que par commission et en viager. Ainsi se constituait aux dépens du pouvoir central une *hiérarchie* organisée pour son service, dépositaire à tous degrés de l'autorité souveraine : désormais indépendante, elle va former une société nouvelle, la **société féodale**.

Charles le Chauve, malgré ses échecs, était hanté par l'idée de l'empire. A la mort de Lothaire, il dépouille ses neveux et prend avec l'Italie le titre d'empereur. A la mort de Louis le Germanique, il veut mettre encore la main sur la Germanie : battu à *Andernach*, sur le Rhin, il meurt en revenant d'Italie pour défendre sa couronne impériale.

Louis le Bègue (877-879) ne fit que passer. Les grands en profitèrent : de vraies dynasties indépendantes se formèrent en *Provence*, en *Bourgogne*, en *Flandre*, en *Bretagne* et en *Gascogne*. C'est le démembrement définitif.

LES DUCS DE FRANCE

Deux fils de Louis le Bègue, *Louis III* et *Carloman*, princes d'une réelle valeur, essayèrent en vain de relever le pouvoir : ils furent emportés trop tôt, l'un en 882 ; l'autre deux ans plus tard. Leur frère *Charles le Simple*, un enfant, était trop faible pour tenir tête à la fois aux Normands et aux grands. On l'écarta du trône pour appeler **Charles le Gros**, fils de Louis le Germanique : c'était encore le sang de Charlemagne qui régnait.

Mais le prince se fit trop attendre : déjà les Normands assiégeaient Paris. On le punit de sa lenteur en le déposant à la *Diète de Tribur* (887). Alors Paris se défendit comme il put avec le duc de France, *Eudes*, fils de *Robert le Fort*. Les Normands éloignés, Eudes fut proclamé roi (888) ; mais ses pairs, jaloux, ne tardèrent point à lui susciter un rival. On se souvint du troisième fils de Louis le Bègue, deux fois écarté du trône, et *Charles le Simple* fut reconnu roi : Eudes conserva son titre jusqu'à sa mort, qui survint trois ans après, en 898.

Charles le Simple (898-929), instrument des grands, ne put affranchir la royauté. D'abord il se défit des Normands en leur cédant, par le traité de *Saint-Clair-sur-Epte* (911), toutes les terres qu'ils occupaient sur le cours inférieur de la Seine : on comptait ainsi les fixer et mettre fin à leurs déprédations. Charles chercha une compensation dans la reprise de la *Lorraine*, qu'Eudes avait abandonnée à la suzeraineté germanique pour conserver sa couronne.

Mais *Robert*, frère d'Eudes et après lui duc de France, veillait à ce que le roi ne devînt pas trop puissant ; à la tête des grands, il attaque les troupes royales près de *Soissons* (923). Charles, battu et pris par un simple comte, *Héribert de Vermandois*, est enfermé à Château-Thierry ; mais son adversaire, Robert, avait payé sa victoire de la vie.

Ce fut Raoul, gendre du vainqueur, qui prit la couronne sur le champ de bataille et se fit livrer le malheureux Charles pour l'envoyer mourir à Péronne (929). *Raoul* est le troisième duc de France reconnu roi. Quand il mourut (936), l'héritier du duché de France, *Hugues le Grand*, fils de Robert, ne pensant pas que le moment fût encore venu d'assurer la couronne dans sa famille, la confia provisoirement au fils de Charles le Simple, *Louis*, qu'il fit venir d'outre-mer (Grande-Bretagne), où sa mère l'avait mis en sûreté après Soissons.

Louis d'Outre-Mer (936-954), mis en tutelle, essaya vainement, comme son père, de se créer un point d'appui en Lorraine. *Otton I*er*, empereur d'Allemagne, accourut à l'appel du duc de France et affermit la mainmise germanique sur cette province. — **Lothaire** (954-986), fils de Louis, ne fut pas plus heureux dans la même tentative. Cette fois, *Otton II* poussa jusqu'à Paris avec ses Allemands et riva d'une façon définitive, par le traité de *Chiers*, les chaînes de la Lorraine. Ce malheureux pays était le prix dont les empereurs d'Allemagne prétendaient faire payer leur concours. Cependant *Hugues le Grand* étant mort, l'aîné de ses trois fils, **Hugues Capet**, laissa d'abord *Louis V*, fils de Lothaire, prendre le vain titre de roi, et saisit la couronne à sa mort, un an après, 987.

LA FÉODALITÉ couronnée dans son chef était triomphante. Mais, à côté du *duc de France*, à qui ses pairs venaient de donner la couronne royale, les comtes de *Flandre*, de *Champagne*, de *Toulouse*, les ducs d'*Aquitaine*, de *Normandie*, de *Bretagne*, étaient aussi puissants, souvent plus forts que le roi lui-même. Le sud, avec les Pyrénées, était sous la main du roi de *Navarre* ; l'est, avec la *Lorraine*, et bientôt le double royaume de *Bourgogne*, devenu royaume d'*Arles*, sous la suzeraineté germanique. L'extrême division succédait à l'unité.

Le lien de vassal à suzerain rattachait les barons entre eux par les degrés d'une hiérarchie compliquée, jusqu'au roi, leur suzerain à tous. Les droits et les devoirs de chacun étaient minutieusement réglés : au *vassal*, le service militaire, les redevances... ; au *suzerain* le soin de défendre ses vassaux. Mais chacun est *maître* dans son *fief*, bat monnaie, rend justice, fait la guerre, lève l'impôt sur les *vilains* (villani) et les *serfs* taillables et corvéables à merci. L'honneur de la féodalité fut la chevalerie, qui, sous l'inspiration de l'Église, tourna au profit du bien une société née de la guerre, et avant tout, faite pour elle.

GRANDES ENTREPRISES FÉODALES

Maîtresse de la France et bientôt de l'Europe, la féodalité se jeta dans les *grandes entreprises*.

1º CONQUÊTE DE L'ITALIE. — Jamais la péninsule n'avait été plus divisée : les *Sarrasins* en Sicile, *Naples* libre, le *Pape* à Rome, l'exarque grec à Ravenne, les restes des *Lombards* dans le nord : nul n'était capable de défendre l'Italie d'un maître. Quelques aventuriers normands avaient gagné au service du patrice grec le *comté d'Aversa* (1027). Bientôt rejoints par les fils d'un pauvre chevalier normand *Tancrède de Hauteville*, tous unis sous Robert Guiscard, entreprirent la conquête du pays. La Pouille et la Calabre occupées, l'exarque battu à *Cannes*, les troupes pontificales à *Civita-Vecchia*, la Sicile arrachée aux Sarrasins par *Roger*, frère du conquérant, une expédition poussée de l'autre côté de l'Adriatique, le pape enfin délivré de l'Empereur allemand et gagné aux vainqueurs : telles furent les étapes de la conquête (1041-1053). A la mort de Robert Guiscard, son neveu, **Roger II**, prit le titre de *roi des Deux-Siciles*.

2º CONQUÊTE DE L'ANGLETERRE. — Après avoir surpris la confiance d'*Édouard le Confesseur*, roi d'Angleterre, et s'être fait promettre son héritage, **Guillaume le Bâtard**, duc de Normandie, écarté au profit de l'Anglo-Saxon *Harold*, se prévalut de la promesse violée, et l'héritier d'Édouard débarqua en Angleterre : la victoire d'*Hastings* (1066) lui livra le pays ; tout fut organisé *féodalement* sous la suzeraineté des Normands.

Vers le même temps, un prince français, *Henri de Bourgogne*, passait les Pyrénées, et, donnant la chasse aux Maures, fondait le *royaume de Portugal* (1095).

3º PREMIÈRE CROISADE (1095-1099). — Poussée par le besoin d'aventures, animée par les récits de *Pierre l'Ermite* et entraînée par sa foi, l'on vit un jour la société féodale s'arracher du sol et se jeter sur l'Orient : c'est le mouvement des invasions qui recommence en sens contraire contre les derniers venus de la barbarie. Un pape français, *Urbain II*, fit acclamer la croisade à *Clermont*.

Pendant que les chevaliers s'armaient, une foule enthousiaste partit en avant-garde, à la suite de *Pierre l'Ermite* et de *Gauthier sans Avoir*, pauvre *armée populaire* dont les débris marquèrent la route par l'*Allemagne*, la *Hongrie*, *Constantinople*, et que les Turcs achevèrent en *Asie Mineure*.

Enfin l'armée féodale s'ébranlait en divers corps sous *Godefroy de Bouillon*, comte de Flandre, *Hugues de Vermandois*, *Raymond de Toulouse*, *Bohémond de Tarente*, fils de Robert Guiscard. Les chevaliers du nord prirent avec Godefroy de Bouillon par l'*Allemagne* et la *Hongrie* ; ceux du sud par l'*Italie*, l'*Albanie*, la *Macédoine*, la *Thrace* : *Constantinople* était le rendez-vous général.

Quand tous les croisés furent réunis, l'empereur grec *Alexis Comnène*, effrayé, se hâta de les faire passer de l'autre côté du Bosphore : les croisés prirent alors *Nicée*, que l'empereur occupa par trahison. Puis, balayant les Turcs à *Dorylée*, ils arrivèrent par une marche pénible à travers l'Isaurie, la Pisidie, la Cilicie, sous les murs d'*Antioche*, dont ils s'emparèrent après un siège difficile. L'émir *Kerbogat*, accouru trop

EMPIRE GERMANIQUE

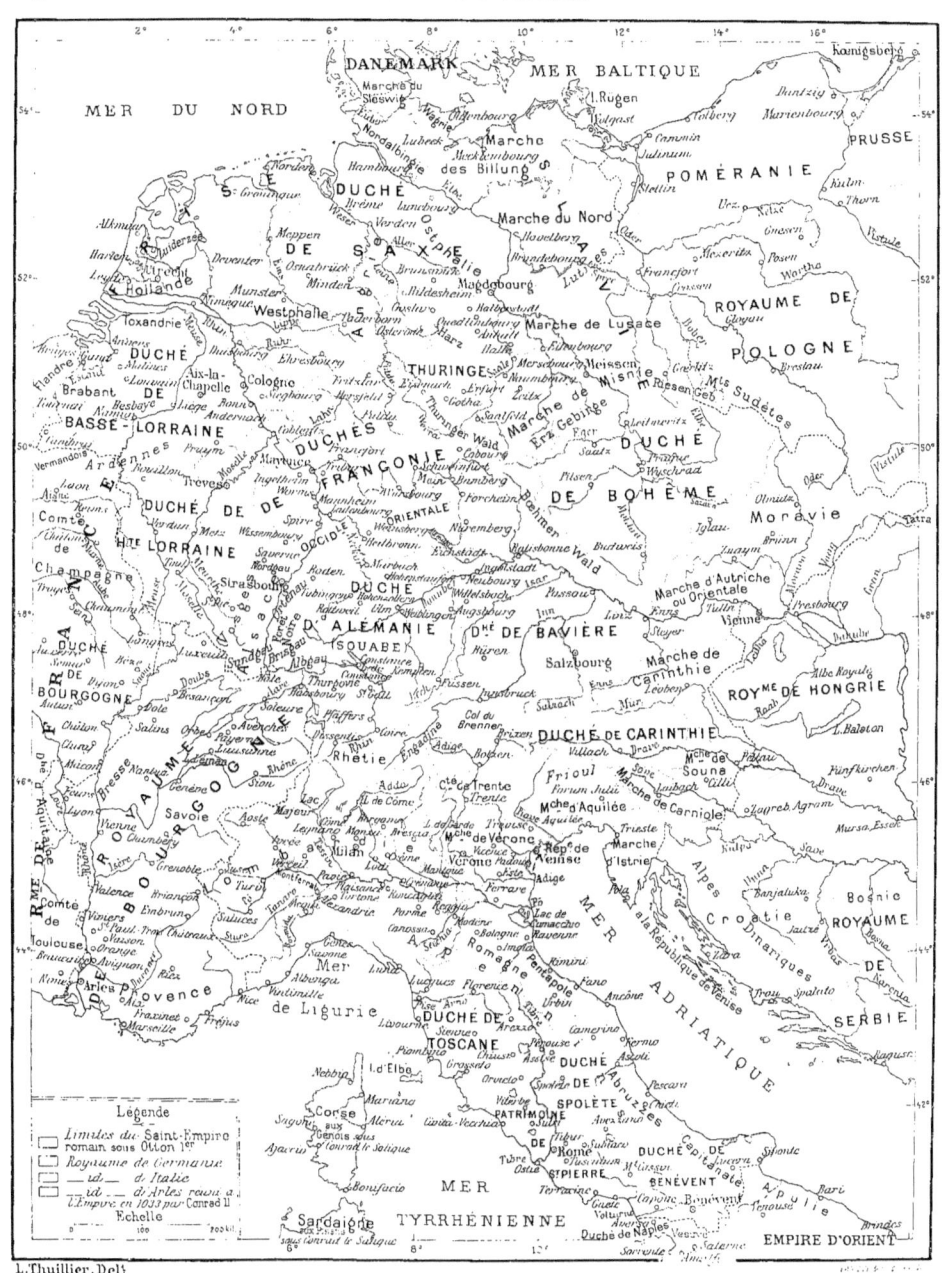

tard au secours de la ville, fut écrasé; le chemin de Jérusalem était libre. Les croisés prirent d'assaut la *ville sainte* (15 juillet 1099). Godefroy de Bouillon, proclamé *roi de Jérusalem*, organisa féodalement le pays conquis (*assises* de Jérusalem). — Des ordres religieux militaires, *Hospitaliers, Templiers*, et plus tard les *chevaliers Teutoniques* montèrent la garde près du saint Sépulcre contre un retour possible des infidèles, pour conserver à l'Occident chrétien cette précieuse conquête.

L'EMPIRE GERMANIQUE

Rien ne restait plus en France de l'œuvre de Charlemagne.

Au contraire, à l'extinction de la race carlovingienne par la mort de *Louis l'Enfant*, petit-fils de Louis le Germanique, l'Allemagne rétablissait l'empire. Déjà *Conrad de Franconie*, et surtout *Henri l'Oiseleur*, duc de Saxe, avaient préparé les voies à l'unité en relevant les anciennes frontières contre les Barbares slaves et hongrois, par l'établissement des *marches de Brandebourg* et *d'Autriche*. Lorsque Otton se fit couronner à Rome (962), on crut voir revivre l'œuvre de Charlemagne.

Mais le *saint empire romain germanique* n'avait, avec l'ancien empire, de commun que le nom. Les successeurs d'Otton, alliés du pape, voulurent en être les égaux, bientôt les maîtres : ils prétendirent traiter un évêque comme un baron, *l'investir* du pouvoir *spirituel* par l'anneau et la crosse, en lui conférant le *bénéfice temporel*; de là des abus sans nombre.

Querelle des Investitures. Un grand pape, *Grégoire VII*, affranchit l'Église : l'empereur *Henri IV* vint à *Canossa* pour écarter l'anathème qui l'isolait au milieu de ses sujets. Mais Grégoire VII, trompé par ses promesses, fut bientôt assiégé dans Rome et alla mourir en exil (1085). Cependant la cause de l'Église était gagnée : Henri V renonça aux investitures ecclésiastiques par le *concordat de Worms* (1122).

Guelfes et Gibelins. La lutte pourtant n'était qu'apaisée; elle se réveilla bientôt sous d'autres noms. Fidèles alliés de l'ancien empereur, les comtes de *Hohenstauffen*, originaires du château de *Weibling* (d'où le nom de *Gibelins* donné à leurs partisans), formaient avec la Souabe, la Franconie et la Bourgogne, un parti puissant dans l'empire. Leurs rivaux, ducs de Saxe et de Bavière, étaient alliés à la famille des *Welfs*. *Gibelins* et *Guelfes* réveillèrent l'ancienne querelle : les premiers, partisans de l'empereur et de la domination germanique au delà des Alpes; les seconds, fidèles du pape, défenseurs de son indépendance et des franchises italiennes.

Les villes lombardes s'étant insurgées contre les prétentions impériales, *Frédéric Barberousse* ruina *Milan* (1162), créa un antipape, leva les dîmes ecclésiastiques. Le pape *Alexandre III* se mit alors à la tête de la résistance, et l'empereur, battu à *Côme*, reconnut enfin l'indépendance du Saint-Siège et des droits de l'Italie. — *Frédéric II*, petit-fils de Barberousse, reprit la lutte; mais, vaincu par l'énergie de quatre pontifes, il fut déposé au *concile de Gênes* (1245). Alors l'Allemagne se divisa, comme la France, en une multitude d'États féodaux ; c'en était fait pour longtemps de l'unité impériale.

LA ROYAUTÉ CAPÉTIENNE

Les premiers Capétiens (987-1108), *Hugues Capet, Robert, Henri, Philippe*, vécurent obscurément dans leur domaine, préoccupés surtout de transmettre le *duché de France* avec la couronne royale à leurs héritiers. Mais les grandes entreprises, en éloignant les plus puissants des seigneurs féodaux, laissaient à la royauté un champ libre dont elle se hâta de profiter.

Ce fut le successeur de Philippe Iᵉʳ, **Louis VI** (1108-1137), qui le premier se prévalut de son titre de *suzerain* pour intervenir dans les querelles féodales; il profita surtout du mouvement qui poussait les populations à s'affranchir par l'établissement *des communes*. Partout le pouvoir royal se présentait au peuple comme une autorité *tutélaire* favorable à son affranchissement; de là, pour la royauté capétienne, une popularité qui dura huit siècles, et édifia sa grandeur, avec l'aide du *tiers état*, sur les ruines de la féodalité.

LOUIS VII (1137-1180) commença la lutte : mais il convenait avant tout d'être fort. Le domaine royal ne comprenait à l'avènement de Louis VI que le *duché de France* avec le *Vexin*, *Bourges* et *Laon*. Par son mariage avec Éléonore d'Aquitaine, Louis VII y ajouta la *dot* de sa femme, savoir : la propriété du *Poitou*, du *Limousin*, du *Bordelais*, de l'*Agenais*; la suzeraineté sur l'*Auvergne*, le *Périgord*, la *Marche*, la *Saintonge*, l'*Angoumois*. — La prise d'Édesse par les musulmans détermina Louis VII à partir pour la terre sainte.

La deuxième Croisade (1147-1149) fut prêchée à *Vézelay* par saint *Bernard*. Deux princes y prirent part, *Conrad* de Germanie et *Louis VII* : pendant l'absence du roi la régence était confiée à *Suger*. Conrad partit le premier par la Hongrie. Louis VII suivit la même route, atteignit Constantinople, et, ralliant les débris de l'armée allemande à Nicée, gagna par *Éphèse*, *Milet*, *Laodicée*, la ville de *Damas*, dont il fit inutilement le siège.

Découragé, Louis VII revint en France, et, cédant à de vifs ressentiments contre sa femme, fit prononcer son divorce par le concile de Beaugency. Éléonore porta sa dot et sa main à *Henri Plantagenet*, duc d'Anjou, devenu roi d'Angleterre. Le duc d'Anjou, par ce mariage, devenait plus puissant que son suzerain le roi de France : de là entre les deux rivaux, dont l'un personnifiait la puissance *féodale*, l'autre la royauté populaire, une lutte qui épuisa trois générations.

PHILIPPE-AUGUSTE (1180-1223) combattit trois rois anglais : *Henri II* et ses fils, *Richard Cœur de Lion* et *Jean sans Terre*. Heureusement dégagé d'une ligue féodale, d'abord combattue puis conduite par le comte d'Alsace, Philippe-Auguste annexa l'*Amiénois*, le *Vermandois*, et se tourna contre le roi d'Angleterre : la paix d'*Azay-sur-Cher* réconcilia les deux rivaux pour une croisade.

Troisième Croisade (1190-1192). — Elle fut prêchée par *Guillaume de Tyr*, à *Gisors*, pour la reprise de Jérusalem tombée aux mains de Saladin après la bataille de Tibériade. *Philippe-Auguste* et *Richard Cœur de Lion* prirent la route de mer et s'embarquèrent, le premier à Gênes, le deuxième à Marseille. Après avoir passé l'hiver en Sicile, où ils furent sur le point de se brouiller, les deux princes gagnèrent la Syrie, Richard s'emparant au passage de l'île de *Chypre* : bientôt *Ptolémaïs* (Saint-Jean-d'Acre) tombait sous leurs efforts réunis.

Alors Philippe-Auguste, laissant Richard poursuivre seul la croisade, et étonner sans profit les infidèles par ses exploits, revient en hâte dans ses états, s'entend avec Jean sans Terre, frère de Richard, flatte son ambition, se fait céder la Normandie pour prix de son appui. Richard, à cette nouvelle, quitte l'Orient; mais, retenu prisonnier par *l'archiduc d'Autriche* en passant sur ses terres, il aurait, sans l'intervention du pape, perdu sa couronne avec la liberté. Enfin libre, il accourt; après quelques hostilités suivies d'une trêve, la lutte paraissait inévitable avec Philippe-Auguste, quand *Richard* mourut victime de son imprudence en Limousin, sous les murs du château de *Chalus* (1199).

Lutte contre Jean sans Terre. La succession d'Angleterre était ouverte : *Jean sans Terre* crut se l'assurer par le meurtre de son neveu *Arthur de Bretagne*, fils de son frère aîné Geoffroy. Mais le roi de France, en qualité de suzerain, demanda compte au meurtrier de son crime, et, l'accusé faisant défaut, *confisqua* la Normandie, prit *Rouen*, s'assura l'*Anjou*, la *Touraine*, le *Poitou* : Jean sans Terre dut renoncer par traité à toutes les possessions anglaises *au nord de la Loire* (1206).

Mais, trop faible pour se venger seul, il ne tardait pas à déchaîner contre nous la *féodalité du nord* (comtes de Flandre et de Boulogne) et *l'empereur d'Allemagne*, pendant que lui-même envahissait l'ouest par la vallée de la Loire. Jamais le roi de France n'avait couru un tel danger. Il appelle à lui les milices communales, défait près de Tournai la féodalité du nord et l'Allemagne coalisées, à *Bouvines* (1214); tandis que son fils, plus tard *Louis VIII*, arrête les Anglais à la *Roche-aux-Moines*, les renvoie dans leur pays, et, passant après eux le détroit, se fait couronner à Londres *roi d'Angleterre*. La revanche française était complète. — Les Anglais, il est vrai, après avoir arraché la *grande charte* à Jean sans Terre, se rallièrent à son fils (1216), et Louis VIII dut repasser en France; mais il acheva par la soumission de la *Saintonge*, de l'*Angoumois*, du *Limousin*, du *Périgord*, la défaite de l'Angleterre sur le continent. Ces graves événements n'avaient point permis à Philippe-Auguste de prendre part à la quatrième croisade.

La quatrième Croisade (1202-1204) fut prêchée par *Innocent III* et *Foulques*, *curé de Neuilly*; conduite par *Boniface*, marquis de *Montferrat*. *Villehardouin*, à qui nous devons le récit de cette campagne, fut chargé de négocier avec le *doge Dandolo* le transport des croisés sur les galères de Venise. Mais on s'entendait mal sur le but de l'expédition; l'ambitieuse Venise en profita pour le détourner à son profit sur *Zara* d'abord, en Dalmatie; puis sur *Constantinople*, qui fut enlevée d'assaut.

Baudouin, comte *de Flandre*, fut nommé empereur : le nouvel

FRANCE FÉODALE

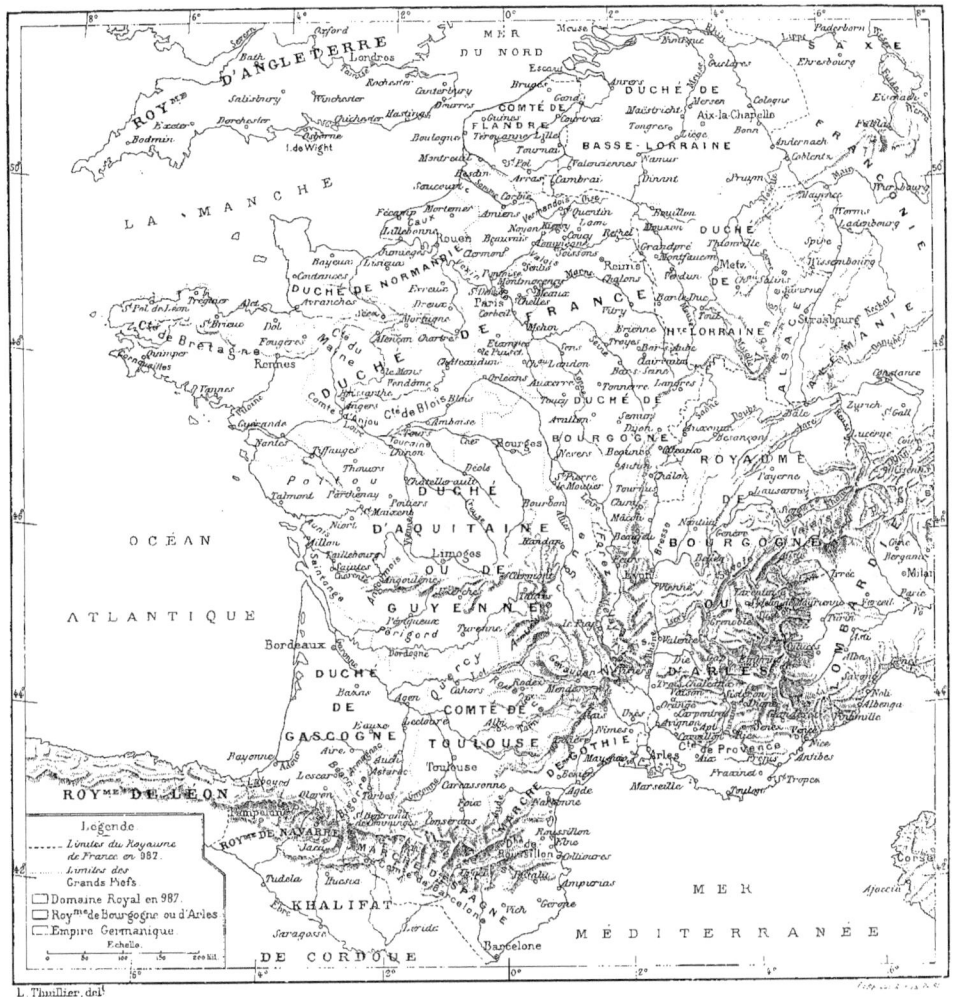

L. Thuillier, del.

empire « latin » devait durer soixante ans à peine; mais Venise en garda la meilleure part, avec le monopole du commerce de l'Orient.

LOUIS VIII (1223-1226), après avoir achevé l'expulsion des Anglais dans l'ouest, reprit contre les Albigeois et la *féodalité du Midi* la campagne menée victorieusement par *Simon de Montfort* et son fils Amaury, à l'appel du pape Innocent III. Héritier de leurs droits, Louis VIII recueillit le profit de la victoire de *Muret*, en réduisant d'une façon définitive les Albigeois, le *comte de Toulouse* et le baronnage des Pyrénées : il mourut en Auvergne des fatigues de l'expédition.

LOUIS IX (1226-1270). — Rudement menée par Philippe-Auguste et son fils, au *nord*, à l'ouest et au *midi*, la féodalité tenta de reprendre pendant la minorité de Louis IX le terrain qu'elle avait perdu. Mais la fermeté de la régente *Blanche de Castille* déjoua la *première coalition féodale*. Le comte de Toulouse, qui en était l'âme, dut traiter à *Meaux* (1229) et céder la main de sa fille au frère du roi, Alphonse de Poitiers

avec, pour dot, le *comté de Toulouse* (Toulouse, Agénois, Rouergue, Albigeois, Quercy). Deux autres frères du roi ayant précédemment reçu : *Charles*, l'Anjou, *Robert*, l'Artois, les membres de la famille royale se trouvaient ainsi substitués aux dynasties régionales.

A peine majeur, Louis IX dut tenir tête à une *deuxième coalition féodale* beaucoup plus dangereuse que la première, car elle était soutenue par l'Angleterre, l'Aragon, la Navarre et tout le Midi. Les Anglais, culbutés à *Taillebourg* et à *Saintes*, furent contraints d'abandonner sans restriction les provinces conquises par Philippe-Auguste et Louis VIII; à ce prix, ils gardaient un droit de suzeraineté sur le Périgord, le Limousin, la Saintonge (*traité de Paris*). Même accord avec le roi d'Aragon (*traité de Corbeil*), qui garda la suzeraineté du Roussillon, mais abandonnait tout droit sur les fiefs du Languedoc et l'Auvergne.

Après avoir assuré la paix du royaume et prélude au rôle de *justicier* qui devait faire sa grandeur, Louis IX entreprit une croisade.

La **cinquième croisade**, précédemment conduite par le roi de Jérusalem, *Jean de Brienne*, n'avait eu d'autre résultat que d'indiquer aux croisés, par la prise de Damiette, le chemin qu'ils devaient suivre pour frapper au cœur la puissance musulmane qui dominait la Syrie (1217). La **sixième croisade** ne fut guère plus heureuse : *Frédéric II*, empereur d'Allemagne, qui avait épousé la fille de Jean de Brienne, négocia, au lieu de combattre, avec les musulmans du Caire, se fit céder *Jérusalem*, mais à la condition d'y laisser aux Turcs le libre exercice de leur culte (1239).

Septième Croisade (1248-1254). — Enfin saint Louis reprit la campagne d'*Egypte* contre l'islamisme. Parti d'*Aigues-Mortes*, il toucha l'île de *Chypre*, aborda *Damiette*, dont il s'empara; mais l'avant-garde des croisés, engagée témérairement par le comte d'Artois à *Mansourah*, entraîna la défaite de l'armée tout entière. Le roi prisonnier dut traiter avec Touran-Shah; puis passa en *Palestine*, où il releva les forteresses chrétiennes. La mort de la régente sa mère le rappela prématurément dans ses États.

Le retour de saint Louis ne fut marqué que par des bienfaits : le duel judiciaire (*jugement de Dieu*) est aboli; les traditions barbares font place à la justice royale (*baillis et prévôts*); la monnaie féodale à la monnaie du roi. Le pouvoir tutélaire de la royauté s'étend avec le domaine et dégage de la confusion féodale les éléments d'un peuple.

Huitième Croisade (1270). — L'invasion des Mongols détermina saint Louis à entreprendre une nouvelle croisade : ce fut la dernière. Cette fois encore il vise l'Afrique; mais les conseils intéressés de son frère *Charles d'Anjou*, devenu *roi de Sicile*, détournent l'expédition sur *Tunis*, et saint Louis meurt victime de sa foi sous les murs de cette ville (1270).

Le règne de saint Louis a marqué la victoire de la royauté sur le morcellement féodal, et le complet épanouissement de la France chrétienne sur le monde par le prestige des armes, de la langue et des arts. Avec *Philippe le Bel*, la royauté va bientôt s'inspirer de principes nouveaux : c'est la fin de l'Europe chrétienne et le déclin du *moyen âge*.

26583. — TOURS, IMPRIMERIE MAME.

www.ingramcontent.com/pod-product-compliance
Lightning Source LLC
LaVergne TN
LVHW020159100426
835512LV00035BA/1299